城にまつわる言葉を
イラストと豆知識でいざ！ 読み解く

日本の城語辞典

著 萩原さちこ
監修 三浦正幸

誠文堂新光社

はじめに

ようこそ！　めくるめく城ワールドへ

城という字は「土から成る」と書きます。
身を守るため、土を掘って堀を掘り、その土を盛って壁や通路を造成。
そう、発想や方法はとてもシンプルです。
それを駆使し、攻めにくく守りやすい、強く美しい城へ発展しました。
城づくりは、生き抜くための究極のクリエイティブ。
日本人の知恵と美意識が詰まった、叡智の結晶なのです。

『日本の城語辞典』は、
興味を持ちはじめた超ビギナーから城沼にハマっているマニアまで、
みんなが笑って楽しめる一冊を目指しました。
なるほど！　と感心する城ネタから、思わず笑ってしまうエピソード、
誰かに話したくなる城トリビアも満載。
難しい専門用語は、大切なものだけをピックアップして、
なるべくやさしいフレーズでわかりやすく解説しています。

豊臣期大坂図屏風
（エッゲンベルク城所蔵）

もし＜城＝難しい＞という固定観念があるなら、今すぐ捨てましょう。
城は、音楽や映画のように、誰もが気軽に自由に楽しめるもの。
堅苦しいルールは一切ありません。

でも、少し知識があると10倍楽しい。
切り離された過去の遺物ではなく
現在と密接につながるものだから、
共感できるポイントが見つかれば
ぐっと距離が縮まります。
この本に載っている城語が、
きっとあなたと城を
結びつけてくれるはず。
そんな出会いがたくさんあることを
心から願っています。

萩原さちこ

この本の「見方」と「楽しみ方」

「見方」

日本の城にまつわる「専門用語」や「できごと」「人物」のほか、「グルメ」「伝説」「エンタメ」など、さまざまなジャンルの言葉を50音順に配列しています。

[例]

⑤記号

見出し語のジャンルを分類して記号で示しています。

- 専……城の専門用語
- 歴……歴史上のできごと
- 人……人物
- 伝……伝説・伝承・伝統
- 食……グルメ
- エ……イベントや施設などのエンタメ関連語

①見出し語(名称)

城にまつわるさまざまな言葉を、あいうえお順に掲載しています。

②読み方

見出し語をひらがなで表記しています。

③解説

見出し語の意味や由来、説明を記載しています。

④イラスト・写真

見出し語や解説に関するイラストや写真を掲載しています。

⑥パラパラ漫画

偶数ページの下部に「足軽」のパラパラ漫画がついています。

奇数ページの下部に「武将」のパラパラ漫画がついています。

「楽しみ方」

例として、3つの楽しみ方を紹介します。
ほかにもたくさんあるので、オリジナルの
楽しみ方を発見してみましょう。

1 城の知識を深める

わからない用語、知りたい言葉、気になる見出し語を引き、解説を読んでみましょう。由来や特徴、しくみがわかり、城への理解がぐっと深まります。見解や感想を書き加えて、オリジナルの辞典をつくるのもいいですね。

2 おもしろい情報や城トリビアを知る

この本には、知られざるエピソードや“城あるある”、話したくなるウンチクなど、実用的なものから豆知識まで幅広く載っています。さまざまな角度から城に迫ることで、城のイメージが変わるかもしれませんよ。

3 城めぐりに役立てる

パラパラめくるだけで、行きたい城がきっと見つかります。“予習”や“復習”はもちろん、城めぐりのバイブルとしてカバンにしのばせ、現地でもぜひ活用してみてください。移動中や休憩中、夜のひとときなどに、ご家族や城仲間と一緒に読むのもおすすめです。

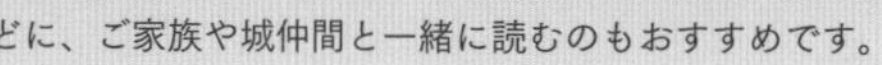

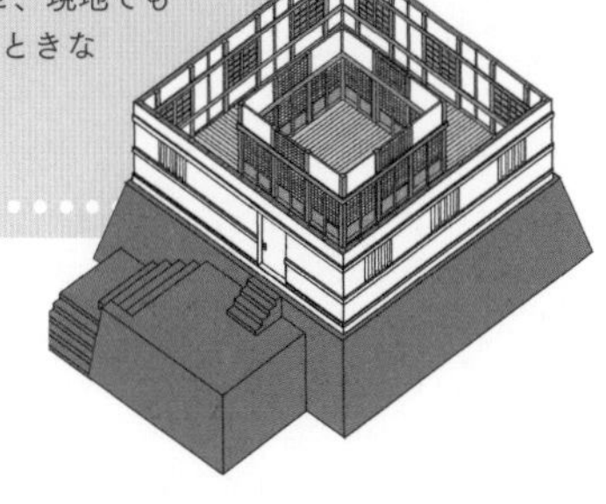

※本書は2021年9月時点の情報をもとに作成しています。

日本の城語辞典 もくじ

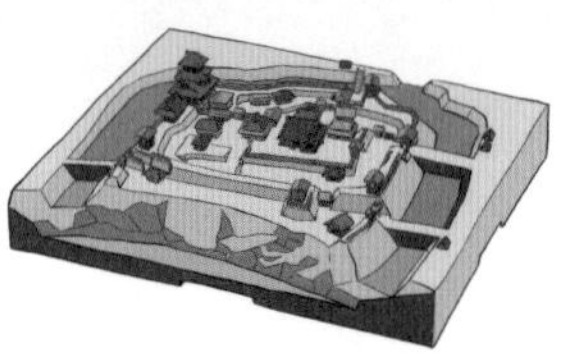

か行

さ行

た行

な行

は行

ま行

や行

ら・わ行

［寄稿］城と私

お城にまつわる名作

〈主要参考文献〉

『城のつくり方図典』三浦正幸（小学館）
『城の鑑賞基礎知識』三浦正幸著（至文堂）
『すぐわかる日本の城』三浦正幸監修、広島大学文化財学研究室編（東京美術）
『よくわかる日本の城　日本城郭検定公式参考書』加藤理文著、小和田哲男監修（学研プラス）
『歴群［図解］マスター城』香川元太郎（学研プラス）
『日本100名城 公式ガイドブック』公益財団法人日本城郭協会監修（学研プラス）
『姫路城漆喰の魅力』姫路市立城郭研究室
『国宝姫路城大天守保存修理工事報告書』文化財建造物保存技術協会編著、姫路市
『松江城天守学術調査報告書』松江市観光振興部 観光施設課松江城国宝化推進室
『丸岡城天守学術調査報告書』坂井市教育委員会丸岡城国宝化推進室
『彦根城』彦根市教育委員会文化財部
『国宝松本城 解体・調査編』松本市教育委員会
ほか

〈協力〉
総社市観光プロジェクト課、作用町教育委員会、五稜郭タワー（株）、岡崎市まちづくりデザイン課、島田市博物館課、佐藤賢二

城のあれこれ基礎知識

こんな城もあった!

日本の城ヒストリー

天守のない城のほうが多かった!? 城には長い歴史とさまざまな種類があります。

環濠集落

弥生時代中期～後期／紀元前約100～200年頃

堀（環濠）をめぐらせた集落（ムラ）。掘った土で土の壁（土塁）をつくり、木の柵を設け、物見櫓を建てて高いところから監視。防御の概念があることから、城のはじまりとされます。吉野ヶ里遺跡（佐賀県神埼市）は、物見櫓や堀などが復元されている環濠集落。環濠は最大で幅6.5m、深さは3mありました。

豪族居館

古墳時代／3世紀～7世紀末

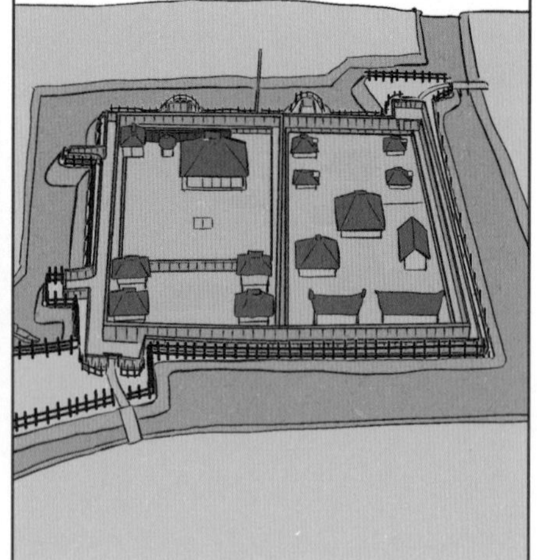

古墳時代、環濠集落に代わりつくられた豪族の屋敷。身分や階層の高い豪族が登場し、堀や柵に囲まれた屋敷に住まいを構えました。

古代山城

飛鳥時代〜奈良時代／7世紀

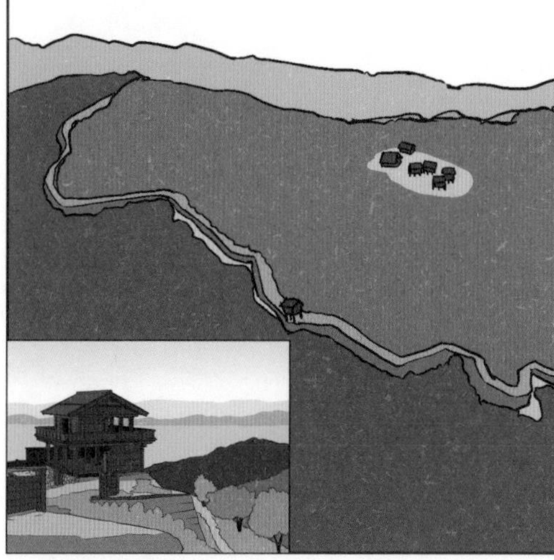

663（天智天皇2）年の白村江の戦い（→P142）の敗北を機に、国防のため北九州や瀬戸内沿岸に築かれた城。ヤマト政権は博多湾への上陸を懸念し、まず大宰府を守るため大野城（福岡県太宰府市）や基肄城（福岡県筑紫野市・佐賀県三養基郡基山町）を、続いて金田城（長崎県対馬市）、屋島城（香川県高松市）、高安城（奈良県生駒郡平群町・大阪府八尾市）などをつくりました。同盟国・百済の技術を用いたと考えられることから「朝鮮式山城」とも呼ばれます。平野を見下ろす丘陵にあり、山頂を囲み込むように斜面に積まれた、数kmもの長大な城壁が特徴。「日本書紀」「続日本紀」に記載のあるものは朝鮮式山城、ないものは「神籠石系山城」とされます。

柵・城柵

飛鳥時代〜平安時代／7〜11世紀頃

ヤマト政権が蝦夷を支配するため東北地方に築いた軍事・行政施設。文献上の初見は、647（大化3）年に設置された渟足柵。日本海側では709（和銅2）年に出羽柵（山形県庄内地方）、出羽柵を移設した秋田城（秋田県秋田市）、9世紀初頭に払田柵（秋田県大仙市）など、太平洋側では802（延暦21）年に胆沢城（岩手県水沢市）、803（延暦22）年に志波城（岩手県盛岡市）などが築かれました。最大の拠点となったのは724（神亀元）年に創設された多賀城（宮城県多賀城市）。陸奥の国府で、後に鎮守府も置かれました。前九年の役・後三年の役の舞台となった金沢柵や大鳥井山遺跡などの城柵は、物見櫓や土塁、空堀などが備わった戦闘的なつくりでした。

蝦夷といえば
アテルイが有名。
いろんな姿の城が
あるんだね！

防塁（→ P158）

平安時代、鎌倉時代／12世紀～13世紀

沿岸、国境線、尾根などに平行に置かれた、土塁や石垣、塹壕などのこと。

武士の館

鎌倉時代／13世紀頃～

鎌倉武士の館。堀や土塁で囲まれた、城塞の側面もありました。

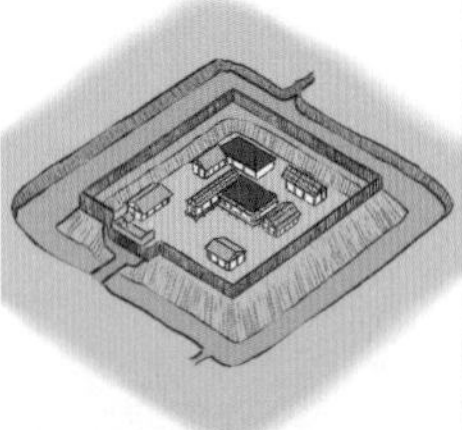

守護所（方形館）（→ P101）

室町時代／14世紀～

守護大名の居所。方形の館で、将軍の「花の御所」に似た構造。やがて国人領主も築くようになりました。

▲江馬氏館をモデルにした室町時代の方形館
イラスト：香川元太郎

▲武田氏館。戦国時代に改修された守護所の方形館
イラスト：香川元太郎

中世の城（中世城郭）

南北朝時代～戦国時代／14世紀～16世紀

赤坂城・千早城の戦い（→P35）を機に、飛躍的に山城が発展。土木工事で山を要塞化した土づくりで、天守や石垣は存在しません。南北朝時代は人里離れた急峻な山城が主流で、山岳寺院を改造することも。守護大名や戦国大名が台頭すると巨大化し、支配にふさわしい場所に築かれ、数も領域の拡大とともに淘汰されていきました。山麓の居館とは別に背後の山に詰城（→P123）を持つケースもあります。

観音寺城　イラスト：香川元太郎、監修：中井 均

伏見城　イラスト：香川元太郎

コラム

信長の城革命

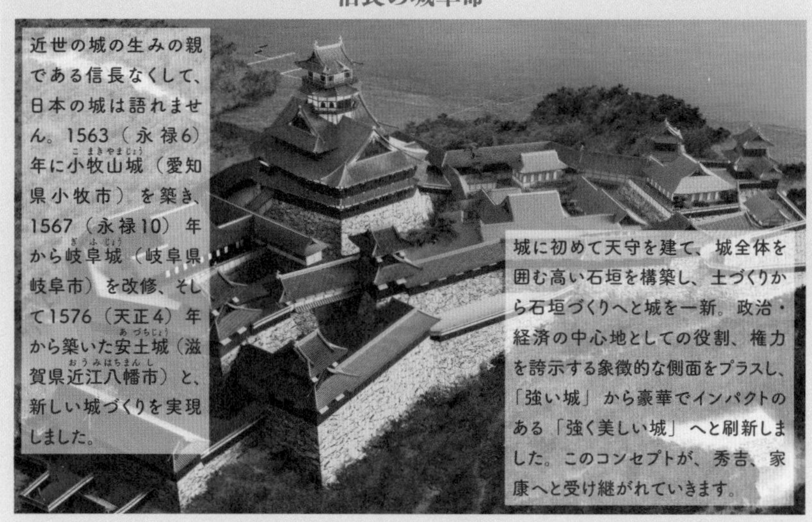

安土城復元図　復元：三浦正幸、CG制作：株式会社エス

陣屋

江戸時代／17世紀〜19世紀

城を持てなかった小藩の大名が構えた実質的な城のこと。江戸時代、徳川300諸侯といわれる大名のうち100家余が無城大名でした。上級旗本、大藩で知行を持つ家老、飛地を持つ大名が現地支配のために陣屋を置くことも。行政・居住機能に特化され、櫓や櫓門がないなど、軍事機能は低いのが一般的でした。

台場

幕末／19世紀中期

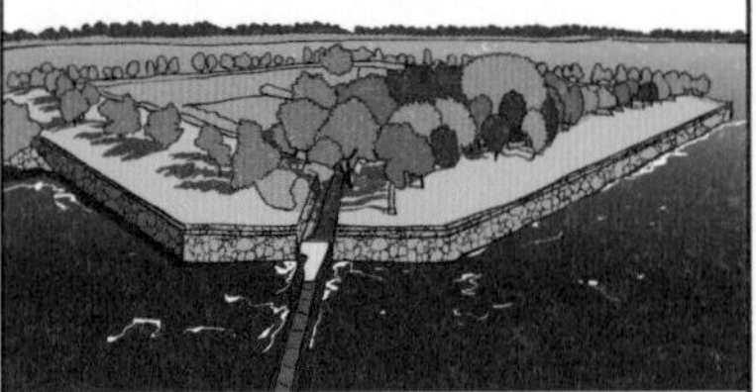

海防のため全国の沿岸に計800〜1,000か所つくられた、砲台を伴う防御施設。幕府が設置した品川台場（東京都港区など）のほか、鳥取藩の由良台場（鳥取県東伯郡北栄町）、丸岡藩の砲台（福井県坂井市）などがよく残ります。

コラム

北海道の城と沖縄の城

グスク（今帰仁城）

「チャシ」（→P119）は、アイヌ民族が築いた北海道の城。一方、沖縄地方の城は、「グスク」（→P75）と呼ばれる独自のもの。それぞれ、本土の城とは見た目もあり方も異なります。

稜堡式城郭

幕末／19世紀中期

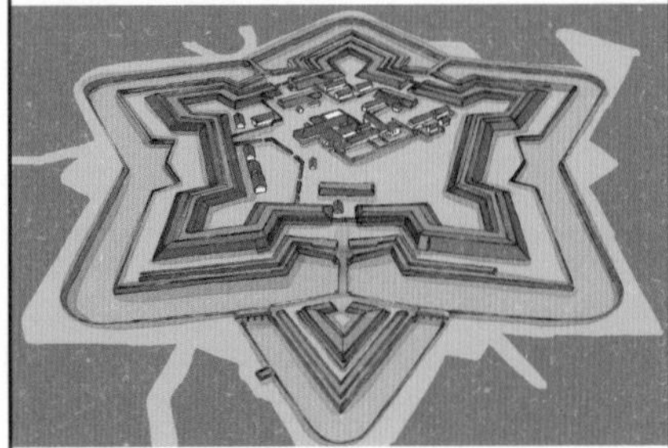

五稜郭（北海道函館市）のような、「稜堡」を設けた西洋式の城。1850年代になると火力兵器が発達し、大砲が主流に。火縄銃より大幅に射程が伸びたため、その射程を考慮して設計されました。五稜郭は、1854（安政元）年に日米和親条約が締結され箱館（現在の函館）が開港したのを機に、築造された星型の城（→P159）。江戸幕府が設置した箱館奉行所を、安全のため、港近くから内陸に移転して築きました。蘭学者の武田斐三郎が、箱館港に入港していたフランス軍艦の士官からの紹介を参考に設計したとみられます。

立地で決まる

城のタイプ

城は標高を基準として、築かれた場所によりいくつかの呼び方があります。

山城（やまじろ）

高い山にある城。中世の城の主流。斜面を削って平坦なスペース（曲輪（くるわ））をつくり、堀や土の壁（土塁（どるい））で山全体を要塞化。戦国時代には巨大な山城が誕生しました。

観音寺城　イラスト：香川元太郎、監修：中井 均

平山城（ひらやまじろ）

山城よりも低い、小さな山に築かれた城。近世の城の主流。丘陵を利用した城は「丘城（おかじろ）」ともいわれ、山がない地域では台地の突端を使うなど工夫されました。

彦根城　イラスト：香川元太郎、監修：中井 均

平城（ひらじろ）

高低差のない平地につくられた城。敷地をいくらでも広げられる反面、敵に攻められやすいのが弱点。堀を三重にするなど工夫されました。

名古屋城　イラスト：香川元太郎

水城（みずじろ）

川や海に面した城のこと。「海城（うみじろ）」とも。堀に川や海の水を引き込むこともありました。

高松城　イラスト：香川元太郎

実は謎だらけ

城のつくり方

**城は、軍事施設であり政庁。
設計図などは残らず築城の実態は謎ですが、
そのぶん想像力がかき立てられます。**

地取（地選）

城を築く場所を選ぶこと。城は、どこにつくるかがとても重要。近づく敵にすぐ気づけ、どれくらいの人数で攻めてくるかを把握することが大切だからです。そのため、まわりがよく見渡せる高い場所が選ばれました。

縄張

城の設計のこと。城をどこに築くかという城地の選定から、城をとりまく河川の整備、城内にどれくらいの規模のスペースをいくつ設けてどう配置するのか、防御力を高めて弱点をカバーするためにどういった工夫をするのかというレイアウト全般を指します。

築城名人

信長と秀吉のもとで築城・実戦経験を積んだ加藤清正、徳川将軍家の城を多く手がけた藤堂高虎が有名。秀吉家臣の黒田孝高（官兵衛）、武田信玄家臣の山本勘助や馬場信春も知られます。

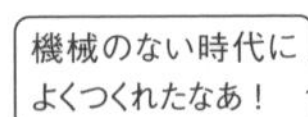

日数

一時的に使用する陣城（→P21）なら、1日から数日で完成させることも。あらかじめ加工しておいた資材を運び込んで一気に組み立てました。恒久的な城の築城期間はさまざまで、天下普請で築かれた名古屋城（愛知県名古屋市）は約3年、彦根城（滋賀県彦根市）は約18年、江戸城（東京都千代田区）は一応の完成まで約33年かかっています。

作事（さくじ）と普請（ふしん）

天守・櫓（やぐら）・塀・門などを建てる建築工事が「作事」、堀・土塁（どるい）・石垣などの土木工事全般が「普請」。江戸幕府では、殿舎（でんしゃ）の造営・修理や土木工事を行う「作事奉行（さくじぶぎょう）」という役職名がありました。「普請奉行（ふしんぶぎょう）」は、室町幕府では御所・城壁・堤防など、江戸幕府では土木工事や武家屋敷の管理などを行う役職。近世の城は普請と作事がほぼ同比率ですが、戦国時代の城は土づくりであるため、ほぼ普請により築かれています。

費用

建設費用がわかる城はありません。ただし、幕末に松前藩（まつまえはん）が行った松前城（北海道松前町）の改築費は15万両（現在の価格換算で約52億円）だったとか。現在、事業費30億円で天守の復元を計画中です。名古屋城天守閣木造復元事業費は500億円。

城絵図（しろえず）

築城時に描かれた設計図ではなく、多くは江戸時代に幕府に現況を報告するために描かれたもの。天守の姿、櫓の数、城下町の構造など、さまざまなことを教えてくれる宝の地図です。

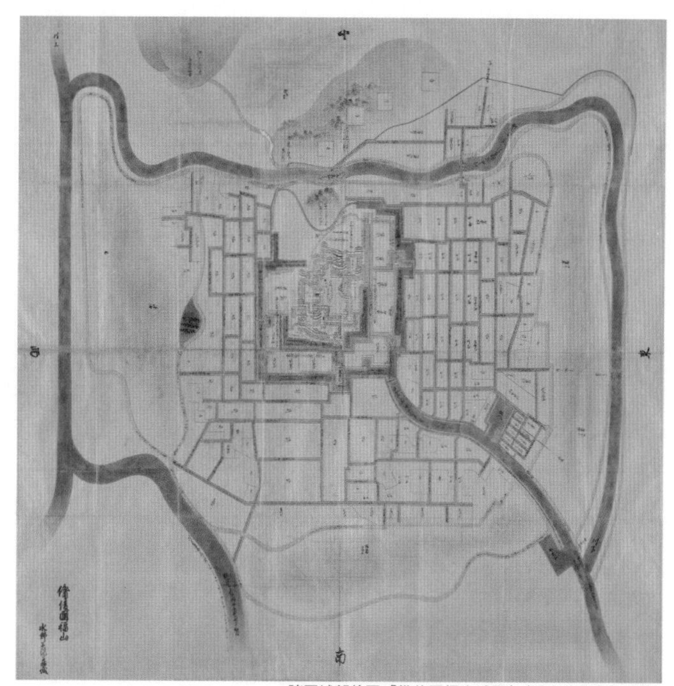

諸国城郭絵図「備後国福山城図」（国立公文書館所蔵）

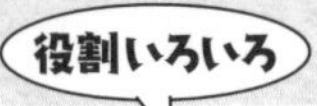

城のミッション

かつて全国に4～5万もあった城。
会社のように、ピラミッド構造で組織化していました。

支城ネットワーク

会社組織に例えるならば、「本城」は本社、「支城」は支社や営業所。本城を中心に、領国内には枝分かれした膨大な支城が置かれ、ピラミッド構造で領国経営のネットワークを構築していました。支城は、それぞれに課せられた役割を達成しているかどうかが肝心。強靭かつ組織力の高い支城ネットワークを領国内に構築できるかが、領国防備において大切です。本城に近づく前に支城で撃退すべく迎撃システムをつくり、いつでも稼働できるように組織を万全に整えておく必要があります。反対に、攻め手はいかに支城ネットワークを攻略できるかがカギになります。侵攻の基地にもなり、流通・経済の拠点にもなるため、いかなる目的にも即座に対応できるのがベストです。城を歩くときは、役割や機能の達成度に注目すると、その城の本質や知られざる一面が見えてきます。

支城

本城をサポートする城。北条氏でいえば、鉢形城（埼玉県大里郡寄居町）は、北関東支社といったところ。この地域の支城を取りまとめる重要な支城のため、一族の北条氏邦が城主を務めました。

本城

領国の中心地となる城、領主がいる居城のこと。北条氏の本城は、小田原城。

鉢形城

小田原城

北条氏の支配領域と主な支城

＊境目の城

国境や勢力の境目の監視と防備を担う支城。戦いの最前線になるため、戦闘仕様でそれなりの人が城主を務めます。兵力に見合った規模と効率的な軍事性が必要。

＊繋ぎの城

領国内の中継地点となる支城で、出陣時には駐屯地にもなります。駐屯が目的の場合、広大な敷地が必要。

＊伝えの城

緊急時の通信連絡基地のほか、中継地にも使われる支城。狼煙台など。スムーズに連携できる、視界のよさなどが必要。

狼煙ネットワーク

見通しの悪い山間や谷間をぬって最短距離で結ぶ、煙の連携プレーで情報を伝達する狼煙網。武田信玄が整備した狼煙ネットワークの通信力はすばらしく、第四次川中島の戦いでは、海津城（長野県長野市）から武田氏館（山梨県甲府市）まで、異変をたった2時間で伝えたといわれています。山梨県や静岡県内には信玄が設けた狼煙台跡が今でも残っていて、ほぼ5km間隔で設置されていたことがわかっています。

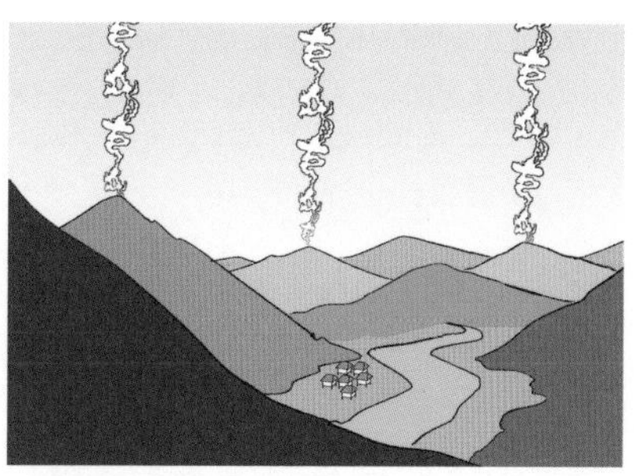

陣城（付城）

地域支配の拠点ではなく、戦いのためだけに築かれる臨時の城。あくまで一時的な前線基地であるため、居住空間はなく、戦いが終われば役目を終えます。信長が小谷城攻めの際に築いた虎御前山城（ともに滋賀県長浜市）など。膨大な陣城群を土塁でつないで標的の城を包囲することもありました。攻城戦だけでなく対峙戦にも登場。柴田勝家と羽柴（豊臣）秀吉が戦った賤ケ岳の戦いは、合計20以上の陣城を築いて対峙した、合戦史上稀に見る陣城構築合戦でした。

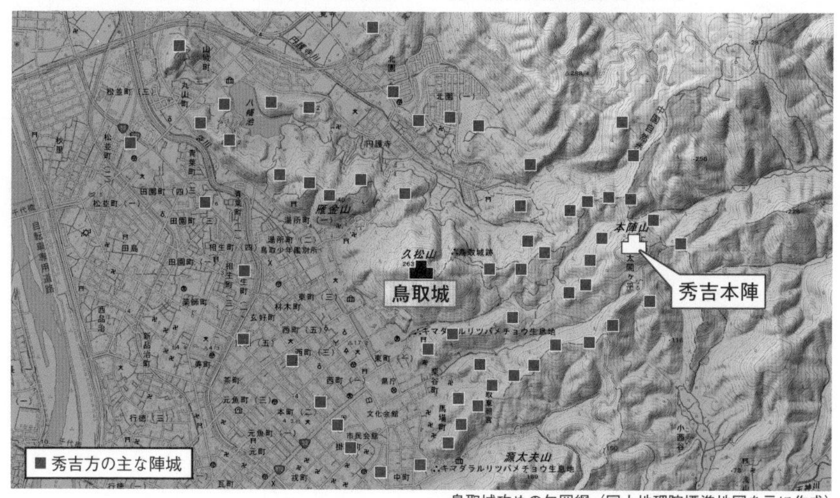

鳥取城攻めの包囲網（国土地理院標準地図を元に作成）

みんな大好き

天守大解剖！

権力と財力を誇示するシンボルタワー。
デザインも大きさもさまざま。オリジナリティが魅力です。

天守・天主

城内で最大規模を誇る、近世の城における中心的な建物。大きさや形状、装飾に規定はなく、バリエーション豊か。情勢、城主の地位、財力、センスなどが如実に反映されるのがおもしろいところです。安土城では「天主」と文献に記載があります。

天守の呼び方

現存天守

松江城

戦国時代末期から江戸時代に建てられ、今も残っている天守。姫路城（兵庫県姫路市）、松本城（長野県松本市）、犬山城（愛知県犬山市）、松江城（島根県松江市）など。

復元天守

岡山城

もともとあった天守を、古い史料や写真などを参考にして再現した天守。外観だけを再現した天守は「外観復元天守」とも。岡山城（岡山県岡山市）、熊本城（熊本県熊本市）など。

復興天守

小倉城

本来の姿がわからず、同じ場所に想像で建てた天守。大坂城（大阪府大阪市）、小倉城（福岡県北九州市）など。

模擬天守

岐阜城

天守がなかった城、あったかわからない城に建てられた天守。岐阜城、富山城（富山県富山市）など。

天守の型

望楼型天守

丸岡城

大きな入母屋造（→P186）の建物の上に、望楼を乗せた天守。2つの建物が組み合わさったような構造。

層塔型天守

弘前城

五重塔のように各階が積み上がるタワー式。最上重の屋根だけに入母屋屋根があるため、デザインに統一感が生まれます。

天守の構成

独立式天守

天守が単独で建つ形式。

複合式天守

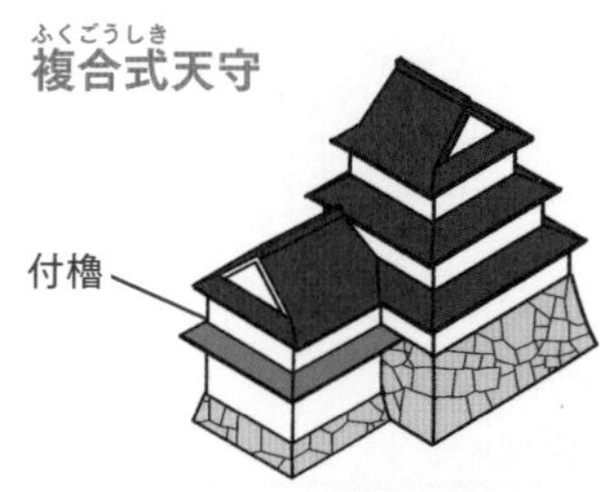

天守の出入口に、付櫓（→P183）や小天守がつく形式。

連結式天守

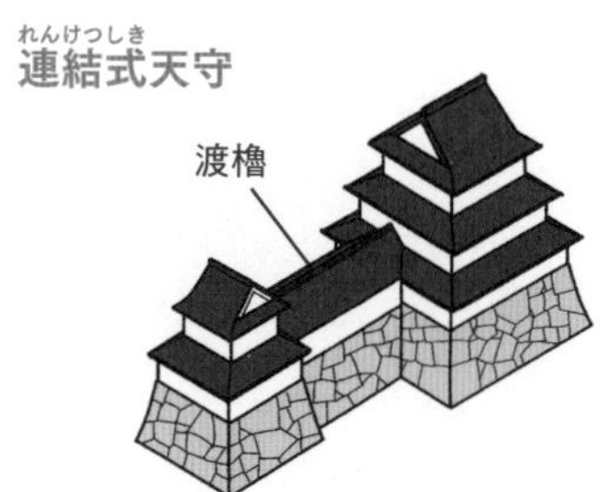

小天守を、渡櫓（→P183）などで天守に連結させた形式。

連立式天守

大天守と複数の小天守または隅櫓を、渡櫓で連結させた「ロ」字のような形式。

単純な独立式から複合式へと進化し、さらに連結式や連立式へと複雑化したといわれますが、厳密には付櫓を天守入口とした複合式も初期のもののようです。1600（慶長5）年前後を境に防御力を上げるべく複雑化し、やがて延焼防止のため再び独立式へと移行したと思われます。

天守の装飾

鯱（しゃち）

胴体は魚で頭部は虎、という架空の生きもの。雄（おす）と雌（めす）の一対です。火事の際には水を噴き出して火を消すことから、火除けの守り神とされました。寺院の厨子（ずし）などを飾っていたものを、信長が天主の装飾として採用したよう。古代の寺院の大棟（おおむね）や降棟（くだりむね）（→P126・P175）などの先端には「鴟尾（しび）」が乗ります。邪を払い火伏せの意味を持つものとして、鰐（わに）とも龍（りゅう）ともつかない獣から起こったものともいわれます。

廻縁（まわりえん）

天守最上階のまわりに設けられた、ベランダのような回廊（かいろう）のこと。意外にも実際に外に出られる廻縁は少なく、飾りとして取り付けられたものがほとんど。風雨にさらされ材木の腐食を招くため、好まれませんでした。現存する天守で実際に1周できるのは、犬山城と高知城（こうちじょう）（高知県高知市）天守の廻縁のみ。「回縁」とも。

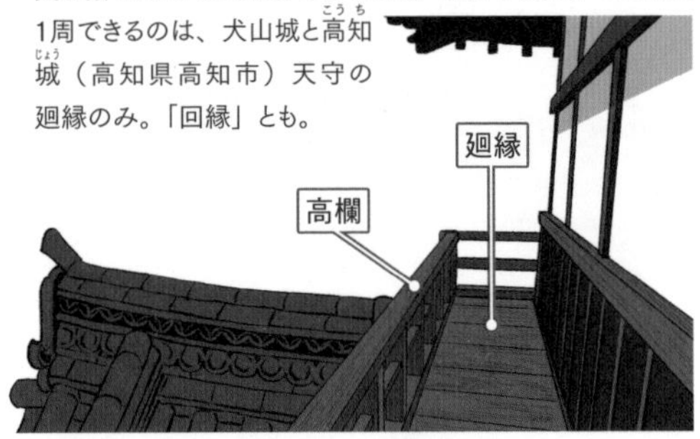

高欄（こうらん）

廻縁につけられた、欄干（らんかん）または手すりのこと。安全のため、意匠を高めるためのものです。隅で直交している「組高欄（くみこうらん）」や、そのうち隅で反っている「刎高欄（はねこうらん）」、隅や端に親柱という太い柱を立てて頂部に擬宝珠（ぎぼし）をつけた「擬宝珠高欄（ぎぼしこうらん）」などがあります。

コラム

＜豊臣＝黒、徳川＝白＞はホント?

旧豊臣家臣の城に黒壁の天守が多く、徳川家臣の城に白壁の天守が多いのは事実。しかし、派閥によるチームカラーではなく、おそらく素材の流行の変化によるものです。漆喰（しっくい）の大量生産が可能になり、需要が爆発的に伸長。黒い下見板（したみいた）張（ば）りから耐火・耐久性の高い漆喰塗籠へと主流が変わり、白い天守が増えたと思われます。漆喰と下見板をミックスさせたツートンカラーは、デザインのほかコスト削減の目的もありそうです。ただし、秀吉は金色が映えるように黒を好み、家康は天守が大きく見えるよう白壁を採用したといわれ、少なからず家康には政権交代を具象化する意識があったよう。そうした傾向を、家臣たちが追随した可能性もありそうです。天守壁面の色には、築城者のさまざまな思いや葛藤が込められているのかもしれませんね。

妻飾

建物の幅の狭いほう（妻側）に設けた壁や、破風の中にできる「妻壁」を飾る意匠のこと。「塗籠」「銅板張」「木連格子」などがあります。

木連格子

銅板張

破風（→ P145）

壁面を飾る出窓のような三角形の屋根の部分。破風板と妻壁とで構成されます。意匠性を高めるため、破風板を取り付けました。「風を破る板」であり、耐風性の向上が目的。防火にも役立ち、雨漏りなどから壁面を保護する効果もあります。城には主に「入母屋破風」「千鳥破風」「切妻破風」「唐破風」の4種類が用いられます。

彦根城

下見板張りと漆喰塗籠

外壁の仕上げ方。土壁の上に黒い板を張る「下見板張り」と、全面に白い漆喰を塗る「塗籠」に大別されます。防火性はほぼ同じですが、耐水性は下見板張りが勝ります。

懸魚（→ P78）

破風板の接合部に飾られる、彫刻が施された板のこと。破風の大きさによって、用いる懸魚が決まります。棟木の端などを隠すために社寺建築に用いられたものが、天守に取り入れられました。

蟇股

カエルの股のような形をした、建築部材のひとつ。大きく厚い板に曲線を施しただけのものは「板蟇股」、板の内部をくりぬいて透かせたものは「本蟇股」。鎌倉時代に入ると透かしが発達し、彫刻も図案的に。室町時代にはさらに進化し、彫刻に唐草や雲など絵画的になりました。その後もより装飾化し、江戸時代ともなると彫刻ばかりでできたものに変化しました。

思わず膝打つ

防御のしくみ

城の定義は「軍事施設であること」。
隠されたトラップや工夫がわかればもっと楽しめます。

虎口

城の出入口のこと。はじめは門を置いただけの「平虎口」でしたが、敵が直進でき、敵の正面に向けてしか攻撃できないため、虎口両側の土塁をずらしたり交互に置いたりする「喰違い虎口」が登場しました。敵の足を止め、視界を遮ることができ、攻撃面が増えて横矢を掛けられます。さらに進化した虎口が「枡形虎口」です。

＊平虎口

門を置いただけの虎口。敵が直進できてしまい、敵の正面に向けてしか攻撃できません。

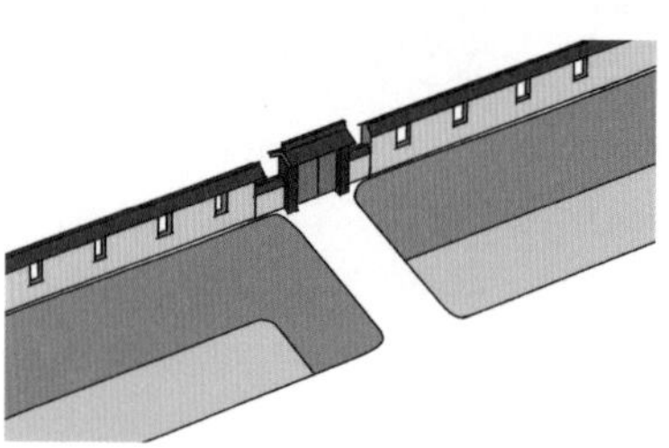

＊喰違い虎口

虎口両側の土塁を、ずらしたり交互に置いたりする虎口。敵の足を止め、視界を遮ることができ、攻撃面が増えて横矢が掛けられます。

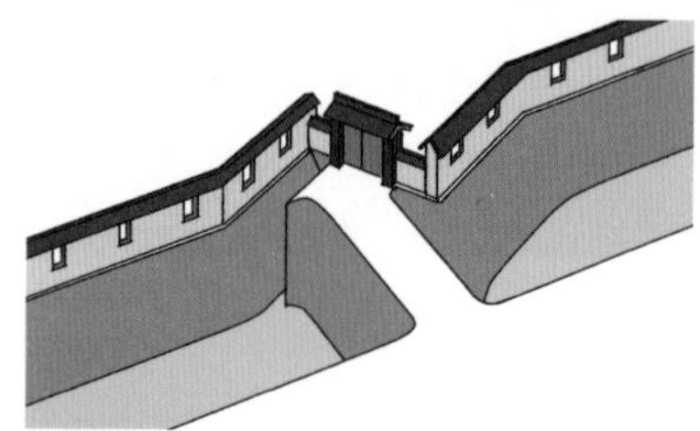

＊枡形虎口

四角形のスペース「枡形」と2つの門を組み合わせた二重構造の虎口。枡形の四辺を土塁（または石垣・多聞櫓・土塀）で囲み、一辺に第1の門、その左右どちらかの辺に第2の門を設けます。第1の門を突破した敵を枡形に閉じ込め、左右どちらかに90度方向転換する間に三方から集中砲撃できます。曲輪内に設けた枡形を「内枡形」、塁線からはみ出すように曲輪の外側に設けた枡形を「外枡形」といいます。

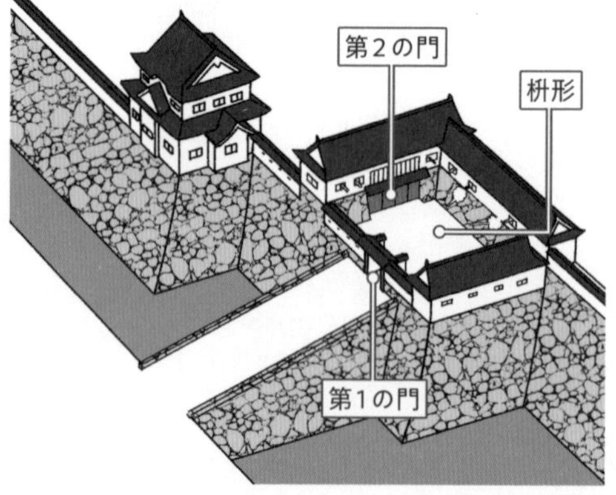

横矢掛かり（横矢を掛ける）

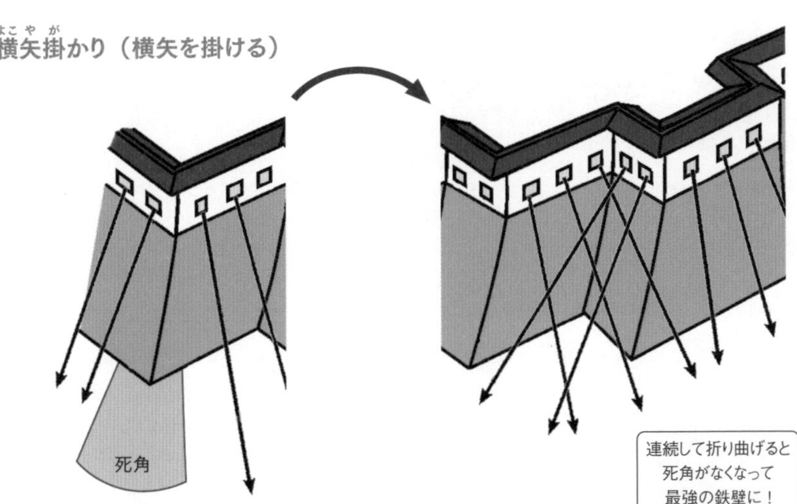

側面から攻撃すること。敵が攻め寄せてきたときは、正面からだけでなく右や左からも迎え撃ったほうが効率がよいため、いつの時代の城においても防御の基本となります。たとえば石垣の塁線が直線のままだと、敵に向かって下方向への攻撃しかできず、隅角部に30度くらいの死角が生じてしまいます。そこで、石垣を出っ張らせたりへこませたりすることで左方向や右方向へも攻撃できるようにし、死角を補います。塁線を連続して折り曲げると、城壁全体に横矢が掛かって最強の鉄壁になります。同じ原理で、建物の配置も横矢が掛かるように工夫されています。

馬出

虎口の前面に設けられた、小さなスペースのこと。守備の要となる虎口への侵入を阻止する防御装置で、堀で囲まれ、城内と城外はそれぞれ土橋や木橋でつながれていました。敵は馬出を突破しなければ城内に入れないため、馬出は虎口を守る防御の拠点になります。馬出を利用すれば敵を2つに分散させられ、攻め込まれても馬出内に閉じ込めれば反撃も可能。城兵の出撃時には攻撃の起点にもなりました。

＊角馬出

「コ」の字のような方形の馬出。中世の城では北条氏の城で多くみられます。近世の城では、名古屋城や篠山城（兵庫県丹波篠山市）が代表例。

＊丸馬出

半円型の馬出で、三日月堀と呼ばれる半円型の堀に囲まれます。武田氏や徳川氏が築いた城でよくみられます。諏訪原城（静岡県島田市）が代表例。

堀

曲輪のまわりなどに設ける、遮断線となる城の必需品。山城を中心とした中世の城では、水のない「空堀（からぼり）」が主流で、堀幅が広すぎると敵が移動しやすくなるため、狭く掘るのが常識。城兵からの攻撃が届くよう、広すぎず高すぎないようにつくられました。近世の城では水を湛（たた）えた「水堀（みずぼり）」が主流で、主力兵器も弓矢から鉄砲へ変わったため、幅も広くなりました。水堀の幅は30～60mが一般的ですが、江戸幕府ゆかりの城では100mを超すものも。堀の水は自然の湧き水や雨水が溜まったものですが、川や湖、海から暗渠（あんきょ）や水路で引かれるケースもありました。深さは2m程度で、あまり深いと身を隠しやすくなるため、足が届かない深さがあれば十分。城のまわりを二重に囲む堀は、城に近いほうが「内堀（うちぼり）」、遠いほうが「外堀（そとぼり）」とよばれます。中間に「中堀（なかぼり）」があるケースもあります。

土塁（どるい）

土を盛った壁のこと。土手のような土壁で、堀を掘った土を掻（か）き上げ、叩き固めてつくります。斜面を削り残したものも土塁と呼びます。防御壁としてつくられ、敵の前に立ちふさがり、攻撃するときは城兵が隠れることも可能。近世の城の壁が石垣なのに対し、中世の城の壁は土塁でした。斜面は45度くらいが一般的ですが、60度に近い急斜面のものもあります。

土塀（どべい）

土を分厚く塗り固めた、土壁（→P122）でつくった防火・防弾壁のこと。中世の城では板を張った「板塀（いたべい）」だったようですが、近世になると鉄砲や弓矢に耐えられる、土塀へと変わりました。

狭間（→ P93）

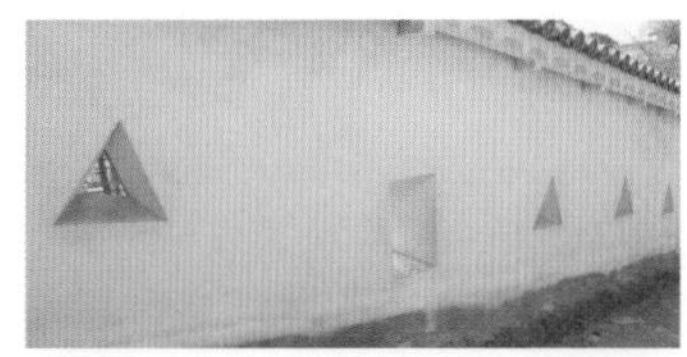

天守や櫓などの建物や塀に開けられた、射撃用の穴のこと。形状は主に4種類、用途は鉄砲を撃つ「鉄砲狭間」と弓矢を放つ「矢狭間（弓狭間）」の2種類に大別されます。四角錐のような形で城内側が広く城外側が狭くなっているのが特徴で、城内側に広げることで鉄砲や弓矢を傾ける角度を広げて敵に照準を合わせやすくし、同時に城外側からの攻撃を防ぎます。傾斜は緻密に計算され、敵の侵入路に向けて角度をつけてあります。矢狭間より鉄砲狭間のほうが数は多く、各大名の弓足軽と鉄砲足軽の数に比例。正確な数は算出できませんが、土塀なども合わせると城内の総数は膨大で、大城郭であれば4,000超、中規模な城であれば2,000超に及びました。

石落とし

天守や櫓、土塀などの床面に設けられた鉄砲狭間のこと。外側に張り出させた床の底に長方形の窓や穴を取り付けて、石垣をよじ登ってくる敵に向けて射撃します。外壁の裾を斜めに張り出させた「袴腰型」、雨戸の戸袋のように四角形に張り出させた「戸袋型」、出窓の下に設けられた石落としの「出窓型」などがあり、いずれも床面の開口部に木製の蓋を蝶番で取り付けました。熊本城の天守や萩城（山口県萩市）の天守は、1階の外壁全体を天守台から張り出させ、床の全面に石落としを設けていました。石のほか、熱湯や糞尿を浴びせたという俗説もあります。

コラム

再建ブーム、再び到来？

昭和30～40年代半ばまでは、全国の城に次々と天守が建てられた時期。この頃は戦後復興のシンボルや観光誘致を目的としていたため、忠実さは求められず、安くて早く建てられるRC造りでした。それらの天守が老朽化し建て替えシーズンを迎えている昨今は、文化財としての本物志向の再建が当たり前の時代。木造で忠実な再建が前提で、残された遺構の現状維持が基本となり、さまざまな問題に直面しています。

1928（昭和3）年に、展望台として建てられた洲本城（兵庫県洲本市）の天守

城の終わり

激減したきっかけとは?
城が姿を消した背景には、4大事件がありました。

一国一城令（いちこくいちじょうれい）

1615（元和元）年、江戸幕府が制定した大名統制令。ひとつの領国（藩）につきひとつの城（本城）を残し、そのほかの城（支城）を廃絶するものです。反逆の拠点になる城の廃除は、幕府としては当然の措置。これにより、3,000近くあった城は約170に激減しました。一国を複数の大名で分割統治している場合は大名ごとに1城とし、一大名が複数の領国を領有している場合は、国ごとに1城を残しました。厳密には柔軟に適応され、江戸幕府との関わりにより2城や3城が存続する例外もありました。仙台藩では、仙台城（せんだいじょう）（宮城県仙台市）のほか、白石城（しろいしじょう）（宮城県白石市）も存続。鳥取池田家では、因幡（いなば）・伯耆（ほうき）の二令制国で領内に3城（鳥取城、米子城（よなごじょう）、倉吉城（くらよしじょう））が存続しており、徳川将軍家からの信頼の厚さと隣接する毛利家への備えの意図がうかがえます。熊本藩では熊本城とともに存続した麦島城（むぎしまじょう）（熊本県八代市）が地震で倒壊後、八代城（やつしろじょう）（熊本県八代市）が幕府の許可のもと築城されています。一国一城令の先駆けは、信長が実施した領国単位での一国破城で、支配権の変化を城の破壊で知らしめるべく行ったとみられます。秀吉は領国体制の整備を目的として破城を行いました。

武家諸法度（ぶけしょはっと）

1615（元和元）年に制定された、江戸幕府による大名統制令。この法令によって、城内の建造物の新築・修繕・増築すべてに幕府への届け出と許可が必要になりました。1635（寛永12）年の改訂で、櫓・城門・土塀などは元通りに修復することを条件に届け出が免除されることになりましたが、実際には幕府に届け出て可否を仰ぐことが一般化し、「修補願図（しゅうほねがいず）」という城絵図を作成し、細かく図示して届け出ました。福島正則（ふくしままさのり）が広島城（ひろしまじょう）（広島県広島市）の石垣を許可なく修復し、改易（かいえき）されたエピソードはよく知られるところです。公布後に新築された特別な城も40城前後ありましたが、福山城（ふくやまじょう）（広島県福山市）など、いずれも江戸幕府によるなんらかの目的がある城です。1614（寛永元）年に築かれた島原城（しまばらじょう）（長崎県島原市）も、キリシタンに対する牽制と九州・西国の諸大名に押さえとして特例で築城が許されました。そのほか、丸亀城（まるがめじょう）（香川県丸亀市）のように立藩して築かれた城もありました。

廃城令

1873（明治6）年1月14日、太政官から陸軍省および大蔵省に発せられた文書の総称。明治維新により陸軍省所管財産となっていた城の土地や建物を、「存城処分」として陸軍省所管の行政財産とするか、「廃城処分」として大蔵省所管の普通財産にして売却処分するかに分けるものです。43城1要害が存城処分として残り、その他の城のほとんどは廃城とされました。存城処分といっても城を後世に残すことが目的ではなく、あくまで陸軍用地としての利用が目的。ですから軍の施設建設のために広大な敷地を確保すべく、石垣は壊され堀は埋め立てられ、建物も次々に破却されました。城は文字通り、無用の長物となったのです。廃城処分になった城は、天守や櫓、城門や土塀などの建造物をはじめ、城内の立ち木までもが競売の対象となって民間に払い下げられました。とはいえ、天守や櫓のような巨大な建造物を落札したところで移築や維持に莫大な費用がかかるだけなので、信じられないほどの安価で売却されました。姫路城天守も、23円50銭で落札されています。木材や鋳物など換金できるものは根こそぎ取られ、土地は住宅地や耕作地となりました。天守や櫓の材木が薪として風呂屋に売られることも珍しくなかったようです。

太平洋戦争

1945（昭和20）年の空襲で、多くの城が失われました。天守は明治に入っても約60棟、1940年代にも20棟が残っていましたが、空襲により、水戸城（茨城県水戸市）・大垣城（岐阜県大垣市）・名古屋城・和歌山城（和歌山県和歌山市）・岡山城・福山城・広島城の7棟の天守が焼失または倒壊。その後、松前城の天守が失火で失われ、現存する天守は姫路城など12棟のみです。

コラム

奇跡的に生き残った天守

廃城令から数年後、城への文化的な価値に目が向けられ始めます。破却が進んでいた姫路城では、中村重遠陸軍大佐が陸軍卿の山県有朋に芸術的・城塞的価値を述べた建白書を提出。1879（明治12）年の保存に至り、天守群ほか多くの櫓や土塀などが取り壊しを免れました。彦根城の天守は、明治天皇が北陸巡幸の帰りに彦根を通過した際、保存するよう大命を下されたと伝わります（大隈重信が明治天皇に保存を願い入れたという説も）。

一度は行きたい

全国「現存 12 天守」マップ

日本全国に江戸時代から残る12の天守。
「やっぱり、本物の天守が見たい!」という方は訪れてみては?

国宝 松江城
（島根県松江市）
どっしり剛健なフォルム。気迫あふれる実戦派で、天守から付櫓（つけやぐら）に向けた狭間（さま）は必見。

備中松山城（びっちゅうまつやまじょう）
（岡山県高梁（たかはし）市）
コンパクトながらバランスのよいデザイン。囲炉裏（いろり）や装束（しょうぞく）の間（ま）など珍しい設備も。

松山城
（愛媛県松山市）
幕末に再建された、もっとも新しい天守。現存天守で唯一、瓦に葵（あおい）の御紋（ごもん）が。

宇和島城
（愛媛県宇和島市）
太平の世に建てられた、戦闘力ゼロの平和な天守。玄関も歓迎ムード。

高知城
（高知県高知市）
土佐の荒波のような、躍動感あふれる優美なデザイン。独自工法満載で、鬼瓦（おにがわら）も独特。

丸亀城
（香川県丸亀市）
高石垣（たかいしがき）の上にちょこんと建つ小さな天守。城下から大きく見えるよう、さまざまな工夫が。

弘前城
（青森県弘前市）
東北唯一の現存天守。櫓として建てたため、装飾は城外側のみ。豪雪対策もバッチリ。

姫路城 国宝
（兵庫県姫路市）
8棟の国宝で構成される、壮麗な天守群。世界中の人々の琴線に触れる世界文化遺産。

丸岡城
（福井県坂井市）
クラシカルな佇まい。屋根の石瓦は雨に濡れると青みが冴えて、アンニュイな表情に。

松本城 国宝
（長野県松本市）
戦国時代＋江戸時代の連結複合式天守群。5棟すべて国宝。全国唯一の黒漆塗り。

犬山城 国宝
（愛知県犬山市）
廻縁からの絶景が見事。木曽川越しに見上げる姿もイケメン。

彦根城 国宝
（滋賀県彦根市）
壁面を飾る破風が多く、スタイリッシュ。美しくかつ実用性も高い、センス光る天守。

イラスト：写楽勝／PIXTA

アウトドア・スポーツ【あうとどあ・すぽーつ】

城歩きは、スポーツに近いアクティブなもの。ちょっと天守に上るだけのつもりでも、思いのほか疲れます。軍事施設ゆえ、足に堪える緩やかな傾斜、ゴールが見えず心理的に疲弊する迷路のような道筋など、トラップの連続です。「疲れる城ほどよい城」と捉え、その心得で疲れを楽しみましょう。「行きは敵兵の気持ち、帰りは城兵の視点」で歩いてみると、ただの道筋も楽しめます。戦国時代の山城は、完全に自然相手のアウトドア・アクティビティです。

青葉城恋唄【あおばじょうこいうた】㋓

さとう宗幸が歌った昭和のヒット曲。青葉城は仙台城のことで、城下を流れる広瀬川や、仙台の夏の風物詩である七夕などが歌詞に登場します。桑田佳祐によるカバーがとても素敵。

赤壁ソフト【あかかべそふと】(食)

奇岩の城・苗木城（岐阜県中津川市）の別名「赤壁城」から命名されたソフトクリーム。地元産ほうじ茶使用の赤壁ソフトと、ほうじ茶＆栗きんとんの赤壁ミックスの2種類。赤壁城の由来は、白を嫌う木曽川の竜が城壁の白漆喰を剥がしてしまい、常に赤土がむき出しの赤壁だった伝説から。

苗木城

赤瓦【あかがわら】(専)

会津若松城（福島県会津若松市）の天守や櫓の屋根に葺かれた、赤い瓦のこと。豪雪地域につき一般的な土瓦では凍み割れてしまうため、瓦に水分が染み込まないように鉄分入りの釉薬を施釉。そのため、焼き上がりが赤くなります。釉薬の配合具合により、オレンジ色に近い時代もあったようです。盛岡城（岩手県盛岡市）天守にも、同じ成分の赤瓦を使用。萩城では、1768（明和5）年の修理時に赤瓦に改められた記録があります。

会津若松城の赤瓦

赤坂城・千早城の戦い
【あかさかじょう・ちはやじょうのたたかい】㊩

1332（元弘2・正慶元）年、後醍醐天皇に呼応した楠木正成が鎌倉幕府軍を撃退した戦い。赤坂城（大阪府南河内郡千早赤坂村）が落城したとみせかけて金剛山中に逃げ込み、千早城で体制を整えて大勝利しました。兵力で圧倒的に劣るため、騎兵が近づけない高い山に敵をおびき寄せ、高低差を利用して効率よく迎撃。攻め登る敵に対して上から石を投げつけたり、柵列で身を隠しながら、奇襲をしかけたといわれます。この戦いを機に源平合戦以来野戦が中心だった戦いに籠城戦という選択肢が生まれ、山城が戦いの場として飛躍的に発展したとされます。

赤坂見附【あかさかみつけ】

江戸城の赤坂門のこと。外郭に設けられた城門の別名でもある「見附」のうち、唯一駅名として残ります。

赤門【あかもん】

東大生を目指す若者の憧れ、東大の赤門。加賀藩上屋敷の御住居表御門です。江戸時代、各大名は江戸城のまわりに屋敷地を与えられ常住していました。

秋田美人【あきたびじん】

秋田県出身の美女のこと。関ヶ原の戦い後、水戸城主だった佐竹義宣が出羽（山形県・秋田県）へ転封となった時、美人を連れて行ったからという説があります。

赤穂事件【あこうじけん】㊩

『忠臣蔵』で知られる、1701（元禄14）年に江戸城内で起きた刃傷沙汰のこと。浅野内匠頭長矩が切腹すると浅野氏は改易となり、大石内蔵助ら赤穂藩の旧藩士は、議論の末に赤穂城（兵庫県赤穂市）を幕府に明け渡しました。

浅井三姉妹【あざいさんしまい】(人)

小谷城主の浅井長政と織田信長の妹・市との間に生まれた3人の娘のこと。長女の茶々（淀殿）は豊臣秀吉の側室となって豊臣秀頼を産み、次女の初は京極高次の正室に。2011年のNHK大河ドラマ『江～姫たちの戦国～』の主人公になった三女の江は、徳川秀忠の正室となって3代将軍・家光を産みました。信長の姪であり、天下人の妻、将軍の母となって豊臣家、徳川家へと血筋をつないだ姉妹でした。

朝市【あさいち】(エ)

早朝に城下などで催す、定期市または不定期市。勝浦朝市は、勝浦城（千葉県勝浦市）の城主、植村泰忠が農業・漁業の奨励とともに農水産物の交換の場として1591（天正19）年に開設。飛騨高山朝市や越前大野の七間朝市、土佐の日曜市も、江戸時代から城下で続く朝市です。

朝駆け【あさがけ】(専)

早朝に不意をついて敵陣を襲うこと。転じて、城ファンの間では「朝の集合前に1城攻略してくる」という隠語として使われます。24時間登れる山城を攻めることもあれば、ゆかりの寺に移築された建物を見に行くことも。朝陽を浴びながらまだ人のいない城下町を散策したり、ご当地モーニングを味わうこともできます。1日のスケジュールに支障をきたさないよう、体力や疲労度に応じて戦略を立てるのがポイント。爽やかに集合しましょう。

アシンメトリー
【あしんめとりー】

城の建築と寺社建築との違いは、左右非対称であること。日本人の美の対象は「自然」。焼物のヒビや不均一な釉薬こそ風流で、不完全なもの、曖昧で移ろいがちな人情などに愛着を感じる概念が備わっているようです。アシンメトリーの美も、日本特有の美意識のひとつ。着物の小紋や打掛けは斜めの構図を生かし、日本庭園や生け花も非対称です。天守や櫓など城の建物はほとんどがアシンメトリー。見る角度によって変わるさまざまな表情は、アシンメトリーの魔法が生み出した美しさです。

安住紳一郎
【あずみしんいちろう】(人)

TBSアナウンサー。TVのロケ番組で城を訪れればテンション高め、パーソナリティーを務めるラジオ番組では城愛について熱弁をふるいます。

安宅船【あたけぶね】(専)

室町時代後期から江戸時代初期にかけて、水軍が使った大型の軍船。毛利・武田・北条氏などの戦国大名が、水軍の組織化とともにつくるようになったとみられます。大きいもので長さ50m以上×幅10m以上。速度は出ませんが小回りがきき、数十人から百数十人が乗り組めました。名の由来は「あたける(暴れる)」とされ、古名は「阿武船」。北条水軍の拠点・長浜城（ながはまじょう）(静岡県沼津市)では、安宅船原寸大模型を地表面に復元。秀吉時代の『肥前名護屋城図屏風（ひぜんなごやじょうずびょうぶ）』には、二重櫓（にじゅうやぐら）のような建物が乗った安宅船が描かれています。

熱海城【あたみじょう】㋓

静岡県熱海市にある、天守風の観光施設。天守閣展望台から360度のパノラマが楽しめる、熱海随一の絶景スポットです。新幹線の車窓からもかっこよく見えますが、天守はおろか熱海城という城は存在しませんでした。映画では、ゴジラ(→P82)とキングコングとの決戦の地となり落城。

安土城【あづちじょう】

たった3年で完成し、わずか3年後に焼失。覇王・信長の居城であることに加え、似た城がない唯一性、電光石火の如く姿を消した幻の城でもあることから、城ファンの間では聖地です。天主は、五重六階地下一階。不等辺七角形の天守台の上に建ち、金や群青や朱で塗られた八角形と正方形の望楼（ぼうろう）が乗る、近未来的なフォルム。日本初の城専用瓦と金箔瓦（きんぱくがわら）、金の鯱（しゃちほこ）、超高級黒漆（くろうるし）仕上げというギラつきMAXのビジュアルで、内部は狩野永徳（かのうえいとく）に金碧障壁画で飾られた、夢のような空間だったようです。全国トップレベルの職人を招集し最高峰の芸術作品をつくれる証でもあり、宗教的な要素の取り入れ方も絶妙。自らをカリスマに仕立てる、恐るべき自己演出力が光ります。

敦盛【あつもり】

平安時代末期の武将・平敦盛をテーマにした、幸若舞の演目。信長が扇を片手に謡う一節「人間五十年、下天の内をくらべれば夢幻の如くなり」は「人の世の50年の歳月は、下天の1日にしかあたらない夢幻のようなものだ」という意味。桶狭間の戦いの前夜、信長は清須城（愛知県清須市）でこの一節を謡い舞い、立ったまま湯漬けを食べて出陣したと『信長公記』に記されています。

人間五十年
下天の内を
くらぶれば
夢幻の
ごとくなり
一度生を受け
滅せぬ者の
有るべきか

穴城【あなじろ】

小諸城（長野県小諸市）の別名。城の中心部が城下町よりも低いところにあることから。小諸火砕流の堆積地が千曲川の浸食によって河岸段丘化した地形の起伏が防御に生かされ、石垣づくりの近世の城なのに、中世の山城のような雰囲気が漂います。三の門前のガクンと下がっているところが、ちょうど開析谷の底。

穴太衆【あのうしゅう】(人)

延暦寺の門前町、近江・坂本の石工集団。信長が登用し、カリスマ的な存在となって大ブレイク。三英傑（信長・秀吉・家康）ら権力者から庇護されつつ全国に四散し、竹田城（兵庫県朝来市）、姫路城、大坂城、名古屋城、江戸城と、数々の名城の石垣を手がけました。現在も技術は継承され、篠山城、和歌山城、高知城をはじめ、熊本城など全国の城の石垣修理工事で活躍中。15代目の粟田純徳さんは、海外に招かれ技術を披露することもあるそう。

阿波踊り【あわおどり】(伝)

阿波（徳島県）が発祥の盆踊り。1586（天正14）年に蜂須賀家政が、徳島城（徳島県徳島市）の築城を記念して城下の人々に城内で躍らせたのがルーツ（諸説あり）。徳島駅前の阿波踊りの石像は、徳島城の石垣と同じ緑色片岩製です。

泡盛【あわもり】(食)

沖縄で600年の歴史を誇る、黒麹菌を用いた蒸留酒。琉球王朝が交易に用いた、庶民は口にできない高級品で、江戸時代には幕府への献上品とされました。琉球王府の管理下に置かれ、首里城（沖縄県那覇市）の城下にある3つの地域「首里三箇」でしか醸造を許されていませんでした。

家忠日記【いえただにっき】

徳川家康の家臣・松平家忠が、1575～1594（天正3～文禄3）年に綴った日記。家忠は土木技能が高く、浜松城（静岡県浜松市）、諏訪原城、横須賀城（静岡県掛川市）、高天神城攻めの付城などに従事。城の普請や改修などに関する記述は、当時の城づくりを知る上で貴重な資料となっています。

いかすみ石【いかすみいし】専

2017（平成29）年に、弘前城の天守台解体作業中に発見された巨大な石。正式名称は「イカ形の角石」。天守台最上段の四隅に4石が組み込まれており、その形状から命名されました。

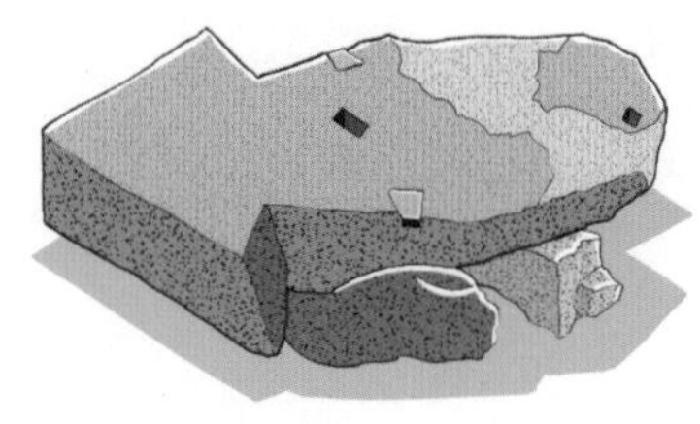

イクササイズ【いくささいず】エ

甲冑を着て山城に登れる体験プログラム。美濃金山城（岐阜県可児市）の麓にある可児市観光交流館で受付中。甲冑の重さは約10～13kgと、なかなかのエクササイズ。

井桁梁と桔木構造
【いげたばりとはねぎこうぞう】専

太い梁を「井」の字に組んだ、松本城天守最上階の特殊な天井の構造。屋根の軒先を支えるためにテコの原理を応用し、化粧垂木と垂木の間に桔木20本を放射状に置くことで、屋根の加重を分散。鎌倉時代以来、日本で受け継がれてきた技術です。

石打棚【いしうちだな】専

射撃や物見のために、土塀の内側や建物内に設けられた台。姫路城天守の3階と4階の四方にある石打棚は、高い位置にある窓に手が届くように設置されたもの。石打棚の下は内室とよばれる収納庫として有効活用され、籠城時に必要な食料、武具や弾薬などを保管していたようです。

石垣【いしがき】専

石材を積み上げて、曲輪を囲む壁や曲輪間を仕切る壁としたもの。16世紀半ば頃から城へ導入され、はじめは目的も技術も地域ごとに異なり、土塁や曲輪を補強する土留めや虎口の強化などに用いられました。やがて信長が高い石垣で城全体を囲むと、織田・豊臣政権下の城の必需品となり、積み上げる技術も向上しました。

石垣の加工と積み方

【いしがきのかこうとつみかた】㊕

積み方や加工、石材の種類に違いがあります。表情を見比べるだけでも楽しく、城の土台となるため、築城年代や城の構造を知る大きな手がかりにもなります。石垣を積む技術や加工の精度は少しずつ発展していくので、完成度をみれば積まれた時期や改修の跡がわかります。

切込接

石材をしっかり加工した石垣。パズルのように隙間なくぴったりと積まれます。

野面積み

ほぼ加工していない自然石をそのまま積み上げた石垣。表面が岩のようにゴツゴツとして荒々しいのが特徴。もっとも古いタイプの加工ですが、水捌けがよく強度も高いため、時代が下っても用いられることがあります。

打込接

石材をある程度加工し、表面を平らにして石材の隙間を減らしたもの。隙間には小石(間詰石)を詰めて調整します。

乱積み

大小さまざまな石材を混ぜた積み上げる方法。布積みと異なり、横目地が通りません。

布積み

ほぼ高さの揃った石材を一段ずつ横に並べて積む方法。横方向に目地が通ります。

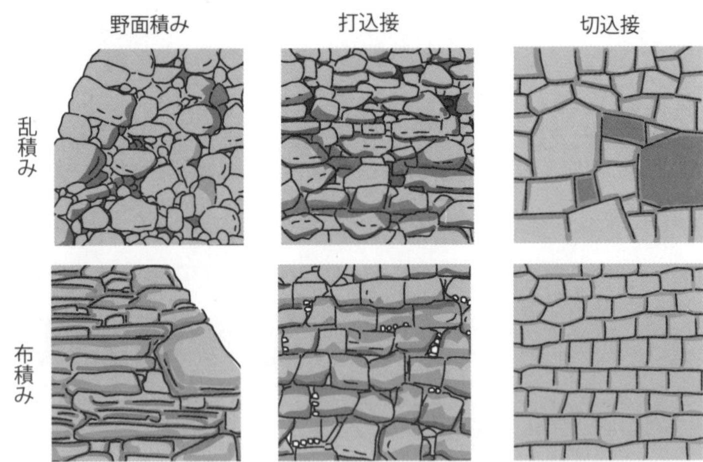

亀甲積み

亀の甲羅のように六角形に成形した石材を積んだ、切込接の一種。江戸時代中期以降の積み方。

谷積み(落し積み)

石材を斜めに落とし込む積み方。明治以降の積み方の主流。

間知石積み

石材の底面を表にして45度に傾けて積んだもの。昭和に入ってからの積み方。

石垣の中身【いしがきのなかみ】(専)

小石がびっしりと詰まっています。まず基礎となる「胴木」の上に「根石」を置いて土台をつくり、「築石(積石)」を積み上げます。根石や築石は先が細く、細いほうを奥に差し込んで積むため石垣の奥に隙間ができます。そこで、隙間に「飼石」を詰めてぐらつかないよう固定。最後に「裏込石(栗石)」という小石を詰め込めば完成です。

天端石
石垣のいちばん上に積まれる石材。

裏込石(栗石)
石垣の背面に詰める小石。雨水を抜けやすくし、石垣の表面にかかる土圧を減らします。「栗石」とも。拳大の小さな石から、人頭大の大きな石まで、大きさはさまざま。排水が目的のため、川原石のような透水性の高い石が用いられました。

間詰石
積石の間にできる隙間を埋めるために入れる石。「間石」「会詰石」「相間石」とも。

築石(積石)
隅角部以外の石材のこと。

根石
石垣の最下段に積む大きな石。最初に積む、石垣の基礎となる石材。

飼石
積石と積石の間に詰める石。積石を安定させます。

胴木
水堀沿いや湿地など地盤が軟弱な場所に石垣を築く際、根石が不同沈下しないように設ける木材。水に浸かった状態でもほぼ腐食しない、松が用いられました。地盤が緩い松本城では、現在のパイル工法と同じ原理で天守台の地下に16本の杭が組み込まれています。水堀側は格子状に丸太を並べる「梯子胴木」が敷かれ、根石の下も丸太を筏の形に並べる「筏地形」で補強されています。

石の種類

チャート、玄武岩、石灰岩、砂岩など、石の種類もさまざま。城の石垣には、花崗岩と安山岩が多く使われます。

花崗岩

緻密で硬い深成岩の一種。徳川大坂城や岡山城などの石垣に使われた白い石は、瀬戸内海沿岸の小豆島や犬島、大島などから運んだ花崗岩。上質な花崗岩の産地として現在も有名な小豆島には、徳川大坂城築城時の石切丁場がいくつか残っています。

安山岩

日本の火山に多く産出する火山岩の一種。火山岩の中では玄武岩と流紋岩の中間的な組成を持ちます。江戸城や江戸の大名屋敷に用いられた石は、多くが箱根や伊豆半島東海岸から運ばれた安山岩です。

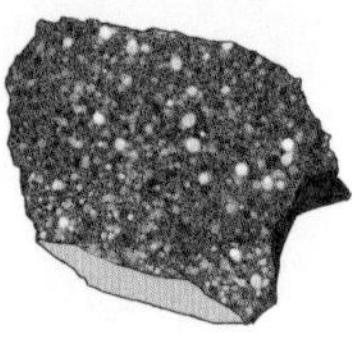

金沢城の戸室石

赤と青の石は、近隣の戸室山から採石された安山岩。花崗岩より加工しやすく凝灰岩より強度が高い、硬石と軟石の利点を兼ね備えます。溶岩が冷える際の条件の違いで、高温で長時間空気にさらされたものは赤く、短いものは青くなるそう。青戸室石のほうが緻密で硬さがあります。

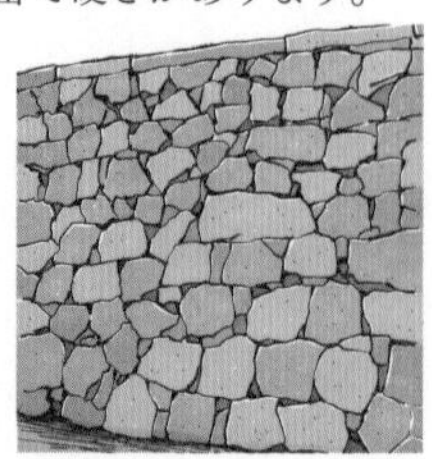

和歌山城の緑色片岩

グリーン色をした結晶片岩の一種。和歌山城のグリーンの石垣は、紀州青石と総称される緑色片岩。徳島城の石垣もグリーンですが、こちらは阿波青石と総称される緑色片岩。微妙に色や質が異なり、積まれたときの色や断面の表情も異なります。

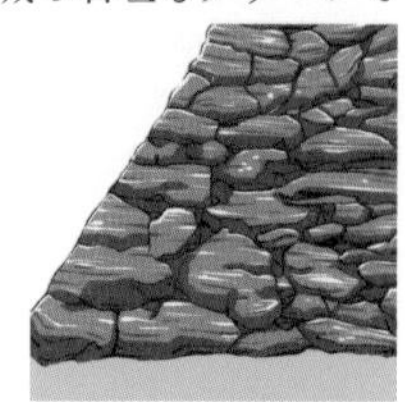

福井城の笏谷石

福井市内の足羽山一帯で採れる、ブルーグリーンの火山礫凝灰岩。加工しやすく、古墳時代から石棺などの材料として重宝されました。

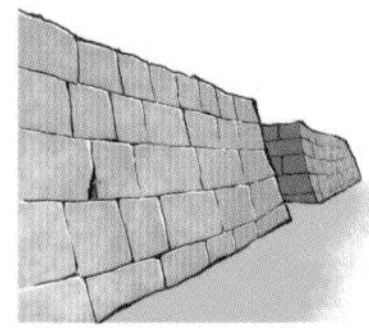

彦根城の湖東流紋岩

流紋岩という火山岩の一種で、県南東部で産出される溶結凝灰岩。

グスクの琉球石灰岩

沖縄地方で産出される、中・新世層の上を覆う真っ白なサンゴ石灰岩。加工しやすく、たなびくカーテンのようにゆるやかなカーブを描く石垣が叶います。

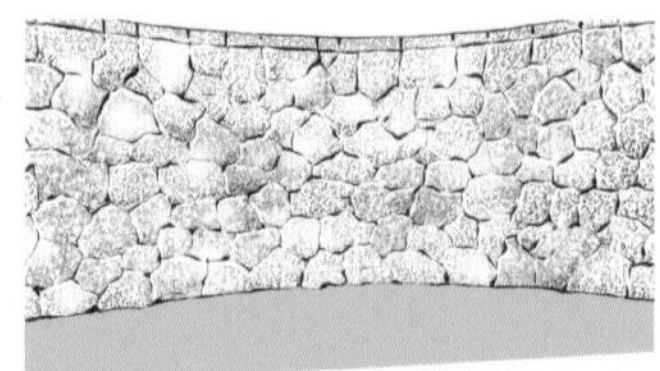

石垣の博物館
【いしがきのはくぶつかん】

金沢城（石川県金沢市）の代名詞。多種多様な石垣が、野外博物館の展示のように点在します。城主の前田家は石垣を積む技術に長け、かつ美的センスのある芸術家肌だったよう。改修の度に新しい積み方を編み出し、そのどれもがオリジナリティに溢れ美しいのが特徴です。野性的な雰囲気を醸し出す石垣もあれば、繊細で芸術的な石垣も。表情豊かで、1日眺めていても飽きません。

玉泉院丸庭園の「色紙短冊積み」

石瓦【いしがわら】㊟

石製の瓦。天守や櫓など城の建物には一般的な土瓦が用いられますが、丸岡城の天守には、近隣で採れる笏谷石製の石瓦が葺かれています。笏谷石は濡れると青みが冴えるため、雨の日には天守も物憂げな表情に変化。城へ行くときは晴れていたほうがいいに決まっていますが、丸岡城は雨でも少しうれしくなります。

石丁場【いしちょうば】㊟

採石場のこと。「石切場」「石切丁場」とも。石垣に用いる石材は城地や近隣の岩盤を切り崩して使いますが、採石できない場合や天下普請（→P124）の城など大量に石材を必要とする巨大な城の場合は、わざわざ遠くから運ばれました。石丁場の多くは、水運の便のよい海岸や河川沿いの山中。採石と加工を行う作業場、搬出前の石材の仮置き場、石材の搬出路である「石曳道」、船に荷積みする港など、数百年前の作業のようすがそのまま残り、先人たちの息使いが聞こえてきそうな臨場感があります。岩盤の表面や放置された石材に採石の時期や担当者の名前が彫り込まれているケースも多く、諸大名の編成なども探れます。見学しやすいのは、江戸城に運ぶ石を採った早川石丁場群関白沢支群や江戸城石垣石丁場跡、小豆島の大坂城石垣石切丁場跡など。

石築地【いしついじ】㊟

1274（文永11）年の文永の役の後、元の再来襲に備えて、鎌倉幕府が博多湾沿岸に構築した石づくりのバリケード。「元寇防塁」とも。上陸が予想される海岸線約20kmに築かれた高さ2～3m×幅2mほどの防塁（→P158）で、砂と粘土を内側に詰めて突き固めて構築。弘安の役では効力を発揮し、元の上陸を阻止したといわれます。石塁と土塁が並行するタイプも発見され、生の松原防塁の一部が復元されています。

石樋【いしどい】専

雨水などを外に流す、石垣から突出させて設けた石製の排水設備。大きな石樋がたくさん見られるのが、高知城。高知平野は中世までほぼ内海で、かつ高知県は年間降水量が全国でも1、2位を争う多雨地域。排水には注意が払われ、各曲輪(くるわ)からの排水が石垣に直接当たらず石樋を通じて地面に落ちるよう設計されています。地面には水受けの敷石も。

石原良純【いしはらよしずみ】人

気象予報士でもある、博学で多彩な俳優。実は城への造詣も深く、シンポジウムでご一緒した際の城愛に満ちた笑顔は忘れがたい思い出。熊本朝日放送『石原良純のすごいぜ！ 熊本城vs九州幻の巨城』での生き生きとした表情も天下一品でした。

出雲そば【いずもそば】食

1638(寛永15)年に国替えにより松江城主となった松本城主の松平直政(まつだいらなおまさ)が、信州からそば職人を連れてきたのが発祥。気候や水の違いによって改良されながら出雲そばへと発展し、やがて三段重ねの朱塗りの丸い器に盛る割子(わりこ)そばが生まれました。出石の皿そば(→P94)も、同じく国替えがきっかけ。

伊勢忍者キングダム【いせにんじゃきんぐだむ】エ

三重県伊勢市にある、忍者とサムライの文化や和の美食を扱うテーマパーク。建築史家・宮上茂隆(みやがみしげたか)の復元案を元に、安土城天主のレプリカが建てられています。三重県なのに、準天然温泉「安土城下の湯」も。

一城一食【いちじょういっしょく】

月刊『文藝春秋』に掲載された拙連載。全国の名城を訪れ、その城の魅力、地域の歴史的な名食と銘酒を紹介するルポ。城と食文化の深い関わりを教えてくれます。

©文藝春秋

一城別郭【いちじょうべっかく】㊕

2つの丘陵にまたがったり川に隔てられたりして、2つの城のように見える構造の城のこと。「別郭一城」とも。高天神城は東峰と西峰に分かれている上に西峰が改変され、別の城のように見えます。横山城（滋賀県長浜市）も、南城と北城の2つの区域が尾根上に配された一城別郭の城。

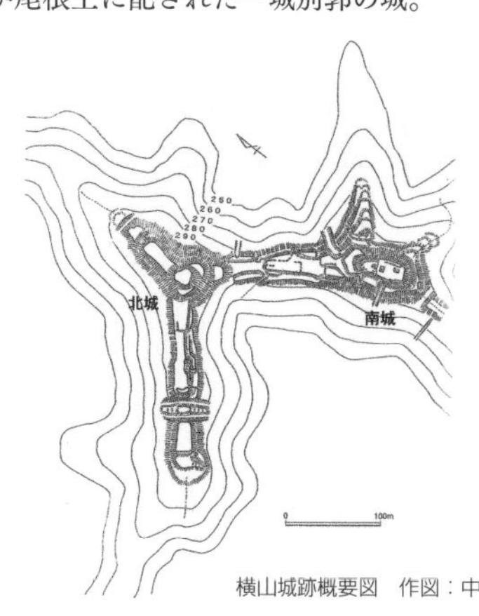

横山城跡概要図　作図：中井均

一夜城【いちやじょう】㊖

一夜にして完成したとされる、ロマンあふれる伝説の城。

石垣山一夜城（神奈川県小田原市）
1590（天正18）年の小田原城攻めで、秀吉が本陣として築城。完成と同時に樹木を伐採させ、一夜のうちに出現したように見せるパフォーマンスをしたと伝わります。突如現れた関東初の総石垣の城は、降伏の決定打になったとも。実際には約4万人が動員され、82日ほどかかっています。

墨俣一夜城（岐阜県大垣市）
1566（永禄9）年、信長の美濃侵攻の際に秀吉が築いた城。材木などのパーツを川の上流から流し、3日で一気に組み立てたとか。はじめから存在していたとする説も。

富県一夜の城（長野県伊那市）
1582（天正10）年、織田信忠が高遠城（長野県伊那市）の攻略のために一夜で築いたとされる城。もともと存在した豪族の城を、織田軍が接収して利用したようです。

一夜城（岐阜県恵那市）
1574（天正2）年の明知城の戦いで、信長軍と敵対する武田勝頼が陣を置いたとされる城。

益富城（福岡県嘉麻市）
1587（天正15）年の九州攻めの際、秀吉がかがり火を焚かせて炎上を演出した上で、戸板や襖などを集めてつくらせた見せかけの城。トリックに騙され秋月氏は降伏。城から流れる滝は、白米を流させたものだったと伝わります。

1間【いっけん】

日本で古くから使われてきた、尺貫法における長さの単位。「間」とは建物の柱と柱の間（柱間）を指し、建物の柱の間隔を1間とします。1間＝6尺＝1.81818メートルの換算。現在も日本家屋の設計に用いられ、東日本を中心として使われる江戸間（1間＝6尺）と、西日本を中心として使われる京間（1間＝6尺5寸）などがあります。

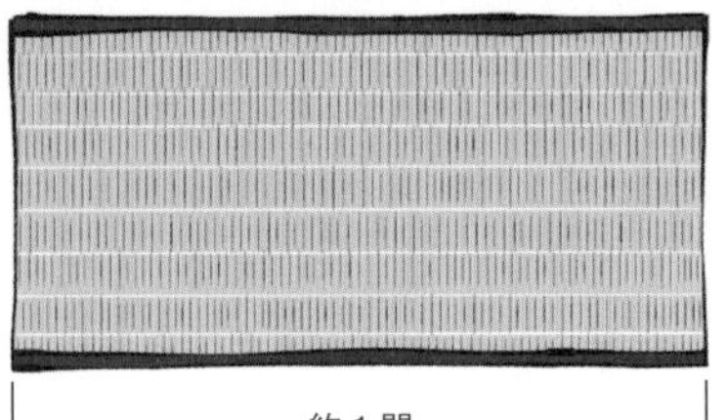

一向一揆【いっこういっき】

戦国時代に起きた、浄土真宗本願寺教団（一向宗）の信徒たちによる抵抗運動のこと。信長を苦しめた、長島一向一揆や越前一向一揆、三河一向一揆などが知られます。鳥越城（石川県白山市）は、加賀一向一揆の最後の砦。激しい争奪戦が繰り広げられました。信仰心による結束は、世界中のどの時代においても脅威。

井戸【いど】

地中を掘って得る水源。籠城の備えとして、城内のあちこちに必ず備えられました。文禄・慶長の役（→P156）で餓死しかかった加藤清正が、帰国後に築いた熊本城に膨大な数の井戸を設けた逸話は有名。松江城と浜松城の天守地階にある井戸は、城外に通じているという噂も……。大坂城の天守前には、金明水井戸屋形が現存しています。

犬の土人形【いぬのつちにんぎょう】

16世紀後半～17世紀初頭につくられた、大きさ3～6cm、高さ2～5cmほどの子犬を模した焼きもの。手びねりのオリジナル作品です。近畿地方を中心に出土し、大坂城の三の丸からは100点以上が見つかっています。

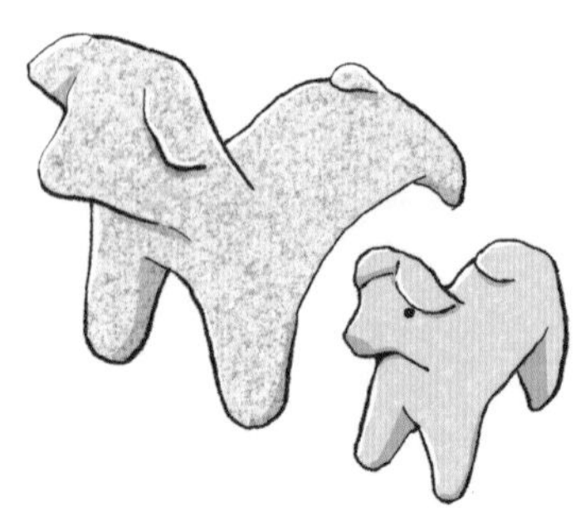

イベント【いべんと】㊁

お城EXPO

2016（平成28）年から、毎年12月にパシフィコ横浜で開催。お城EXPO2019では、延べ1万7,538人の城ファンが来城。講演会やトークショーのほか、テーマ展示や物販ブースなどが催されました。

©お城EXPO実行委員会

熊本城マラソン

熊本県熊本市で2012（平成24）年から開催されている市民マラソン大会。熊本城がデザインされた参加賞Tシャツ・完走メダル・完走タオルは、ランナーしか入手できない戦利品。城がゴールならがんばれます。ご当地マラソンはほかにも「世界遺産姫路城マラソン」「小倉城マラソン」など多数。

城の自由研究コンテスト

小・中学生を対象にした、日本城郭協会と(株)ワン・パブリッシング主催のコンテスト。夏休み期間を対象とし、教育関係者や城郭研究者が審査して文部科学大臣賞や日本城郭協会賞などが表彰されます。私も審査員なのですが、ハイレベルな力作が揃い毎年感動で震えます。

©お城EXPO実行委員会

全国山城サミット

2020（令和2）年11月時点で、全国104団体162山城が加盟する全国山城サミット連絡協議会が、毎年開催するイベント。2021（令和3）年で第28回目を迎えます。開催地は毎年異なり、加盟団体ごとに趣向を凝らした催しが行われます。

日本城郭検定

累計受験者数は延べ約2万1,000人、日本の城の知識が出題される日本城郭協会主催の検定。基礎知識が出題される入門レベルの4級から、初級レベルの3級、中級レベルの2級、難関レベルの準1級など、レベルはさまざま。専門家レベルの1級は、平均合格率4.9%の超難関。

JOKAKU KENTEI
日本城郭検定

合格認定証

日本城郭検定三級
検定 太郎 殿

貴殿は 第八回
日本城郭検定において
優秀な成績をおさめられました。
貴殿の豊かな知識と深い理解を称え
日本城郭検定三級と
公式認定いたします。

平成二十八年六月十九日
認定番号 一二三四五六七八九一二三 号

公益財団法人 日本城郭協会

©Nippan Segumo,Inc

のろし駅伝

戦国時代の城で順番に狼煙を上げる、壮大なリレーイベント。2019（平成31）年の「琵琶湖1周のろし駅伝」では、三雲城（滋賀県湖南市）から34城が順番に狼煙を上げて琵琶湖を1周。同年の「北国ルートのろし駅伝」では33か所がつながれました。

伊万里焼【いまりやき】

肥前(佐賀県・長崎県)で生産された磁器の総称。輸入に頼っていた磁器が日本で本格的に焼かれるようになったのは、1592～1598年の文禄・慶長の役(→P156)後。佐賀城主となる鍋島直茂が陶工を連れ帰り、有田で磁器製造が始まりました。江戸時代の伊万里焼は古伊万里と呼ばれ、中でも酒井田柿右衛門の作品は有名。17世紀後半にはヨーロッパに輸出され、世界的に有名なドイツの名窯・マイセンにも影響を与えています。

入隅・出隅【いりすみ・でずみ】㊕

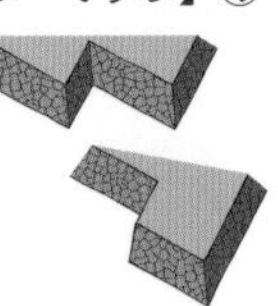

石垣や土塀など壁面の、凹んだ部分が入隅、出っ張った部分が出隅。

インスタ映え【いんすたばえ】㊓

SNS「Instagram(インスタグラム)」で、見映えする投稿のこと。江戸時代後期に描かれた歌川広重の浮世絵『東海道五十三次』は、「こんな景色を見たよ」という名所のスケッチ。「いつか行ってみたい!」と憧れを募らせるものでもあり、インスタ映えに近い一面が感じられます。江戸時代に五街道が整備されて自由に移動できるようになると、空前の旅行ブームが到来。東海道五十三次は、庶民にとって旅のバイブルになりました。描かれている小田原城や浜松城、吉田城(愛知県豊橋市)、岡崎城(愛知県岡崎市)、桑名城(三重県桑名市)、伊勢亀山城(三重県亀山市)などは、江戸時代の“映えスポット”だったようです。

ういろう㊐

江戸時代中期の百科事典『和漢三才図会』にも載っている蒸し菓子。名古屋や伊勢地方、京都などの銘菓です。ういろうは、天守風な店構えの小田原の外郎家が名の由来。外郎家がつくっている透頂香という薬と考案した菓子がそれぞれういろうと呼ばれ、現在も当地で販売されています。

ういろう店舗

鵜飼【うかい】㊖

鵜を使った伝統漁法で、夏の風物詩。美濃(岐阜県南部)での起源は、約1,300年前。信長が1568(永禄11)年に長良川鵜飼でもてなしたのを機に、諸大名が庇護。家康が1615(元和元)年に長良川鵜飼を見物すると、将軍家への献上が定着しました。木曽川では犬山城の天守を、大洲・肱川では大洲城(愛媛県大洲市)の天守を、それぞれ遊覧船上から眺められておすすめです。

浮城【うきしろ】㊕

海や川、沼に面した、水に浮いているように見えた城のこと。諏訪湖に面し湖中に浮かんで見えた高島城(長野県諏訪市)は「諏訪の浮城」、石田三成が水攻めをした忍城(埼玉県行田市)は「忍の浮城」と呼ばれます。瀬戸内海に面した三原城(広島県三原市)は、かつては軍港を備えた海城で、満潮時には海に浮かんで見えた浮城でした。

三原城の天守台

鶯張り【うぐいすばり】㊕

二条城（京都府京都市）の二の丸御殿のような、歩くと床がきしみ、鶯が鳴くような音が聞こえる廊下のこと。音により侵入者に気づける警報装置とされますが、どうやら経年劣化の可能性があるようです。

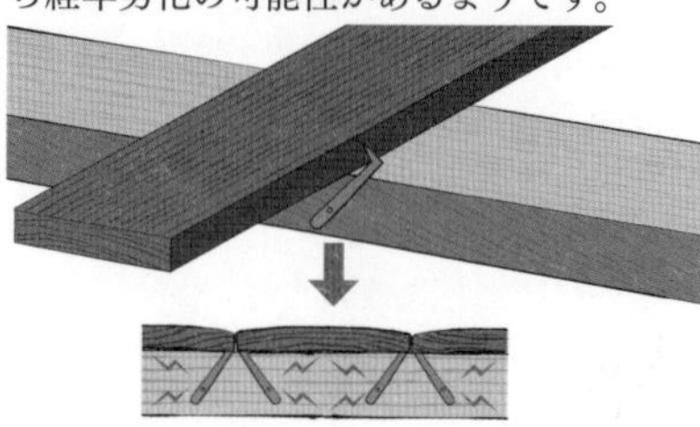

うだつ ㊕

延焼を防ぐため、屋根の近くに設けられた防火壁。岐阜県美濃市や徳島県美馬市には、うだつが上がる美しい町があります。裕福な家しか設置できなかったことから、出世できない境遇や金銭に恵まれないことを「うだつが上がらない」と言います。

宇都宮城釣天井事件
【うつのみやじょうつりてんじょうじけん】㊗

1622（元和8）年に宇都宮城（栃木県宇都宮市）で起きた、宇都宮藩主の本多正純による2代将軍・秀忠への暗殺嫌疑事件。宇都宮城に立ち寄る予定だった秀忠の寝所に釣天井を仕掛けて圧死させようとしたとされますが、事実無根。嫌疑は晴れたものの結果的に改易、流罪となりました。疎まれ、嵌められたようです。

宇土櫓【うとやぐら】

熊本城に残る、全国最大の現存三重櫓。三重五階地下一階で、最上階には廻縁と高欄（→P24）がめぐります。第3の天守と呼ばれる威容を誇り、規模も装飾も天守級。高知城天守や丸岡城天守より大きく、平面規模は姫路城天守、松江城天守に次いで第3位です。2016（平成28）年の熊本地震でも倒壊を免れた、築400年超の現存櫓です（接続する続櫓は倒壊）。熊本城には計5棟の五階櫓が建ち並んでいました。

鰻の寝床【うなぎのねどこ】

間口が狭くて奥行きの深い建物や場所のたとえ。城下町の町家（→P103）は、基本的に鰻の寝床です。

馬【うま】

戦国武将が乗っていた日本馬は、時代劇で見るようなスラリと足の長い馬とは異なり、胴が太く短足。根城（青森県八戸市）にレプリカがあります。南部地方（青森県東部）は日本馬の名産地で、室町時代には南部氏が4代将軍・足利義持に馬100頭を献上した記録があります。

馬屋（厩）【うまや】専

馬を飼っておく建物、馬小屋のこと。城内の現存例は、彦根城のみです。

海ほたるPA
【うみほたるぱーきんぐえりあ】

神奈川県川崎市と千葉県木更津市を結ぶ、東京湾アクアライン上にあるパーキングエリア。江戸湾の制海権をめぐり激戦を繰り広げた、小田原城の北条氏が率いた北条水軍、岡本城（千葉県南房総市）を基地とした里見水軍、三崎城（神奈川県三浦市）の三浦氏が率いた三浦水軍に想いを馳せられます。

蔚山城の戦い
【うるさんじょうのたたかい】歴

1597（慶長2）年と1598（慶長3）年、慶長の役で明・朝鮮連合軍と日本軍との間で行われた戦い。加藤清正や浅野幸長ら1万人弱が突貫工事中の蔚山倭城（韓国・蔚山広域市）に籠城。6万の兵に包囲され、餓死者、戦死者が続出するも持ち堪え、毛利秀元ら総勢1万3,000の援軍到着により逆転勝利しました。餓死寸前まで追い込まれた清正はこの籠城戦を教訓にして、熊本城に執拗なほどの兵糧対策をしたといわれます。

漆【うるし】

漆の木から採取される天然の樹脂塗料。驚異的な耐久性があり、酸やアルカリ、塩分、アルコールに強く、耐水性、断熱性、防腐性にすぐれます。唯一の弱点は、紫外線に弱いこと。現在、黒漆で仕上げられている全国唯一の例が、松本城の天守群。漆を乾燥させる条件は温度20～25℃、湿度60～65％。野ざらしな天守の壁面は乾燥室が使えないため、その条件を満たす気候である毎年9～10月に塗り直されています。訪れるなら化粧直し直後がおすすめ。

漆紙文書【うるしがみもんじょ】専

漆の液体を入れた容器の蓋紙として再利用した、廃棄処分された文書のこと。紙に染み込んだ漆の硬化作用によって、現代まで腐食せずに残りました。赤外線を通して見ると文書に書かれた文字が浮かび上がります。胆沢城や多賀城、秋田城などの古代城柵のほか、長岡京や平城京からも見つかっています。地方の役所の仕事ぶりを知る上で貴重な資料。秋田城跡歴史資料館の展示室で、赤外線カメラを用いた解読実験ができます。

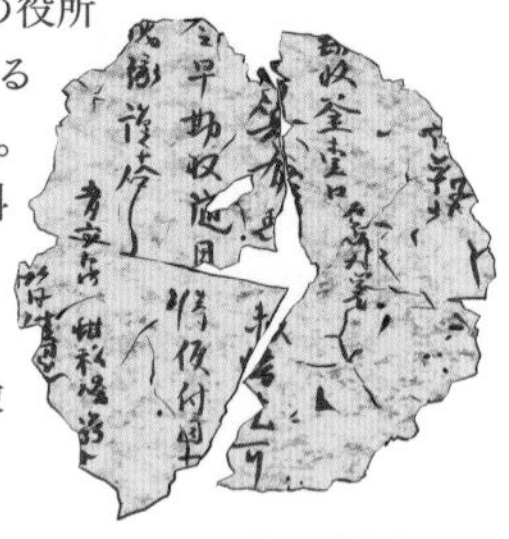

秋田城跡出土
漆紙文書

ウルトラ スカイ・アイ in 岡山
【うるとら すかい・あいいんおかやま】エ

2016（平成28）年に開催された『岡山城×ウルトラマン50年史記念展』でのVR体験。空撮＋VRで、空飛ぶウルトラマンの目線で岡山の町並みを楽しめる画期的なイベントでした。

AR【えーあーる】㊏

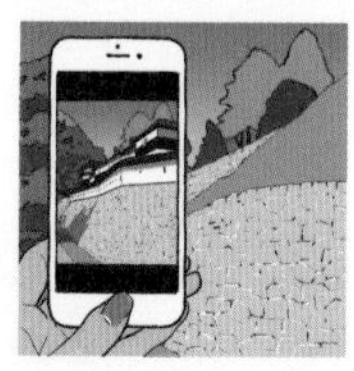

「Augmented Reality（オーグメンテッド・リアリティ）」の略で、一般的に「拡張現実」と訳されます。近年はARを駆使した城のアプリやゲームが登場していて、明石城や岩村城（岐阜県恵那市）では、古絵図をもとに往時の城の姿を3DCG化して再現。スマートフォンやタブレットの画面上で自由に回転・拡大できます。姫路城では、城兵が現れて防御装置の使い方を教えてくれ、松江城では天守内部の構造が、滝山城（東京都八王子市）では土塁や空堀の上に門や櫓が重ね表示されます。石垣しか残らない城に建物があった頃の姿が蘇ったり、防御装置の使い方や敵兵の動きを知ることができる、城歩きをぐんと盛り上げてくれる技術です。

えいえいおう

勝利したときや戦場で士気を上げるとき、一斉に叫ぶ「勝鬨」のかけ声。「えいえい」という大将のかけ声に呼応して、軍勢一同が「おう（オオ）」と合わせ、これを三度繰り返しました。「えいえい」は前進激励の「鋭」、「おう」はそれに応じる「応」の意味。城のイベントや会合では、一本締めの代わりに勝鬨を上げることも。

永青文庫【えいせいぶんこ】

大名細川家に伝来する歴史資料や美術品の文化財を管理保存・研究し、公開している美術館。中世細川家の菩提寺である京都建仁寺塔頭永源庵の「永」と、細川藤孝の居城・青龍寺城（勝竜寺城、京都府長岡京市）の「青」を取って、名付けられています。

駅近の城【えきちかのしろ】

福山城

山陽新幹線福山駅の上りホームが、現存する伏見櫓のベストビュースポット。二の丸と三の丸の間にあった堀跡に、ホームや線路がつくられています。

三原城

山陽新幹線の線路が本丸を貫通。JR三原駅の構内には天守台入口を示す案内板があり、天守台はまるで駅の屋上広場。駅と共存し、新幹線を降りればすでに城内。

高松城

ことでん高松築港駅の壁は、本丸と二の丸の石垣。通勤や通学の人々が高松城の石垣に寄りかかって電車の到着を待つ姿は、なんともおもしろい光景です。

駅伝競争【えきでんきょうそう】

リレー形式で走る陸上競技。語源は、江戸時代における伝馬制（駅伝制）。街道に配備した宿駅ごとに人馬を交替して、物資や使者を運ぶ交通制度です。古代律令制や戦国大名にも採用され、北条・武田・今川・徳川・上杉氏などの東国大名が用いていました。本城と支城、または支城と支城の間でスムーズな情報伝達が可能になります。駅伝競争が電鉄の駅舎間を走らないのは、馬を乗り継ぐ中継所にあたる場所で襷を渡しているからです。

江島生島事件
【えじまいくしまじけん】㊟

江戸時代中期に起きた、大奥最大のスキャンダル。7代将軍・家継の生母・月光院に仕える江島が、歌舞伎役者の生島新五郎らと宴会をして江戸城の門限に遅刻。関係者1,400名が処罰されました。江島は高遠藩にお預けになった後、屋敷に27年間幽閉。高遠城の隣にある伊那市立高遠町歴史博物館の敷地内に、江島が幽閉された建物が復元され、絵島囲み屋敷として公開されています。

エッゲンベルク城
【えっげんべるくじょう】

『豊臣期大坂図屏風』（→P2・3）が発見された、オーストリアにある城。高さ182cm×幅480cmの八曲屏風が異国情緒ある壁画と交互に組み合わせられ、壁の装飾としてはめ込まれていました。秀吉の没後、1607～1614（慶長12～19）年に栄華を賛美すべく描かれ、1660～1680年にオランダ商人から購入されたようです。秀吉が亡くなる前夜の大坂城下の絵はほとんど残っていないため、かなり貴重。豪奢な大坂城だけではなく町家や神社仏閣、500人もの武士や町人が描かれ、当時の様子を知る大きな手がかりとなっています。

焔硝蔵【えんしょうぐら】㊕

火薬の貯蔵庫。焔硝とは硝酸カリウム、黒色火薬のこと。延焼して大惨事にならないよう城内に焔硝蔵が建てられたものの、たびたび爆発したようです。現存例は1685（貞享2）年に建てられた大坂城の焔硝蔵で、天井のほか壁や床も石造り、屋根には瓦が乗っています。石材に加賀藩前田家や高松藩生駒家の刻印があり、城の石垣に使われた石材を再利用した可能性も。

扇の勾配
【おうぎのこうばい】専

扇のような反りを持つ石垣のこと。緩やかにはじまった傾斜が徐々に急勾配になり、最後はほぼ垂直にそそり立ちます。寺院建築の屋根の曲線に似た反りを持つことから「寺勾配」とも。反らずにほぼ直線に立ち上がる石垣は、神社の屋根に見立てて「宮勾配」と呼ばれます。

黄金の茶室【おうごんのちゃしつ】

秀吉が、1586（天正14）年正月に京都御所内に運び込んだとされる組立式の茶室。1592（天正20）年には、文禄・慶長の役の本陣となる名護屋城（佐賀県唐津市）まで大坂から運ばせたとされています。大坂城落城とともに消滅したようです。

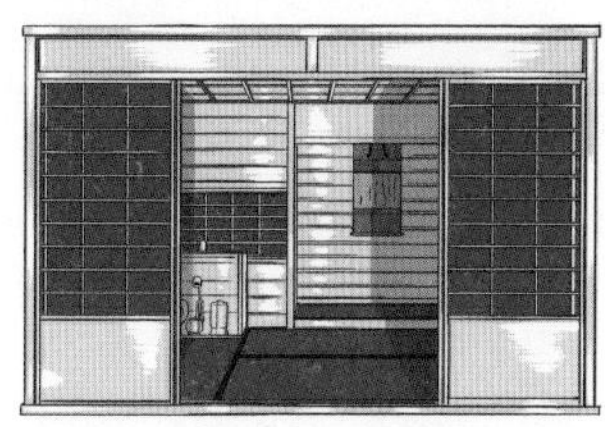

奥州仕置【おうしゅうしおき】歴

秀吉の天下統一事業の総仕上げとして1590（天正18）年7月から8月にかけて行われた、東北地方に対する領土分配や取り締まりのこと。豊臣政権の大名が配置され、伊達政宗から没収した黒川城には蒲生氏郷が入り、会津若松城を築いて拠点としました。反発する旧勢力が一揆や紛争を起こし、なかでも九戸城（岩手県二戸市）に籠城した、翌年の九戸政実の乱は大きな反乱となりました。

応仁の乱【おうにんのらん】歴

1467～1478（応仁元～文明9）年、約11年間続いた内乱。室町幕府管領家の畠山氏と斯波氏の家督争いから細川勝元と山名宗全の勢力争いに発展し、室町幕府8代将軍・足利義政の継嗣争いも加わってほぼ全国に拡大しました。この戦いを機に、平地の居館では戦いに対応しきれないと判断した国人・土豪たちが、各地で詰城（→P123）となる山城を築きました。

近江牛【おうみうし】食

食肉禁止の江戸時代に、彦根藩士が「反本丸」なる牛肉の味噌漬けを考案。養生薬として将軍に献上したのを機に、日本各地で食べられるようになりました。陣太鼓に使う牛皮を献上するのが、彦根藩の慣例。幕府に牛の屠畜を特別に認められていたからこそできた発明だったようです。やがて乾燥牛肉も製造され、彦根城主から将軍や諸大名へ贈られました。近江牛と呼ばれるようになったのは明治時代半ばです。

大壁造と真壁造

【おおかべづくりとしんかべづくり】(専)

天守や櫓などの、壁の仕上げ方。「大壁造」は、壁面外側の柱を見せないように外壁の表面を厚く塗る方法。「真壁造」は、建物を組み立てている柱を残したまま壁面だけを漆喰で塗り籠める方法。大壁造より古式。

▲真壁造

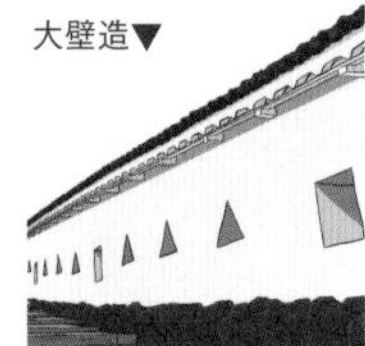

大壁造▼

大阪城天守閣

【おおさかじょうてんしゅかく】

徳川大坂城の天守台の上に、1931（昭和6）年に建造されました。豊臣大坂城天守は31年、徳川大坂城天守は40年で焼失したため、築80年超の大阪城天守閣はもっとも長い歴史を誇ります。1997（平成9）年には国の登録有形文化財に指定されています。壁面が最上階だけ黒いのは、最上階だけが豊臣大坂城の天守を参考にデザインされているからとか。江戸時代初期の屏風絵に描かれた豊臣大坂城天守はすべての壁面が真っ黒。黒漆塗りの壁に金の彫刻が施され、最上階には金箔で虎や白鷺が描かれていたようです。

大坂の陣

【おおさかのじん】(歴)

徳川軍と豊臣軍の間で行われた、2度の戦い。1614（慶長19）年の大坂冬の陣の後、家康は和睦を結んで豊臣方の大坂城の本丸以外（二の丸・三の丸・惣構）の堀を埋めてしまいました。堀のない城など裸同然。1615（慶長20）年の大坂夏の陣で雌雄は決し、豊臣家は滅亡しました。

大阪府警本部

【おおさかふけいほんぶ】

秀吉が晩年に強化した、大坂城三の丸の堀跡に建つ建物。2003（平成15）年、建設時の発掘調査で障子堀を発掘。出土物から、1614年（慶長19）の大坂冬の陣の後、翌年1月までのわずかな期間に家康により埋められたことが判明しました。馬や事故死者の骨、六文銭なども見つかっています。

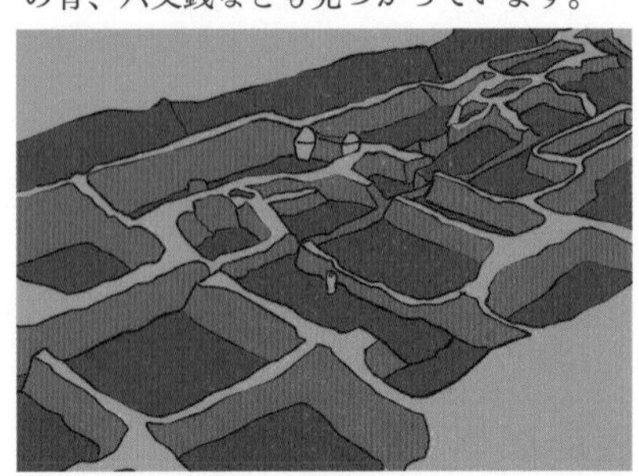

大坂包囲網【おおさかほういもう】

1600（慶長5）年の関ヶ原の戦い後、家康が豊臣秀頼との決戦に備えて、大坂城に通じる街道上に構築した城による包囲網。1601（慶長6）年から膳所城（滋賀県大津市）を築き伏見城（京都府京都市）を改修して京都を固めると、徐々に包囲網を拡大。多くが天下普請（→P124）で築かれ、彦根城、福井城（福井県福井市）、加納城（岐阜県岐阜市）、丹波亀山城（京都府亀岡市）、篠山城、名古屋城、伊賀上野城（三重県伊賀市）などが誕生。岡山城、小浜城（福井県小浜市）、姫路城、桑名城、長浜城（滋賀県長浜市）、津城（三重県津市）、大垣城と、大坂城を囲むように、主要街道沿いの城が新築・改築されたほか、城主が徳川方に引き込まれました。豊臣恩顧の西国大名が結集するのを防ぐべく、家康は畿内を押さえ、外様大名と縁戚関係を結ぶなどして盤石な体制を確立していったのです。

大手町【おおてまち】

城の正面・表口を「大手・追手」といい、表門は大手門・追手門と呼びます。大手町は、城の大手に広がるエリア。全国の大手町は、城の大手にあることが地名の由来で、たとえば江戸城の大手門の前には東京・大手町があります。町名の「丸の内」は、内堀と外堀に囲まれた界隈であることから。

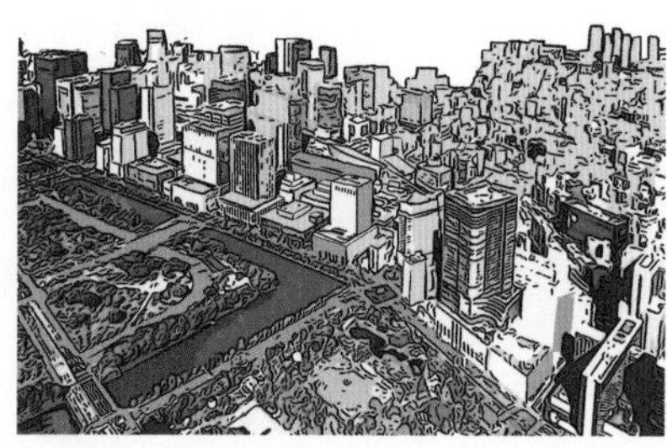

大手門【おおてもん】㊕

城の正面（大手）にある門。表門。正面玄関となるため、城内でもっとも大きく立派なケースがほとんど。

岡泰行【おかやすゆき】㊇

城郭写真家。城の構造や特徴、季節ごとの表情など、城のある情景ではなく、城が主役の写真が魅力です。全国各地の城のポスター、日本郵便発行のフレーム切手『国宝の城2020』なども手がける、日本を代表する城カメラマン。眺めているだけで特別な気持ちになれるWebサイト『お城めぐりFAN』も運営。

荻原一青【おぎはらいっせい】㊇

兵庫県尼崎市出身の城郭復元画家。1931（昭和6）年に尼崎に戻った際、開発により失われた尼崎城の姿を見て悲しみ、尼崎城の研究と復元を志して全国の古城を訪ね歩いて城の風景画を描写。城郭研究者の鳥羽正雄との出会いにより史料にもとづいた復元画へと進歩を遂げ、精密で息を飲む美しさの城郭復元画を描きました。

桶狭間の戦い
【おけはざまのたたかい】㋶

1560(永禄3)年、2,000の信長軍が、尾張の桶狭間で4万5,000の今川義元軍を討ち取った戦い。日本史上稀に見るドラマチックな戦いとして知られ、信長の躍進の幕開けとなる奇跡の逆転劇でした。しかし、鳴海城に備えた善照寺砦、丹下砦、中嶋砦、大高城への補給路を断つ丸根砦や鷲津砦(いずれも愛知県名古屋市)などの配置や向きを見ると、決して急に奇襲を思い立ったのではなく、城や砦を使って戦略的に攻めたことがうかがえます。

お城総選挙【おしろそうせんきょ】㊓

2019(令和元)年に放送された、テレビ朝日の特番。1万人の城ファンの投票による、ベスト30をランキング形式で紹介。1位は姫路城。名城というより観光地として有名な城ランキングという印象でした。

お城パフェ
【おしろぱふぇ】㊍

岡山城天守閣1階のお城茶屋ゆきにある名物。また、富山城近くの松川茶屋には、城モナカが乗った「富山城抹茶パフェ」も。

お城弁当拾萬石(3段)
【おしろべんとうじゅうまんごく(さんだん)】㊍

お城ファンなら一家に1セット欲しい、天守型の重箱。お正月に使いたい。ちなみに我が家の客人用のお箸は、外国人向けお土産店で購入した「日本名城箸」。

お城まつり【おしろまつり】㊓

春や秋に、城を中心に全国各地で催されるまつり。姫路城下で開催される「姫路お城まつり」は、戦後復興の願いを込めて1948(昭和23)年にスタート。延べ十数万人が訪れる、地域の伝統的な行事です。近年は、松江城や岩国城(山口県岩国市)、松山城などで初日の出を見るイベントも。

御鈴廊下【おすずろうか】㊫

江戸城の本丸御殿内にあった、中奥と大奥を結ぶ将軍専用の通路。役人や奥女中により厳重に警備され、鈴を鳴らして合図すると、奥女中が出入口の御鍵口を開錠するしくみだったようです。

お歳暮【おせいぼ】

戦国武将にも年末にお歳暮を贈る習慣がありました。臼杵城(大分県臼杵市)の前身、丹生島城を築いた大友義鑑は「歳暮の儀」として太刀や絹織物を龍造寺胤久から受け取った記録があります。村上海賊の村上景親が毛利輝元に贈ったのは、牡蠣とお金。フレッシュな海の幸をお歳暮に選ぶとは、海賊らしい粋な計らいです。

お台場【おだいば】

東京都港区の地名。幕末に砲台が置かれた「台場」が由来です。1853(嘉永6)年のペリー来航を機に、江戸幕府は江戸湾の海防強化のため品川台場を築造。財政難などから11基のうち5基のみ竣工しました。第三台場と第六台場のみ残り、第三台場は台場公園、第六台場は海上保存されています。

第三台場

小田原評定【おだわらひょうじょう】㊧

いつまで経っても結論が出ない会議や、長引く話し合いのこと。1590(天正18)年、秀吉から降伏勧告を受けた小田原城内での重臣会議で、なかなか結論が出なかったという故事から。秀吉の小田原攻め(小田原合戦・関東攻め)により、北条氏は小田原城を開城し降伏。関東一円を領有していた北条氏は滅亡し、秀吉は実質的な天下統一を果たしました。

おどい㊫

漢字で書くと「御土居」。秀吉が応仁の乱で荒れ果てた京都を立て直すべく、1591(天正19)年に都市改造の一貫として整備した堀と土塁のこと。秀吉が1584(天正14)年から築城した聚楽第を中心とした総構(→P112)の一種です。外敵に備え、かつ鴨川の氾濫から守るための堤防で、全長は約23km。内側を洛中、外側を洛外と呼び、七口と呼ばれる出入口が置かれました。江戸時代になると堤防以外は次第に取り壊され、現在は9か所が残り史跡指定されています。

鬼瓦【おにがわら】㊫

天守や櫓の屋根の端に葺かれた瓦で、主に厄除け・魔除け。鬼のような顔になるのは室町時代以降で、それ以前は蓮華文などでした。近世になると、火除けの鯱と魔除けの鬼瓦が一緒に象られるようになったとみられます。

お風呂【おふろ】

名古屋城本丸御殿に復元された湯殿書院は、将軍専用のお風呂場。といっても湯船はなく、サウナ式の蒸風呂でした。部屋の中に唐破風付きの風呂屋形が設置され、隣室の竃で沸かした蒸気を床板の隙間から届けます。

折紙付き【おりがみつき】

鑑定結果を証明する「折紙」が付いていること。転じて、価値や力量などが、保証するに足りること。折紙とは横半分に折った文書で、江戸時代に美術品や刀剣などの鑑定書に使われたことから品質保証の代名詞となりました。日本折紙博物館は御菓子城加賀藩の2階にあります。

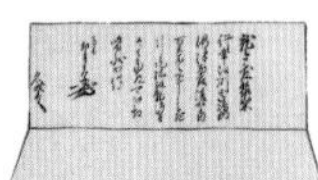

小和田哲男【おわだてつお】㊇

NHK大河ドラマの時代考証やTV番組のコメントでもおなじみの、戦国史研究の第一人者。数々の著作物は、戦国ファンや城ファンのバイブルであり教科書。歴史や城の楽しさを一般に広め、多くの研究者やファンをその世界へ導いた功労者です。穏やかなお人柄で、誰もが認める人格者。

女城主【おんなじょうしゅ】㊇

戦国時代、男性の後継者がいない場合は女性が城主を務めることもありました。現代女性もびっくりの、たくましい女性がいたようです。

岩村城下にある岩村醸造の銘酒「女城主」純米大吟醸。ラベルにおつやの方の肖像が。

提供：岩村醸造

井伊直虎

NHK大河ドラマ『おんな城主直虎』の主人公になった、井伊直盛の一人娘。次々に後継の男性が亡くなり、後継の虎松（後の井伊直政）はまだ幼少。存続の危機に瀕した井伊家を守るため、虎松の後見人となり井伊直虎と名乗りました。直政となった虎松は徳川家康に仕えて武功を挙げ、井伊家は大出世します。

おつやの方

信長の叔母。岩村城の城主・遠山景任に嫁ぐも、景任が病死。養子の御坊丸がまだ幼かったため、女城主となりました。1572（元亀3）年に攻めてきた武田信玄の家臣・秋山虎繁が結婚を降伏の条件とすると、なんと許諾。しかしこれに大激怒した信長により、逆さ磔で処刑されました。

立花誾千代

豊後の戦国大名・大友宗麟の重臣だった立花道雪の一人娘で、立花宗茂の妻。男性のように育てられ、7歳にして家督を相続して立花城の女城主となりました。宗茂が婿になると女城主の役割は終わりましたが、宗茂の不在時には城を守り、島津氏に攻められた約20日間の籠城時も活躍したよう。秀吉の九州平定後は柳川城（福岡県柳川市）へ移りましたが、別居。夫婦不和が理由ともいわれます。

城と私①

お城で年越し！ お城で初日の出！

歴史ナビゲーター・歴史作家
れきしクン（長谷川ヨシテル）

どうも、お疲れきし！

れきしクンでございます。

埼玉県熊谷市出身なのですが、先祖はお隣の行田市の「忍城」に籠城して石田三成に水攻めされていたっぽいのに、好きな武将は石田三成という罰当たりなお城好きでございます（笑）。

そんな御先祖様との御縁もありまして？　私は毎年、忍城で年越しをしています。さらに、その後は小田原の石垣山城に向かい、相模湾に浮かぶ初日の出を拝んでいます。

石垣山城というと、豊臣秀吉が北条家の小田原城を包囲するために築いた、天守や石垣を備えた巨大な陣城ですが、その史跡の駐車場の隣に「一夜城ヨロイヅカ・ファーム」がありまして、初日の出を見た後にシチュー（売り切れてしまった時は洋菓子）を食べて、新年のスタートを迎えています。

ちなみに、もし初日の出を拝んでいる私を発見できた場合、もれなくシチューか洋菓子をプレゼントという企画も毎年やっていますので、お越しの際は是非チャレンジしてみてください！

そんな石垣山城では「一夜城まつり」が毎年開催されていまして、なんと私、豊臣秀吉役としてイベントに出演させていただきました。一番思い入れが強いお城でお仕事できるなんて、こんな幸せなことはないですね。

ただ私の御先祖様は、敵の総大将に扮している自分の子孫を見たら何と思うでしょうかね（笑）。

ちなみに、石垣山城のお気に入りスポットは「井戸曲輪」です。すり鉢状の曲輪に築かれた石垣が、実に見事ですのでお見逃しなく！

石垣山城から見た初日の出とれきしクン

れきしクン
歴史やお城の楽しさをメディア・イベント・YouTube・書籍などで分かりやすく発信中！
著者とはお城友だちであり飲み仲間（笑）。

お城にまつわる名作①

マンガ編

アンゴルモア 元寇合戦記

1274（文永 11）年の元寇（文永の役）における、対馬の戦いを描いたマンガおよび TV アニメ。古代山城の金田城（長崎県対馬市）が、ヤマト朝廷により対馬に送り込まれた刀伊祓の本拠地として登場。蒙古軍との激戦が繰り広げられます。

作者：たかぎ七彦
出版社：KADOKAWA

元寇が
斬新な視点で
描かれ胸熱

センゴク

信長・秀吉・家康に仕えた仙石秀久を主人公とした、宮下英樹による漫画。現地はもちろん文献史料や研究論文までを用いた緻密な取材がされており、人間ドラマの傍で専門書を読んでいるような満足感があります。城の描写もとてもリアルです。

作者：宮下英樹
出版社：講談社

攻城シーンは
映像のような
臨場感！

東京城址女子高生

女子高生２人が東京都内の城址を訪れその魅力を発見する、山田果苗の漫画。緻密な取材と描写、そして歴史と城への愛。東京のイメージを見事に払拭し、息づく歴史を教えてくれます。城の魅力をなかなかわかってもらえない、主人公のもどかしさに共感。

作者：山田果苗
出版社：KADOKAWA

マニアックな
城セレクトが
たまらない！

**楽しみながら歴史を学べるのが最大の魅力！
人間味あふれる人物描写も、マンガならではです。
主人公の気分で、過去や異次元を探訪できます。**

**生きる上で
大切なことを
教えてくれます**

はだしのゲン

中沢啓治による、原爆の被爆体験をもとにした自伝的漫画。爆心地からほど近い広島城は、原爆の爆風で瞬時に倒壊したとされます。はだしのゲンのアニメ版にも、広島城天守が吹き飛ぶようすが描かれています。

作者：中沢啓治
出版社：汐文社

**斬新な
城の過ごし方！**

魔王城でおやすみ

新感覚の睡眠ファンタジーコメディ。魔王にさらわれ魔王城に囚われたスリヤス姫が、暇を持て余すあまり安眠を追求。快眠のため、城内を徘徊してレアアイテムを強奪、魔物を倒して寝具をゲット。自由気ままに動きまわります。

作者：熊之股鍵次
出版社：小学館

**謙信の
メイクが
凛々しい**

雪花の虎

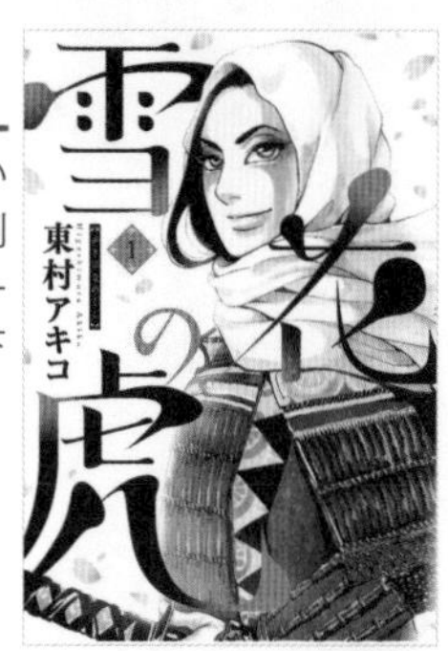

東村アキコによる漫画。上杉謙信が女性だったという説をもとにした、百花繚乱の戦国絵巻。宝塚歌劇団ファンの作者らしく、姫武将・謙信はクールビューティーで魅力的。日本史が苦手な読者のために、下段にワープゾーンを設けたページ展開も斬新。

作者：東村アキコ
出版社：小学館

カーサイン【かーさいん】

車のリアウィンドウに貼って颯爽と車を走らせれば、町中で注目の的。城攻め気分も盛り上がります。同デザインのキーホルダーをリュックにつけていると、高確率で販売元を尋ねられます。「ニッポン城めぐり」公式グッズ。

© ニッポン城めぐり

街道【かいどう】

城とは切っても切り離せない関係。敵の侵攻路、出撃時の進軍路になるため、街道沿いには監視や駐屯、補給中継地となる城が必ず置かれました。城の立地条件や進軍ルートを考えるときは、街道との関係を考えるとぐっと楽しくなります。現在の街道は、江戸時代初期に整備されたものがベース。江戸幕府が定めた五街道（東海道・甲州街道・奥州街道・日光街道・中山道）は、日本橋が起点です。

怪物ランドの城
【かいぶつらんどのしろ】㊓

藤子不二雄Aによる漫画を実写化したドラマ『怪物くん』に登場する城。ロケ地は、群馬県吾妻郡の「大理石村ロックハート城」。数々の映画やドラマのロケ地として登場する石のテーマパークで、俳優の津川雅彦がスコットランドで購入したロックハート城が移築・復元されています。

鏡柱【かがみばしら】㊫

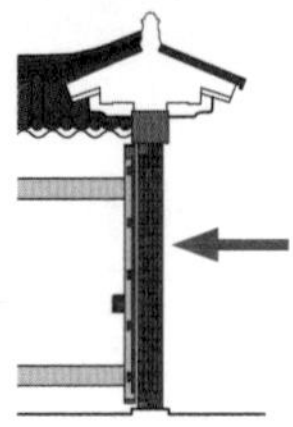

城門の正面側に立てられた、表側の幅が広い柱。鏡柱の間に門扉が取り付けられます。

香川元太郎【かがわげんたろう】㊅

城郭イラストの大家として知られる、歴史考証イラストレーター・絵本作家。数々の鳥瞰・復元イラストを手がけ、失われた城を現代に蘇らせて届けてくれる魔法使いのような人。

屈んで脱臼 天童よしみ
【かがんでだっきゅう てんどうよしみ】

俳優の大泉洋がTV番組『水曜どうでしょう』内で考案した、「河岸段丘の代表例は天竜川」を覚えるための語呂。河岸段丘は、地殻変動などにより河川に沿ってつくられた階段状の地形のこと。平坦面を段丘面、急崖を段丘崖といい、ガクンと落ちる段丘崖はうまく活用すれば敵の侵攻を阻止する最高の防御壁となります。天竜川沿いはもちろん、天竜川の支流・三峰川と藤沢川の合流点につくられた河岸段丘を利用した高遠城、利根川水系の片品川付近に形成された河岸段丘上の沼田城（群馬県沼田市）、千曲川によりつくられた河岸段丘を活用した上田城（長野県上田市）など、河岸段丘上に築かれた城は多数あります。

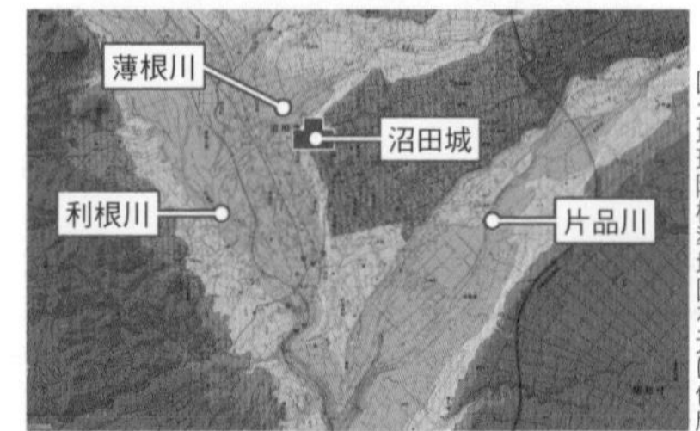

国土地理院標準地図を元に作成

柿渋【かきしぶ】

渋柿の未熟な果実を粉砕・圧搾してつくった汁液を、発酵・熟成させてつくる液体。墨と混ぜて下見板（→P98）の塗料に使われました。

隠し石落とし【かくしいしおとし】㊫

発見されないように設置した石落とし（→P29）のこと。1階の軒裏に設置し、2階を出窓などにしてその存在を隠します。松江城天守に現存する隠し石落としは、1階の軒裏に設け、2階に袴腰型の石落としを設けてその存在を隠しています。

名古屋城天守の隠し石落とし

隠し寿司【かくしずし】㊍

「食膳は一汁一菜とする」という岡山城主・池田光政の倹約令に反発して、庶民が考案した料理。具材を華やかに飾るちらし寿司とは異なり、さまざまな具材をすし飯に混ぜ込んで「あくまで一菜だ」と主張したのがルーツだそう。おいしいものを食べたい気持ちが生み出した、知恵とユーモアにほっこりします。「岡山ばら寿司」とも。

隠し部屋【かくしべや】

彦根城天守最上階の南北面にある、入母屋破風の内部の空間を利用した破風の間。小さな引き戸を設置して、孤立した小部屋としています。まさか伏兵が潜んでいるとは気づけません。城外側へ向けた狭間が切られた、戦闘仕様の破風の間です。

隠れ葵【かくれあおい】

二条城の唐門の修復で、皇室を表す菊紋の飾金具の下から見つかった徳川家の葵紋の金具。明治時代中期、皇室の別邸「二条離宮」となった際に重ねられたようです。

隠れキリギシタン
【かくれきりぎしたん】

密かに萌えポイント「切岸」（→P72）を愛してやまない城ファンのこと。あくまでひっそり。切岸の絵や写真は踏めません。類似語に、横堀を愛するヨコボリスト、竪堀マニアのタテボリストなど。

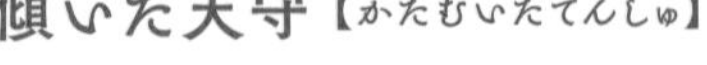

隠れキリシタン【かくれきりしたん】

キリスト教が禁じられていた17～19世紀、密かに信仰を維持し続けた人々のこと。地域ごとに独自の信仰形態を育み、世界的にも稀な250年に及ぶ伝統をつくり上げました。世界遺産「長崎と天草地方の潜伏キリシタン関連遺産」には、はじまりの地として原城（長崎県南島原市）が登録。

傾いた天守【かたむいたてんしゅ】

江戸時代、松本城下の農民が減税を求めて決起。首謀者の多田加助が磔にされる際に天守を睨むと、天守が地響きとともに西に傾いたという伝説があります。松本城の天守5階北側の柱にある傷は、明治時代の修理の際に縄をかけてその傾きを引き起こしたと伝えられます。実際の傾きの原因は天守台内の支持柱の腐食で、加助の祟りではありませんでした。

カステラ【かすてら】㊍

戦国時代、ポルトガルの貿易商人や宣教師が伝えたお菓子。ポルトガルにカステラという名のお菓子はなく、スペインのカスティーリャ王国が名の由来と思われます。ポルトガル語でカステーラと発音するため「これはカステーラ王国のお菓子だ」とでも言ったのかもしれません。現在のカステラの原型が誕生するのは江戸時代初期で、ポルトガルやオランダ貿易が行われた長崎の出島でつくられ広まりました。松山の郷土菓子「タルト」は、松山城主の松平定行が長崎で食べた南蛮菓子をヒントに、独自にアレンジしたものです。平戸銘菓「カスドース」は、平戸藩で門外不出だったお菓子。平戸城（長崎県平戸市）の10代城主・松浦熙がつくったお菓子図鑑『百菓乃図』にレシピが載っています。

ガチャガチャ【がちゃがちゃ】㊓

正式名称はカプセルトイ。硬貨を入れてレバーをガチャガチャ回すと、カプセル入りのおもちゃが出てきます。海洋堂の「カプセルQミュージアム」日本の城シリーズは、4.5cmの精巧なフィギュア。大坂城、高知城、上田城、松本城、熊本城などを展開しています。また、マキシム愛媛が販売する「松山城ガチャ」は、ワンコインで驚きの再現度を誇り、もはや手のひらサイズの文化遺産です。

松山城ガチャ

渇え殺し【かつえごろし】㊯

戦国史上もっとも悲惨な兵糧攻めといわれる、1581（天正9）年の第2次鳥取城攻めのこと。信長の命を受けた秀吉率いる3万余の大軍は、三重の厳重な包囲網を構築し、鳥取城（鳥取県鳥取市）への援軍や兵糧の搬入をシャットアウト。直線距離で1.5kmの太閤ヶ平に本陣を置き、無数の陣城で吉川経家と城兵・郷民計4,000が籠る鳥取城を完全包囲しました。供給を絶たれ飢餓状態に追い込まれた城内は、餓死者の山と化して開城しました。秀吉の日本三大城攻め（→P138）のひとつとされます。

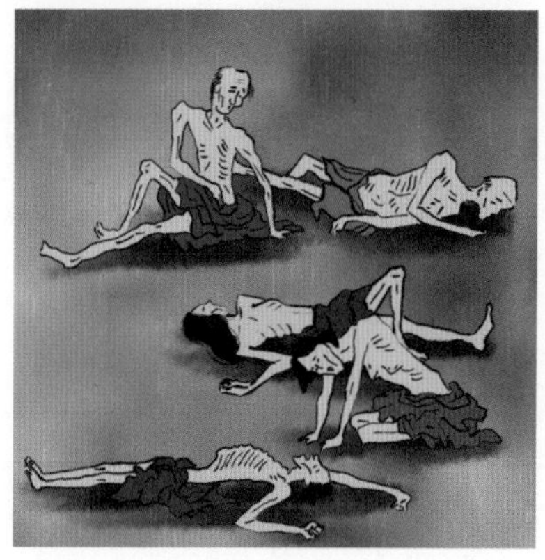

カッコいい天守【かっこいいてんしゅ】

1683（天和3）年に書かれた『愚子見記』は、1669（寛文9）年までに建てられた建物についてあれこれ書かれた最古の大工技術書。「天守は恰好が大事で、破風は通常より大きくつくるべき」「破風板の反りは上重にいくにつれて反らすべき」「破風の位置は思い切って外へ持ち出すのがよい」などと、天守は下から見上げたときに破風が大きいほうがカッコいい旨が熱く語られています。実際にこの概念に従っていたかはわかりませんが、少なからず江戸時代初期にこのような考え方はあったようです。

華頭窓【かとうまど】㊫

火炎形または花形の上枠を持つ、釣鐘のような形の窓。社寺建築では禅宗仏殿に使われた唐様の窓で、装飾性が高く、天守では最高級の窓として使われました。金閣寺などの楼閣建築にも用いられています。窓枠があり、引戸を設けるのが一般的。1間の柱間の中央に半間ほどの大きさで1つ配しますが、松江城天守や彦根城天守のように、柱を挟んで左右に半間ずつ設ける例も。窓枠を木枠にして見せ、黒漆を塗り金木を打って飾ったものもありました。「花頭窓」「火灯窓」「瓦灯窓」とも。

兼見卿記【かねみきょうき】

公卿の吉田兼見が書いた日記。1572（元亀3）年に明智光秀の坂本城（滋賀県大津市）、翌年に高槻城（大阪府高槻市）に天守があった記述があり、信長の安土城に先立つ天守の存在を示しています。

狩野派【かのうは】㊇

室町幕府の御用絵師となった狩野正信を始祖とする、日本絵画史上最大の絵師集団。400年間にわたり画壇に君臨した、日本美術界のエリート一門です。なかでも有名な狩野永徳は、信長の安土城、秀吉の大坂城や聚楽第（京都府京都市）の障壁画の作者。信長が上杉謙信に贈った、国宝『上杉本洛中洛外図屏風』も永徳の名作です。江戸時代、二条城二の丸御殿の3,000枚に及ぶ襖絵を手がけたのが、永徳の孫の狩野探幽。幕府御用絵師となって江戸に移り、画風を変えて新たな描き方をつくりました。

壁紙【かべがみ】

賃貸でもOK、シールタイプで自宅の壁を石垣に。リモート会議で必ず突っ込まれます。貼りすぎると天守地階の穴蔵のようになるので注意。余ったシールは玄関に貼れば石畳風、本の表紙に貼れば石垣ブックカバーに。

鎌倉城【かまくらじょう】

鎌倉時代、源頼朝が入った鎌倉のこと。東・西・北の三方を険しく連なる丘に囲まれ、南は相模海に面した都城（→P132）の地形。その険しい地形から、都市全体が城と認識されていたようです。南は海上交通を押さえ、三方には7つの切通（→P73）を設けて出入口としました。

国土地理院空中写真を元に作成

瓶割り柴田【かめわりしばた】(人)

柴田勝家の異名（あだ名）。長光寺城（滋賀県近江八幡市）に籠城中、水の手を絶たれた勝家が城内の水瓶を割って討って出たという武勇伝から。森長可「鬼武蔵」、井伊直政「井伊の赤鬼」、前田利家「槍の又左」、長宗我部元親「土佐の出来人」、龍造寺隆信「肥前の熊」、斎藤道三「美濃の蝮」、今川義元「海道一の弓取り」、上杉謙信「越後の龍」あたりはかっこいい。足利義昭「貧乏公方」、高坂昌信「逃げ弾正」、佐久間信盛「退き佐久間」あたりは微妙。明智光秀「きんかん頭（ハゲ頭）」は、もはやパワハラ・モラハラな異名です。

KARAKURI城【からくりじょう】㋓

熊本県荒尾市のグリーンランドにある巨大立体迷路。縦横無尽に動き回りながらゴールを目指す、アスレチック型のアトラクションです。実際の城も、まさに巨大迷路。たとえば松山城の天守までの道のりは、ゲーム感覚でバーチャル城攻め体験ができるアトラクションのよう。屈曲する通路が続き、射撃面が臨機応変に変化する土塀、奇襲用の隠門も潜みます。

辛子蓮根【からしれんこん】（食）

江戸時代、熊本城主の細川忠利のために考案された熊本県の郷土料理。築城者の加藤清正が外堀に非常食として栽培した蓮根の穴に和辛子粉を混ぜた麦味噌を詰め、衣をつけて揚げたものを献上したとされます。蓮根を輪切りにした断面が細川家の家紋・九曜紋と似ていることから、門外不出の料理とされていたという伝承も。

搦手【からめて】（専）

裏手のこと。城の裏口は搦手口、裏門は搦手門といいます。目立たない小さな門を置くこともあれば、立派な門を構えることも。

川久ミュージアム
【かわきゅうみゅーじあむ】（エ）

和歌山県南紀白浜にあるヨーロッパの古城のようなホテル川久を、一般公開した美術館。中国の皇帝だけが使用した、紫禁城と同じ老中黄色の瑠璃瓦が使われています。

瓦【かわら】（専）

建物の屋根を葺くための、土製の焼物。飛鳥時代から使われていましたが、城専用の瓦が導入されたのは戦国時代。信長が1576（天正4）年の安土城築城時に、唐人一観に命じてオリジナルの瓦を焼かせています。それ以前に織田一門の細川藤孝が改修した勝龍寺城、明智光秀の坂本城や前田利家の小丸城（福井県越前市）からも瓦が出土していますが、いずれも寺院からの転用。信長による職人の掌握と導入の背景がうかがえます。

かわらけ（専）

中世から近世にかけて製作・使用された、釉薬をかけずに焼いた素焼きの碗・皿形の陶器のこと。儀式や祭祀に使われ、饗応の席などでは使い捨ての食器とされたため、城を発掘調査するとまとまって出土することがよくあります。城内で宴会を行う場所だった可能性が高まります。

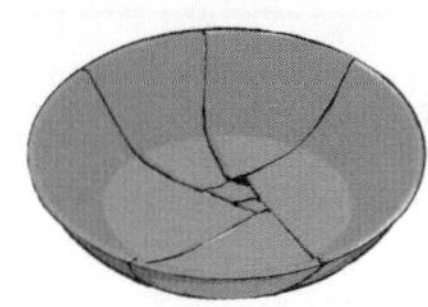

瓦の記名権【かわらのきめいけん】

天守や櫓の瓦が葺き直されるとき、一定額を寄付すると瓦に名前を記せる権利がもらえる制度。好きな城に自筆の名前を残せるとあって、大人気。設定額はさまざまで、2011（平成23）年の会津若松城天守の葺き替えでは2,000円以上、2015（平成27）年の姫路城天守の葺き替えでは3万円以上でした。迷わず寄付。

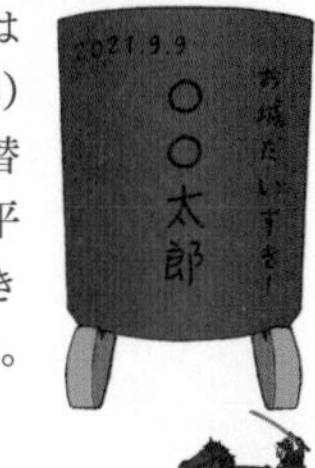

雁木【がんぎ】(専)

城内側から石垣や土塁の上に登るための、昇降用の階段のこと。萩城の本丸南側に、長大な雁木が残っています。2本の雁木を向かい合うようにV字に設けた昇降用の階段「合坂」は、萩城や会津若松城にあります。2本を並行して設けたものは「重ね合坂」と呼ばれます。

合坂

関東ローム【かんとうろーむ】

関東地方に分布する、赤褐色の火山灰土。保水力・透水性ともにすぐれているのが特徴で、水を含むと陶芸の粘土のようにズルズル滑ります。城を歩いていておもしろいのは、地質の違いを足の裏で感じられること。滑りやすい関東ロームを生かした関東の城の土塁は、ちょっとした傾斜でも城壁として機能しますが、滑らない土質の城では同じ形状では役に立たず、勾配や高さがおのずと変わります。

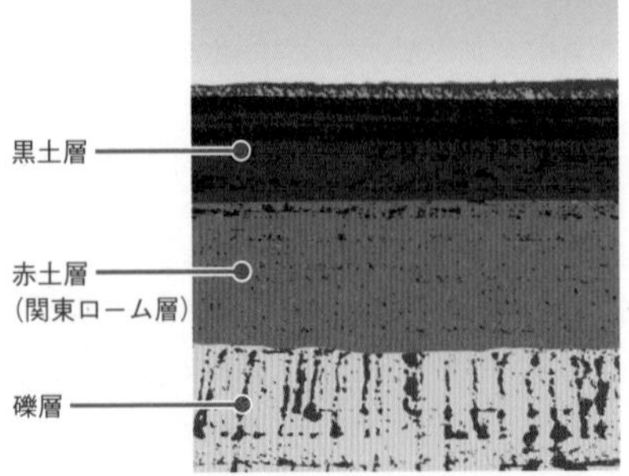

閂【かんぬき】(専)

城門の扉に渡す、太い角棒のこと。2枚の扉の裏側中央に鉄製の「閂鎹」を取り付けて、その穴に閂を通して扉が開かないようにします。閂鎹は正面向かって右側の扉に2本、左の扉に1本取り付けられ、開扉時は右の扉に閂を収納します。

官兵衛の築城弁当【かんべえのちくじょうべんとう】(食)

NHK大河ドラマ『軍師官兵衛』のタイアップ駅弁。陶器製の天守型容器は、上がおかずで下にごはんが入った二重二階(2015年に惜しくも終売)。発売元の淡路屋は、数々の名弁当を世に出す神戸の駅弁屋さん。さすがです。

紀州攻め【きしゅうぜめ】(歴)

信長と秀吉による、紀伊(和歌山県・三重県南部)への侵攻のこと。「紀州征伐」とも。1577(天正5)年の信長による雑賀攻めは第一次紀州征伐、1585(天正13)年の秀吉による紀伊攻略は第二次紀州征伐です。長年に及ぶ戦いの末、秀吉による太田城(和歌山県和歌山市)の水攻めによる開城が決定打となり決着。

奇跡の1本石垣
【きせきのいっぽんいしがき】

2016（平成28）年の熊本地震の後、南東隅角部だけが崩れずに残った熊本城飯田丸五階櫓下の石垣のこと。1本の柱状に残った6～7石だけで重さ約17tの櫓をかろうじて支えた姿は、被災した方々に勇気を与えたそう。石垣でもっとも強度が高いのは、隅角部。算木積み（→P95）の実力と崩落のメカニズムを示した事例になりました。

基礎【きそ】専

建物の重さを地盤に伝え、安全に支える構造のこと。地盤に施される基礎工事部分は総称して「地業」と呼ばれ、地盤が丈夫で建造物を支えられる場合は地盤面を平らにして割栗石などを並べて締め固める「割栗地業」を、地盤が弱い場合は杭を打ち込む「杭地業」などを施しました。姫路城は岩盤上に築かれ地盤が丈夫なため、天守は版築（粘土・砂・砂利などを混ぜた土を交互に積んで突き固めたもの）の上に建てられています。地盤が軟弱な松本城では基礎に工夫が凝らされ、天守台の地下に16本の杭が組み込まれていました。

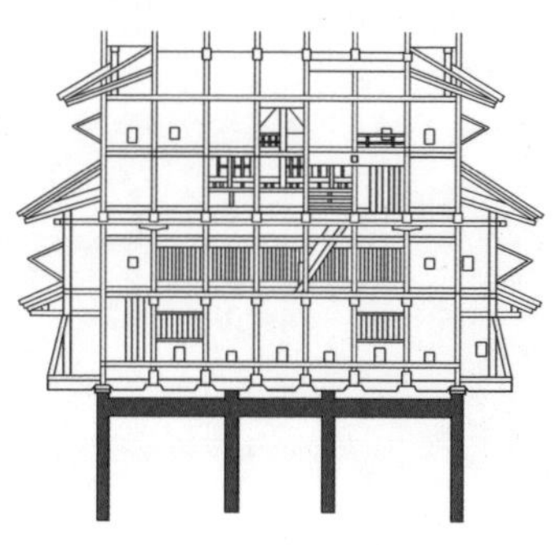

キツツキ戦法【きつつきせんぽう】

武田信玄の家臣・山本勘助が第4次川中島の戦いで編み出したとされる戦術。海津城の武田軍と妻女山に陣取った上杉軍とで膠着状態が続いたため、兵を二手に分けて別働隊に妻女山を攻撃させて麓の八幡原へとおびき出し、これを待ち構えた本隊とで挟撃しようとしました。キツツキがくちばしで木を叩き、驚いて飛び出した虫を捕獲する習性に似ていることから。

切手【きって】

日本郵便が発行する数量限定の特殊切手「日本の城シリーズ」は、名城がデザインされた小さなアート。私はもちろん、コレクション用と使う用の2セットを購入。城好きへの手紙に貼ると喜ばれ、送られるとポストに幸せが届きます。第6集まで発売中。2020年には、箔押し台紙や解説書付きのオリジナルフレーム切手セット「国宝の城2020」も発売されました。

木連格子【きづれごうし】専

格子を縦横に組んだもの。書院造殿舎に使われたもので、塗籠より装飾性が高まります。ただし防火性が劣るため、塗籠が主流になったよう。松本城天守や犬山城天守などに採用されています。「狐格子」とも。

城戸【きど】(専)

城の門扉のこと。「木戸」とも。南北に細長い谷間にある福井県福井市の一乗谷城下町は、城下町を区画する施設として、北端に下城戸、南端に上城戸が置かれ、2つの城戸に挟まれた約1.7kmの城戸ノ内に、朝倉館や武家屋敷、町屋や寺院などがつくられ城下町の主要部を形成していました。

祈祷札【きとうふだ】

寺社で祈祷を受けた際にもらう札。松江城では、天守の完成を祝う儀式で使った「慶長拾六年」「正月吉祥(日)」と書かれた祈祷札が、通し柱に打ちつけられていたと判明。1611(慶長16)年正月までの竣工が証明され、国宝化の決め手のひとつとなりました。

木橋【きばし】(専)

木製の橋。いざというときは取り外したり壊したりすれば敵の侵入を阻止できるため、搦手口や非常口などにかけられました。

鬼門除け【きもんよけ】(伝)

鬼門＝北東の方角は忌み嫌われ、近世の城では鬼門を封じる鬼門除けがみられます。鹿児島城(鹿児島県鹿児島市)の本丸北東隅の石垣や上田城の土塁は、鬼門の方角をなくすために隅角部だけが凹んでいます。日出城(大分県速見郡日出町)の鬼門櫓は櫓の隅が斜めに欠き取られた特殊構造で、かつては櫓台まで隅を欠いていました。熊本城の不開門のように、鬼門に置かれた門が閉ざされたままであることもよくあるケース。寛永寺や日枝神社は、江戸城の鬼門封じのために置かれた寺で、裏鬼門＝南西の方角には増上寺が置かれています。

キャッスル号【きゃっするごう】

JRバス東北、宮城交通、弘南バスが運行する昼行高速バス。仙台城のある宮城県仙台市と弘前城のある青森県弘前市を結ぶことから。

キャッスルステイ【きゃっするすてい】(エ)

日本初、木造復元天守での宿泊体験を実現した「大洲城キャッスルステイ」。大洲城天守内での貸切宿泊だけでなく、城主気分を味わえる幟隊の歓迎や鉄砲隊による祝砲、馬での入城などが体験できます。2名1泊100万円からと高額ですが、初年の2020年度だけですでに4組が宿泊。

キャッスルビュー【きゃっするびゅー】

広島城を見渡せる「リーガロイヤルホテル広島」、大坂城の天守を臨む「KKRホテル大阪」は、夜景はもちろん、起床してすぐに城が見られる絶景ホテル。「JRホテルクレメント高松」「今治国際ホテル」なども、高松城（香川県高松市）や今治城（愛媛県今治市）を眼下に見下ろせて最高です。「彦根キャッスル リゾート&スパ」は、大きな窓の外に彦根城の天守がそびえ、2Fの大浴場「城見の湯」ではライトアップした天守を眺められます。リーズナブルなキャッスルビューのビジネスホテルもたくさんあるので、旅の楽しみにするといいですね。江戸城の堀と石垣を間近に見られるパレスホテルのグランドキッチン、岐阜城を見上げながら浸かれるぎふ長良川温泉ホテルパークの日帰り入浴など、宿泊せず楽しむのもひとつの手です。

リーガロイヤルホテル広島から見下ろす広島城

キャッスルマウンテンブレンド
【きゃっするまうんてんぶれんど】食

米子城（鳥取市米子市）をイメージして米子市と共同開発された、焙煎工房本池のオリジナルブレンド。2018（平成30）年には、米子城本丸跡でバリスタ直々のドリップコーヒーを絶景とともに楽しめる「しろやま天空カフェ」が1日限定オープン。2時間で品切れになる大人気ぶりでした。香山園の「姫路珈琲キャッスルブレンド」も、城好きへのおみやげに最適。

旧江戸城写真帖
【きゅうえどじょうしゃしんちょう】

東京国立博物館に所蔵されている江戸城の記録写真集。1871（明治4）年、横山松三郎（→P190）が撮影した写真に絵師の高橋由一が着色して作製。明治初頭の江戸城の姿を西洋文明の利器を用いて記録した、貴重な国指定重要文化財です。博物館創設や文化財保護に尽力した蜷川式胤が「役割を終えた江戸城を撤去前に記録したい」と企画し、指揮。64 枚という制約の中で、撮影方法を工夫し、江戸城の構造がわかる構成に仕上げられています。

旧国宝天守【きゅうこくほうてんしゅ】

1929（昭和4）年に定められた国宝保存法に基づき1930（昭和5）年に指定された、名古屋城、岡山城、広島城、高知城など18の天守のこと。1950（昭和25）年に文化財保護法が制定されると、旧国宝はすべて重要文化財となりました。戦後に国宝から重要文化財に変更された天守は、格下げではなく法改定によるもの。文化財保護法により、現在の国宝が改めて指定されました。

高知城の天守

九州征伐【きゅうしゅうせいばつ】歴

1586～87（天正14～15）年の、羽柴秀吉による九州攻めのこと。高城の戦い、岩石城の陥落などを経て、島津義久を降伏させて九州全土を平定しました。

京都新城【きょうとしんじょう】

秀吉が最晩年、京都御所の南東に築いたとされる城。史料が乏しく幻の城でしたが、2020（令和2）年に、本丸を囲う石垣と堀、金箔瓦（→P74）が初めて出土。晩年の政権構想、死去後の政変を考える上での貴重な発見です。まだまだわからないことが多く、明日にも新発見があるかもしれないのが、城のおもしろいところです。

清須会議【きよすかいぎ】(歴)

1582（天正10）年に清須城で開催された、信長の後継者や領地分配を決める会議。柴田勝家、丹羽長秀、羽柴秀吉、池田恒興の4人が集まりました。これを機に、秀吉と勝家の対立は強まり、賤ヶ岳の戦いへと繋がります。ちなみに現在、城域付近に立つ模擬天守は「清洲城」ですが、当時の城名は清須城。ややこしい。

清正石【きよまさいし】

名古屋城の本丸東二之門付近にある、城内最大の巨石。石垣づくりの名手である加藤清正がこの石を運んだからとされますが、この石垣の施工大名は黒田長政なので、おそらく説話。名古屋城の石垣は、外様大名20家が大名ごとに決められた持ち場を担当する「丁場割り」で積まれました。

切岸【きりぎし】(専)

敵が堀底から簡単に登れないよう、曲輪周辺の斜面を削り込んで急傾斜にしたもの。戦国時代の城において、もっとも重要な防御施設といえます。

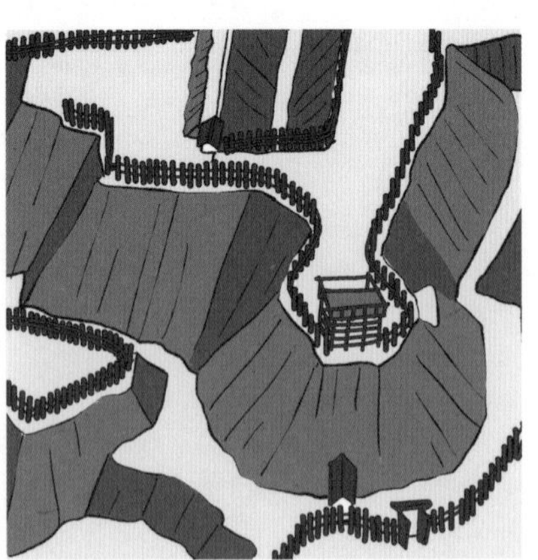

切通【きりどおし】㊇

人や馬が通れるよう、山や丘などを掘削してつくった道のこと。「鎌倉七口」は、鎌倉城（→P66）防衛のため出入り口として設けられた7つの切通。古代から鎌倉の内外を結ぶ交通路として機能し、周辺に切岸や堀などを構築して防備を強化したようです。

キングダム【きんぐだむ】㊄

原泰久による大ヒット漫画、アニメ、映画。紀元前の春秋戦国時代の中国を舞台に、後に始皇帝となる秦王・政と、天下の大将軍を目指す主人公・信の活躍を描いた壮大な物語。数々の戦いにはさまざまな城が登場し、描写が楽しめます。日本の城とは異なり、傾斜のない直線的な石垣でがっちりと囲まれているのが中国の城の特徴。秦国の王宮・咸陽城は咸陽博物院として復元中で、新たなファンの聖地になりそうです。

『キングダム』発売中
ブルーレイ＆DVDセット【通常版】5,217円（税込）
発売・販売元：ソニー・ピクチャーズ エンタテインメント

禁制【きんぜい】

支配者が寺や民衆に対して禁止事項を知らせる文書。「禁札」「制札」とも。秀吉も小田原攻めの際、関東の主要な地域に交付。秀吉軍の兵が人々に乱暴や狼藉、放火などの禁止事項を違反した場合は直ちに厳罰に処するとしています。

禁制

錦帯橋の秘密
【きんたいきょうのひみつ】

山口県岩国市の岩国城下を流れる、錦川に架かる木造のアーチ橋。錦川は山上の城と山麓の居館を囲み、武家地との境となる天然の外堀でした。山上の天守と絶妙にコラボしていますが、見上げたときにセットで美しく見えるよう、天守は本来の位置から50mほどずらして建てられています。

金の鯱【きんのしゃちほこ】(専)

金色の鯱（→P24）のこと。信長の安土城を筆頭に、大坂城など秀吉の城、岡山城など家臣の城の天守にも乗っていたと推定されます。粘土製の素焼きの鯱瓦に漆を塗り、金箔を施したものがほとんどだったようです。有名な名古屋城天守の金鯱は、1612（慶長17）年の完成時には一対で慶長大判1,940枚分、純金にして215.3kgが使用されたとか。現在の金鯱は1959（昭和34）年の復元で、厚さ0.15mmの18金の金版が張られ、金量は北側の雄が44.59kg、南側の雌が43.39kg。

金箔瓦【きんぱくがわら】(専)

金箔を押した瓦のこと。信長の安土城や岐阜城、秀吉の大坂城、聚楽第や伏見城などから発見されています。金箔瓦で建物を飾り、財力と威勢を示していたようです。おもしろいのは、信長が瓦の凹面に金箔を押したのに対して、秀吉は瓦の凸面に金箔を貼り付けていたこと。信長方式のほうが耐久性は上がりますが、秀吉方式は光が反射しやすく、約3倍も金の輝きや存在感がアップします。信長のほうが金箔の純度が高く、塗り方も緻密。几帳面な城づくりがうかがえます。また、信長が織田一族のみに使用を制限したのに対し、秀吉は家臣の城や屋敷にも許可し、上田城、会津若松城、金沢城、松本城、岡山城、駿府城（静岡県静岡市）などでも見つかっています。家臣の城にも使わせたことで、おのずと量産型になったのかもしれません。

釘隠し【くぎかくし】(専)

釘の頭を隠すためにつける、木・銅・鉄などでできた装飾。戦国時代末期には趣向を凝らした飾り金具が用いられるようになり、天守や櫓では細やかな細工を施した釘隠しが見られます。6枚の葉をデザインした「六葉釘隠し」が一般的で、猪目と呼ばれるハート型のかわいい隙間ができます。名古屋城本丸御殿の上洛殿や二条城二の丸御殿の大広間などに飾られているのは、隠すどころか強烈に存在感を放つ「花熨斗型」。枕のように大きな小判形で、息を飲む細やかな意匠が施されています。

名古屋城本丸御殿の六葉釘隠し

郡上踊り【ぐじょうおどり】(エ)

夜通し踊り続ける、岐阜県郡上市の盆踊り。江戸時代に郡上八幡城主の遠藤慶隆が、領民の親睦を深め人心の懐柔をはかるために奨励したのが発祥とされます。

グスク【ぐすく】㊕

奄美諸島から沖縄諸島で300以上確認されている、沖縄地方の城のこと。本土の城とは外観や築かれた時期が違い、御嶽と呼ばれる拝所があるなど構造や存在意義も異なります。14世紀中頃から、按司と呼ばれる地方領主が地域の支配拠点として築いたとみられます。琉球王国(→P194)が誕生すると、首里城が国王のグスクに。世界文化遺産「琉球王国のグスク及び関連遺産群」には、5つのグスク(首里城、今帰仁城、勝連城、座喜味城、中城城)が含まれています。今帰仁城(沖縄県国頭郡今帰仁村)は、尚巴志が攻め滅ぼした北山王のグスク。今帰仁城攻めで功績を挙げた護佐丸が築いたのが、北山監視のための座喜味城(沖縄県中頭郡読谷村)と、阿麻和利の勝連城(沖縄県うるま市)を牽制するための中城城(沖縄県中頭郡北中城村)です。

今帰仁城

口では大阪の城も建つ【くちではおおさかのしろもたつ】

口先だけならどんな立派なことも言える、というたとえ。「"大坂城を建てる"と言うのは簡単だけれど、いざ実行するのは難しい」ことから。秀吉が築いた大坂城は、築城開始の翌年1584(天正12)年11月には5万人が工事に従事。徳川大坂城も天下普請(→P124)で10年もの歳月をかけた大工事でした。

倉敷美観地区【くらしきびかんちく】㊓

白壁の蔵屋敷や海鼠壁の土蔵などが倉敷川沿いに建ち並ぶ、岡山県倉敷市の観光スポット。城下町の情緒が漂いますが、倉敷は幕府直轄の天領(→P129)だったため、厳密には城下町ではありません。江戸時代の城下町や明治～大正時代の町並みとして、ドラマや映画によく登場します。

クリス グレン【くりす ぐれん】㊇

オーストラリア出身、名古屋在住のラジオDJ、タレント。日本人より日本の歴史と文化に造詣が深く、甲冑師に弟子入りの経験も。名古屋城へ800回以上も訪れている驚異のジェントル城マニア。

グルメ王【ぐるめおう】㊇

食通の戦国武将といえば、伊達政宗。毎日の献立を吟味し、徳川秀忠に手料理を振る舞ったことも。仙台銘菓のずんだ餅や伊達巻は政宗にちなみます(諸説あり)。

クレヨンしんちゃん 嵐を呼ぶ アッパレ！戦国大合戦

【くれよんしんちゃん あらしをよぶ あっぱれ！ せんごくだいかっせん】㋓

主人公・野原しんのすけが1574（天正2）年にタイムスリップするアニメ映画。舞台の春日城は、架空の城ながら時代色が一致。建造物に近世の城のエッセンスが混ざるものの、中世の城をベースとし、戦闘シーンも竹束牛や盾、井楼矢倉を駆使した戦国時代の戦い方です。城の収容力の高さ、兵力の多さ、鉄砲を大量導入しているところをみると、春日城主はなかなか財力がありそうです。

曲輪（郭）【くるわ】(専)

平坦なスペース、区画のこと。城は山の斜面につくられることが多いため、建物を建てられるように平らに削って曲輪をつくるのです。曲輪のまわりは石垣や土塁で囲み、曲輪と曲輪の間は堀や石垣で区切って曲輪を独立させます。「郭」とも書き、本曲輪、二の曲輪、主郭、北の郭などと使用。近世の城では「丸」と呼ぶのが一般的で、本丸、二の丸、北の丸などのように使われます。

内曲輪（内郭）
本丸や二の丸や三の丸などの曲輪が集まった、城の中心部や城として機能する範囲。内堀で囲まれるのが一般的。

外曲輪（外郭）
内郭の外側に広がる城下町などを含めた範囲。外堀や「総構」という堀や土塁で囲まれるのが一般的。

出丸（出曲輪）
城から突き出した、独立した曲輪のこと。

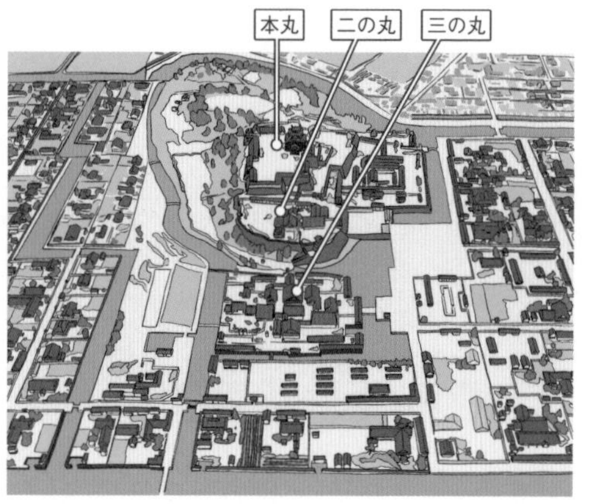

曲輪の配置

連郭式
本丸、二の丸、三の丸を順番に並べた形式。備中松山城や水戸城、大垣城、明石城、高知城など。

梯郭式
本丸を角に置いてまわりの3面をほかの曲輪で囲んだ形式。岡山城や府内城（大分県大分市）など。松本城は梯郭式＋輪郭式。広島城は連郭式＋梯郭式。

輪郭式
本丸のまわりをほかの曲輪が輪のように囲む形式。駿府城や山形城（山形県山形市）、篠山城など。

円郭式・渦郭式
田中城（静岡県藤枝市）のように本丸を丸または半円の曲輪が囲むのが円郭式。姫路城や江戸城のように曲輪が渦巻き状に並ぶものが渦郭式。

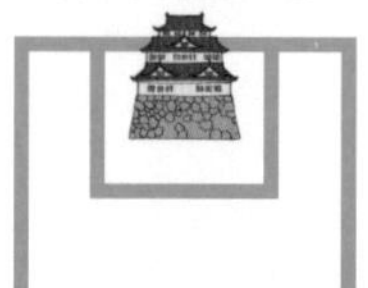

黒漆塗り【くろうるしぬり】

信長の安土城天主や秀吉の大坂城天守は、黒漆塗りの下見板張り（→P25・98）だったと考えられています。秀吉の家臣・毛利輝元の広島城天守や宇喜多秀家の岡山城天守も、創建時には黒漆塗りだったよう。ただし黒漆は高価でメンテナンス費用もかかるため、さして流行せず、一時的に用いられただけとみられています。現在、全国で黒漆塗り天守は松本城のみ。

黒田六端城【くろだろくはじょう】

黒田長政が構築した、国境を守るための支城網。筑前（福岡県西部）に入り福岡城（福岡県福岡市）を築いた長政は、福岡城の東側に6つの城（若松城、黒崎城、鷹取城、益富城、松尾城、麻氐良城）を築城。うち5城は、隣国・豊前（福岡県東部・大分県北部）との国境にあり、豊前の細川忠興を警戒して配置したと考えられます。こうした支城網は、各藩で構えられました。

クロンボー城【くろんぼーじょう】

シェイクスピアの「ハムレット」の舞台、エルシノア城のモデル。デンマークに実在する、世界遺産の古城です。

鍬形蕙斎【くわがたけいさい】㊇

江戸時代後期の浮世絵師。江戸の全景を描いた鳥瞰図『江戸一目図屏風』の作者で、やがて津山藩の御用絵師になりました。

蛍光X線分析
【けいこうえっくすせんぶんせき】㊕

X線を照射して元素分析や組成分析を行う、蛍光X線元素分析法。鉄・銅・カルシウムなどの成分の含有量が測定でき、ベンガラ・水銀朱などの顔料の種類、金属の成分なども分析可能。会津若松城の赤瓦は、出土した瓦の蛍光X線分析の結果などから、幕末時の赤色が再現されています。

傾城狂ひ【けいせいぐるい】(伝)

美女の色香に迷う、遊女遊びに夢中になること。傾城とは、中国の歴史書『漢書』の表現から、夢中になるあまり城が傾くほどの絶世の美女、遊女を意味します。歌舞伎・人形浄瑠璃には「傾城反魂香」という演目があります。

懸魚【げぎょ】(専)

破風板の接合部に飾られた板のこと(→P25)。奈良時代にはすでに用いられ、鎌倉時代には猪目、三つ花、梅鉢、兎の毛通など主なものは出揃っていたようです。江戸時代末期になると、「雲に鶴」「浪に兎」「牡丹に蝶」などの彫刻に変わったとみられます。

梅鉢懸魚
六角形の下部2辺を曲線状にした懸魚。

猪目懸魚
猪の目と呼ばれるハート形の穴をくり抜いた懸魚。

蕪懸魚
猪の目を開けずに下方に対照的に円弧を配した懸魚。

三花蕪懸魚
蕪を3つつけたような懸魚。

兎毛通
唐破風につけられる懸魚。

校歌【こうか】

城は地域のシンボル。また、城跡に学校が建つケースも多いため、校歌にはよく城が登場します。飫肥城(宮崎県日南市)の跡地に建つ飫肥小学校の校歌には「草みどりなる城あとに」の歌詞が。大和郡山城(奈良県郡山市)の二の丸跡に建つ郡山高校の校歌に登場する「冠山城頭かげ高く」の冠山城は、郡山城の別称。こおり山→かふり山→かむり山、と変化するうちに「冠山」が当てられました。秋田商業高校の歌詞に登場する「清浄たりや矢留城」の矢留城は、久保田城(秋田県秋田市)の別名です。

航空レーザ測量【こうくうれーざそくりょう】(専)

レーザ光を発射し、地表から反射して戻ってくる時間差を調べて距離を決定する装置。踏査しきれない広大な山城の全範囲にわたり、木々に覆われて見つけられない堀切や竪堀などの遺構まで一瞬で判別。地表面観察では限界がある山城の全貌が、スピーディーに、高密度かつ高精度に計測できます。山城の調査に新風を吹き込む革新的な技術です。

格子窓（連子窓）
【こうしまど（れんじまど）】(専)

棒状の細長い材（格子）を縦にはめた窓。拳1つほどの間隔で設置し、戸をつけて開閉可能にします。隙間を減らし射撃面を増やすため、格子を斜め45度ほどずらして設置するケースも。格子は漆喰を塗り籠めて防火性を高めたもの、木部をそのまま見せるものがあり、銅板や鉄板で格子を包み強化した例もあります。松本城天守2階の東・西・南面の三方にある巨大な竪格子窓は、約10mの幅があり、格子も極太です。

荒城の月【こうじょうのつき】(エ)

作詞・土井晩翠、作曲・瀧廉太郎の歌。作詞のヒントにしたとされるのは、仙台城、会津若松城、九戸城、富山城、七尾城（石川県七尾市）など。瀧廉太郎は小学校時代を過ごした富山城や岡城から曲の着想を得たといわれます。

甲鉄城のカバネリ
【こうてつじょうのかばねり】(エ)

極東の島国・日ノ本を舞台に、装甲蒸気機関車・甲鉄城に乗る人々と、不死の怪物・カバネとの戦いを描いたアニメ。蒸気機関車や駅というレトロな雰囲気に、近未来的なゾンビやバトルアクションの要素がミックスした独特の世界観。主人公の生駒がヒロインの無名と出会う顕金駅は、中世ヨーロッパの城塞都市を思わせるような姿で、作画がとてもきれい。犬山城天守地階のような石垣と階段も登場します。

校門【こうもん】

京都府立園部高校の正門は、園部城の櫓門。園部城跡に学校が建ち、現存する櫓門が校門として使われています。佐賀県立鹿島高校は、佐賀の乱で焼失した鹿島城の跡地にあり、焼け残った本丸正門が校門になっています。愛媛県立西条高校は西条陣屋の跡にあり、大手門を高校の正門としてそのまま利用。長崎県立五島高校は、幕末に築かれた石田城（福江城）の本丸跡に建ち、本丸中仕切門が高校の正門になっています。大多喜城の二の丸跡にある千葉県立大多喜高校では、敷地内に薬医門が移築保存され、グラウンドには本多忠勝が掘らせたという20mの大井戸が残存。ちなみに高校の前身は、三の丸にあった藩校・明善堂です。水戸城の本丸跡に建つ茨城県立水戸第一高校には、水戸城で唯一現存する薬医門が移築されています。

刻印石【こくいんせき】専

石や岩の表面に、大名の名前や家紋、目印などの「刻印」が彫り込まれたもの。採石場から陸路や海路で城に運ばれる際や築城の現場で、石の盗難を防ぐために石材の所有者名や大名の持ち場などを判別すべく彫り込まれました。○や△などのシンプルな記号のほか、暗号のようなマークも。天下普請（→P124）の城では全国の大名が集まるため、たくさんの刻印石が見られます。命がけで運んだ石を間違えて持っていかれたり盗まれたりしないよう、刻んだのでしょう。採石した大名や積んだ大名を判別する大きな手がかりにもなります。

国衙と郡衙【こくがとぐんが】

奈良時代に制定された律令制で、地方の政治を行う役所群や領地を「国衙」といい、派遣された役人・国司が国庁で政治や儀式を行いました。国衙を中心に重要な施設が集められた都市が「国府」です。国司のもとで行政全般を行う役人・郡司が政務を行った役所が「郡衙」。国衙や郡衙が、やがて政庁としての城へとつながります。

国宝【こくほう】

文化財保護法に基づいて国から指定された重要文化財（→P100）のうち、国民の宝たるもの。城に関する国宝は、松本城の天守群5棟、犬山城の天守、彦根城の天守と附櫓および多聞櫓2棟、姫路城の大天守と小天守3棟および渡櫓4棟、松江城の天守、二条城などです。天守が国宝に指定されている5つの城は「国宝5城」と呼ばれます。長らく姫路城、松本城、彦根城、犬山城の「国宝4城」でしたが、2015（平成27）年に松江城の天守が63年ぶりの国宝天守となりました。

松江城の天守

極楽橋【ごくらくばし】

琵琶湖の竹生島にある宝厳寺観音堂の唐門。秀吉が築いた大坂城の唯一の遺構で、1602（慶長7）年の移築と推察されます。宣教師のルイス・フロイスの記述と一致し、エッゲンベルク城（→P52）で見つかった『豊臣期大坂図屏風』に描かれた姿と酷似していることから、本丸山里曲輪と二の丸を繋ぐ橋の正面部分と考えられます。

国立歴史民俗博物館

【こくりつれきしみんぞくはくぶつかん】

佐倉城（千葉県佐倉市）の一角に建つ歴史博物館。城内には土塁や馬出などが復元され、城と博物館をセットで楽しめるおトクなスポットになっています。佐倉城は、中世にこの地を支配していた千葉氏の本佐倉城から移転する形で、1611（慶長16）年に徳川家康の命で土井利勝が整備。一国一城令で本佐倉城が廃城になると、江戸東方の要所として重要な役割を果たしました。幕末の老中・堀田正睦など、幕府の要職に就いた人物が歴代の城主を務めています。

5時間【ごじかん】(歴)

1583（天正11）年の賤ヶ岳の戦いの際、秀吉が駆け抜けた軍勢移動「大垣大返し」の所要時間。美濃の大垣城から近江（滋賀県）の木之本まで、その距離はなんと約52km。柴田方の佐久間盛政の予想を超えるスピーディーな移動が勝因となりました。

腰巻石垣と鉢巻石垣

【こしまきいしがきとはちまきいしがき】(専)

土塁の下部分だけに築かれた石垣が「腰巻石垣」、土塁の上部分だけに築いた石垣が「鉢巻石垣」。土塁の崩れを防ぎ、石垣の量を節約できます。

御城印【ごじょういん】(エ)

御朱印に似た、来城記念証のこと。2018（平成30）年末頃から爆発的に増え続け、数百種類が発行される大ヒットに。ご利益はありませんが200～300円とお手頃価格で、かさばらずコレクションしやすいのも○。歴代城主の家紋や旗印、地元の書家による揮毫などがデザインされ、特産の和紙を用いるなど凝った演出もあります。その城の歴史と文化が1枚の用紙にギュッと凝縮されているのが最大の魅力。「たかが1枚の紙切れに、これほどのストーリーが詰まっているとは」と驚きます。

古城ホテル【こじょうほてる】㋓

ヨーロッパの城は王族の宮殿や貴族の館であったため、現在も個人所有が多く、宿泊できるケースもたくさん。ドイツの「ブルクホテル アウフ シェーンブルク」は、ライン川を見下ろすロケーション。ヴィクトル・ユーゴーが讃えた景観が素敵です。

ゴジラ【ごじら】㋓

大坂城、熱海城、名古屋城、鹿児島城（鹿児島県鹿児島市）、熊本城と数々の城に出没。映画『ゴジラの逆襲』では、怒り狂ったゴジラとアンギラスが大坂城の本丸で激突し、天守をはじめ建物を豪快に破壊します。しかし、現存する天守は壊さないのがゴジラの流儀のようで、『三大怪獣 地球最大の決戦』ではキングギドラが松本城に来襲するものの、大天守は瓦が吹き飛ばされながらも倒壊はしません。国宝天守へのリスペクトが感じられます。ちなみに『モスラ対ゴジラ』では、ゴジラ役の俳優が実際に堀につまづき名古屋城天守に激突するアクシデントが。転んだ恥ずかしさからか大破される一方で、天守台は崩れていないことにも注目。さすが、天下普請（→P124）で築かれた名古屋城の石垣は頑丈です。

個人所有【こじんしょゆう】

2004（平成16）年まで、犬山城は全国唯一の個人所有でした。1891（明治24）年のマグニチュード8.4の濃尾地震で天守が半壊したのを機に、天守の修理を条件として愛知県から旧城主の成瀬家に譲与され、成瀬家と犬山町民が義援金を募って修復されました。現在は公益財団法人犬山城白帝文庫の所有となっています。

後詰【ごづめ】(専)

味方を救うための援軍、後方に待機している予備軍のこと。籠城の目的は、後詰決戦に持ち込むため。後詰が到着するまで持ち堪えられれば、城を取り囲む敵を挟撃することもでき、逆転勝利もあり得ます。攻め手としては、後詰をいかに阻止できるかが勝利のカギでした。

御殿【ごてん】㊟

天守に人は住みません。天守に生活空間を設けたのは、信長だけ。城主とその一族や家臣は、住居用の館「御殿」で生活し、政務を行いました。本丸に建つ御殿は本丸御殿、二の丸にある御殿は二の丸御殿、西の丸の御殿は西の丸御殿といいます。平屋建てで、さまざまな目的の部屋がびっしりと並んでいました。

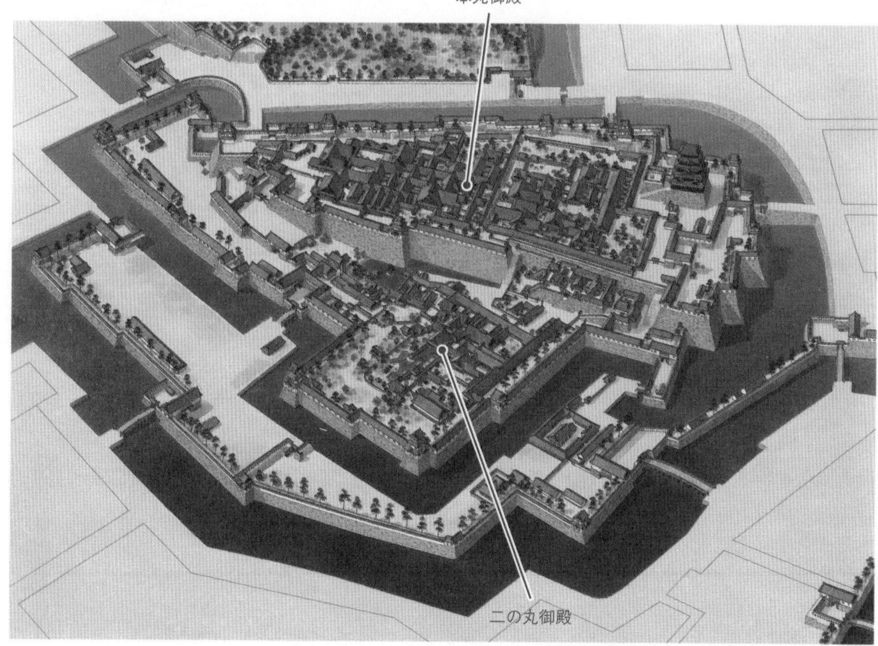

江戸城（寛永期本丸・二の丸） イラスト：香川元太郎

御殿の様式

書院造

床の間、違い棚、付書院などの座敷飾りを備えた、室町時代後期から江戸時代にかけての上流階級の住宅様式。平安貴族の寝殿を中心とした「寝殿造」に対し、書院を建物の中心にした形式です。二条城の二の丸御殿が代表例。

数寄屋造

書院造に茶室（数寄屋）のデザインを取り入れた住宅様式。荘厳な書院造に対して、格式・様式を廃した軽やかかつ洗練された数寄屋が登場。質素ながらも洗練された意匠が特徴です。

御殿の構造

御殿は大きく「表（奥向き）」と「奥（奥向き）」に分かれます。江戸城の本丸御殿は「表」「中奥」「奥」の3区画に分かれます。

中奥

表の一部で、将軍が生活する公邸。また大老や老中と政務を話し合う殿舎。

表

対面の儀式や政治などを行う公邸。諸大名が将軍に謁見し、幕府の役人が職務を行うエリア。今でいう首相官邸や官公庁。

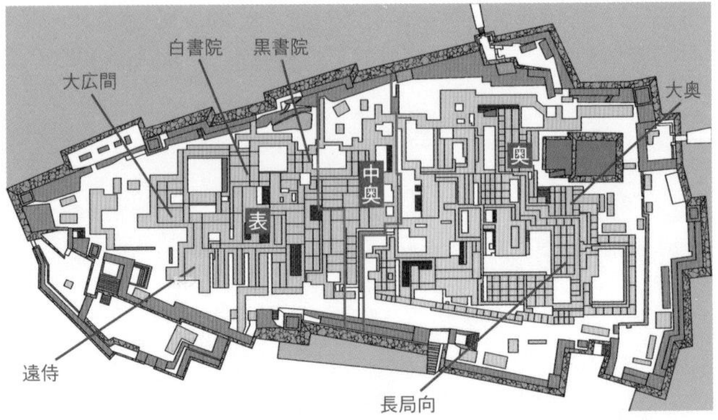

江戸城の本丸御殿（万治２年再建）を例に

表御殿

表の中心的な施設。おもに「遠侍」「広間」「書院」の3棟で構成。

遠侍

玄関内の控室。対面所への控えの間として使われることもあれば、身分の低い家臣との対面の場になることも。遠侍の正面に突き出す式台と呼ばれる低い板敷が、諸大名などが登城時に使用する正式な玄関。

大広間

将軍との対面や幕府の上使の饗応などを行う重要な殿舎。対面という儀式を通して主従関係を明確にするため、鮮やかな金碧の障壁画を飾るなど豪華絢爛な空間に。将軍が着座する「上段の間」の座敷飾りは「床」「棚」「付書院」「帳台構」の4種類。

書院

将軍が政務を執り、諸大名や勅使の対面や所作事を行うのが「白書院」。その北側が、将軍が譜代大名と対面し、幕閣と協議する「黒書院」。大広間より格上で将軍の私的な空間でもあるため、障壁画や襖絵は派手さを控え、落ち着いた淡彩のものや水墨画でやすらぎの空間を演出。

奥

将軍や家族が生活する、完全なプライベート空間。

大奥

将軍の正室である御台所をはじめ、女性だけが生活する男子禁制の世界。中奥と大奥とは銅塀で厳重に仕切られ、原則的に将軍以外の男性は侵入厳禁。将軍をはじめ御台所や側室などが暮らす「御殿向」、将軍や御台所、側室に仕える人々が暮らす「長局向」、大奥での事務などを行う役人たちの職場である「広敷向」の3区画で構成。

長局向

大奥で働く御殿女中たちの住まい。長大な建物で、大きな部屋に侍女を従える者もいれば相部屋で暮らす者もいるなど、位によって生活のレベルはさまざま。奥女中の数は、多いときで800人超、活気のなかった14代・家茂の時代でも400人ほど。

現存する御殿

江戸時代から現在も残る城の御殿は、4つのみです。

二条城二の丸御殿
徳川家光が改修。大政奉還の舞台にもなり、徳川家の栄枯盛衰を見届けた。

川越城（埼玉県川越市）本丸御殿
1848（嘉永元）年建造。玄関・大広間・家老詰所のみ残存。

掛川城（静岡県掛川市）二の丸御殿
1855 ～ 61（安政2 ～文久元）年に再建。明治時代も役場などに使用。

高知城本丸御殿
天守と本丸御殿がセットで残る唯一の例。

小天守【こてんしゅ】㊫

天守に付属する櫓のひとつ。最上階が天守本体から独立したものを指します。現存例は、松本城の乾小天守と、姫路城の東小天守、西小天守、乾小天守のみです。

松本城の乾小天守

姫路城の乾小天守

ご当地キャラクター

【ごとうちきゃらくたー】㋓

地域おこしや名産品の紹介、キャンペーンのPRなどを目的とすべく各地に生息するマスコットキャラクター。城のマスコットから地域代表へと出世したご当地キャラクターもたくさんいます。

ひこにゃん

国宝・彦根城築城400年祭のイメージキャラクターとして登場し、彦根市のキャラクターに。モデルは2代城主・井伊直孝を救った招き猫。東京都世田谷区の豪徳寺で手招きする猫に落雷から助けられ直孝は猫をかわいがりました。のち、和尚の話を聞いて直孝が喜び、豪徳寺は井伊家の菩提寺となりました。兜は井伊の赤備え。愛くるしい姿とキュートなしぐさに親近感を覚えずにいられませんが、かわいく見せる角度を知り尽くしたモデルばりのポージング、ピタリと動きを止めてギャラリーに撮影時間を提供する、かなりプロフェッショナルなエンターテイナーです。

© 彦根市

うきしろちゃん

「浮き城」と呼ばれた、埼玉県行田市の忍城をモチーフにしたキャラクター。

お城ロボ

3メートル超とムダにデカい、岐阜城をモチーフにしたご当地キャラクター。どこの城のキャラクターかわからないのが残念。

ころう君

古代山城、鞠智城のイメージキャラクター。復元されている鼓楼が名前の由来？

©2013 熊本県 ころう君# 21003

しろまるひめ

姫路市制120周年、姫路城築城400周年、姫路港開港50周年を記念して誕生。誕生日は4月6日（城の日）、チャームポイントは色白のもち肌。さすが世界遺産と唸らされる、しっかりとしたキャラ設定です。

姫路市キャラクター　しろまるひめ
© 姫路市 2009

たか丸くん
弘前城築城400年祭マスコットキャラクターとして誕生した、弘前市のマスコットキャラクター。別名・鷹岡城なので鷹、兜は弘前城を築いた津軽為信の兜をイメージ。好きな食べものは、青森のソウルフード「いがめんち」。

ちきりくん
岸和田城の別名、千亀利城から名付けられた、岸和田市イメージキャラクター。だんじりくんにしてほしかったです。

写真提供：岸和田市

ひごまる
2007（平成19）年、熊本城築城400年祭で登場した、熊本市イメージキャラクター。怒ったのは熊本城が焼かれた西南戦争のときだけ、というやさしい性格。城内に現れるとたくさんの子供たちにもみくちゃにされるほどの人気者でした。

味噌崎城
くせキャラひしめく岡崎市のキャラクター。岡崎市の名産「八丁味噌」と「岡崎城」をかけたネーミングと思われます。機動力のなさは天下一品で、厨二病的な発言とは裏腹にヨチヨチ歩き、天守閣には岡崎の名産・八丁味噌とジャズのまちの象徴・サックスがのっています。

わん丸君
犬山市の公式キャラクター。10月10日生まれの永遠の10歳。おそらく1（ワン）0（まる）。

むすび丸
豊かな食と文化に恵まれた宮城をおにぎりで表現し、伊達政宗を象徴する三日月の前立てがついた兜を被った、仙台・宮城観光PRキャラクター。よく見ると、兜には伊達家の家紋である九曜紋も。鎧兜姿の甲冑バージョン、祭の法被股引姿の祭りバージョンなどがあります。

承認番号03028号

500円【ごひゃくえん】

1910（明治43）年から昭和初期まで建っていた、岐阜城の初代模擬天守の建設費用。木造トタン葺き三重三階、高さ15.15mでした。現在の2代目模擬天守は、1956（昭和31）年に落成した鉄筋コンクリート建築三重四階建て。

古墳形ケーキ

【こふんがたけーき】㊜

ならまち菓子工房 プティ・マルシェ＆ぷちまるカフェで販売している、前方後円墳形の洋生菓子。別売りの発掘スコップスプーンがかわいい。古墳は城に改造されるケースが多く、とても関連深い遺跡です。

小牧・長久手の戦い

【こまき・ながくてのたたかい】㊓

1584（天正12）年に起こった、羽柴秀吉vs.織田信雄・徳川家康連合軍の戦い。信雄が和議を結び終息。秀吉は天下人に近づき家康はその配下に、という両者の立場が確立される一戦となりました。家康が大改修して本陣を置いたのが、信長の小牧山城。大手道を屈曲させ、小牧山麓には高い土塁や堀を構築して防御を固めたことがわかっています。

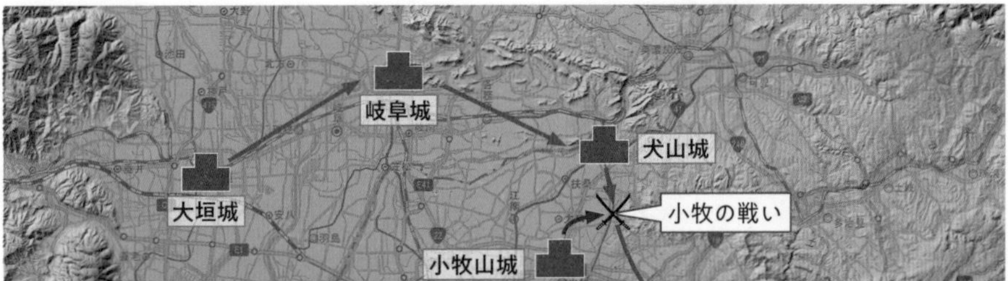

岐阜城
犬山城
大垣城
小牧の戦い
小牧山城
濃尾平野
長久手の戦い
清洲城
岡崎城
織田・徳川軍
羽柴軍

国土地理院標準地図を元に作成

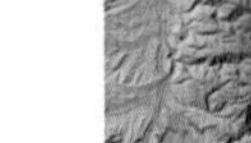

御用酒屋【ごようさかや】(食)

徳川将軍や大名が飲む「御膳酒」を醸造した酒屋のこと。第1号は、1608（慶長13）年に伊達政宗から仙台藩の御用酒屋に命じられた榧森又右衛門。政宗は姓名と家禄、仙台城の三の丸に住まいを与え、城内に酒造蔵を準備。榧森家は12代まで御酒御用を務め、藩の醸造技術発展に貢献しました。

御用水【ごようすい】

「用水」とは、飲料や灌漑、工業などに使われる水のこと。岡山市の「雄町の冷泉」は、岡山藩池田家の御用水。1686（貞享3）年に岡山城主の池田綱政によってつくられ、備前一の名水として知られていました。源泉は使えませんが、現在も大切に守られ、近くの水汲み場で汲むことができます。

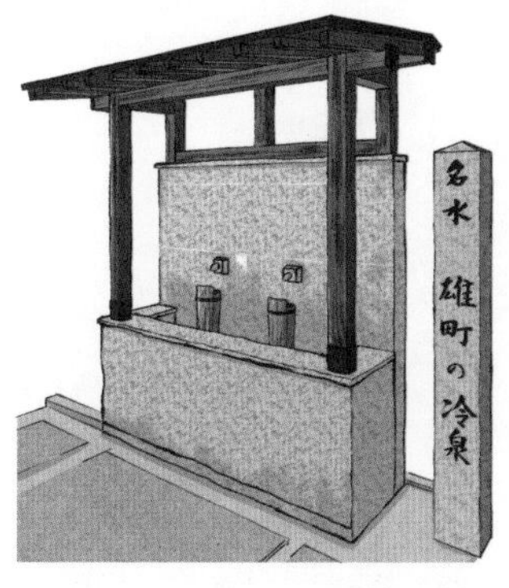

コロ【ころ】(専)

石材などの運搬の際、下に敷く丸太のこと。道板と呼ばれる板を電車のレールのように敷き、その上にコロを並べ、板や修羅（→P101）を置いて荷物を乗せます。積み荷を押し引きすれば、コロが回転して移動するしくみ。狭い場所での運搬のほか10tの大木の移動にも用いられ、大坂城築城の際には石材の運搬に使われたとされます。

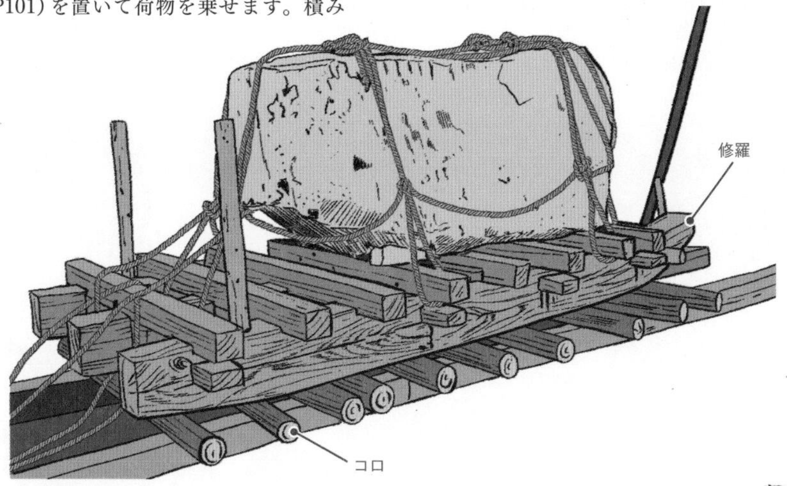

お城にまつわる名作②

小説 編

火天の城

山本兼一による小説。信長から安土城天主の設計・建築を命じられた、尾張熱田の宮大工・岡部又右衛門が主人公。数々の難題を突きつけられながら、空前絶後の天下人の城を完成させた苦悩と努力が描かれます。築城を通して職人の信念や心意気に触れられる、心が震える1冊です。

作者：山本兼一
出版社：文藝春秋

感涙必至。
1、2位を争う
好きな小説

過ぎ去りし王国の城

中世ヨーロッパの古城のデッサンを拾った中学3年生の主人公が、アバターを通じてその世界に入り込んでしまう物語。タイムパラドックス的な要素もありつつ、ファンタジーとは一線を画します。社会の現実を喉元に突きつけるようなリアリティは、宮部みゆき作品ならでは。

作者：宮部みゆき
出版社：KADOKAWA ／角川文庫
※現在は電子書籍のみ発売中。

宮部みゆきは
天才です

城

20世紀最高の小説家といわれる、フランツ・カフカによる未完の長編小説。ヴェストヴェスト伯爵の城に雇われた測量師のKが、いつまで経っても城に辿り着けず翻弄されるようすが描かれます。出口のない迷路を歩いているような感覚に陥る、独特の世界観が魅力です。

作者：フランツ・カフカ
出版社：KADOKAWA ／角川文庫
※現在は電子書籍のみ発売中。

映画や
オペラにも
なった名作

**紡ぎ出される言葉から情景や心情が思い浮かんで、
その世界を脳内トリップできるのが小説の醍醐味。
城を取り巻く社会が見えて、城の違う一面に気づけますよ。**

映画版は
ロケ地が
やたら豪華

梟の城

直木賞を受賞した、司馬遼太郎の長編小説。映画化もされました。梟に例えられた、闇に生きる孤高の忍者が主人公。信長に一族を惨殺され、秀吉暗殺を狙う伊賀忍者の生き残り・葛籠重蔵の生き様が描かれます。最後は伏見城へ潜入し秀吉と対面……どうなるかはぜひ小説を。

作者：司馬遼太郎
出版社：新潮社

ホラー系ゲーム
「絶叫城」が
物語の軸

絶叫城殺人事件

有栖川有栖による推理小説。さまざまな６つの建物が殺人事件の舞台となる短編集。犯罪社会学者・火村英生と推理小説作家・有栖川有栖が登場する作家アリスシリーズのなかでも秀逸。火村教授の人間性の描写も、ストーリー展開と同様に引き込まれる一因です。

作者：有栖川有栖
出版社：新潮社

温かい物語。
澪の料理が
おいしそう

みをつくし料理帖

髙田郁による日本の時代小説シリーズ。大坂出身の料理人・澪が、江戸で道を切り開いていく姿が描かれます。澪が恋をする小松原数馬の正体は、将軍の食事の責任者である御膳奉行。江戸城内で献立を決め毒見する役職のため、味見のしすぎで生姜と鱚が苦手という設定です。

作者：髙田郁
出版社：角川春樹事務所

逆さ地蔵【さかさじぞう】

大和郡山城にある、石垣の石材に転用されたお地蔵さま。頭からぶち込まれているのに微笑んでおられるのがいたわしい……。城が採石できない地層にあるため、転用石(→P129)がかき集められました。城内の石垣には、伝・羅城門の礎石をはじめ宝篋印塔や五輪塔、石仏などがこれでもかとちりばめられ、不憫なお地蔵さまの数も膨大。転用石は約1,000基に及び、お地蔵さまも約200基がすでに確認されています。通常は河原石などの適当な小石を詰めるはずの内部にも転用石が用いられています。

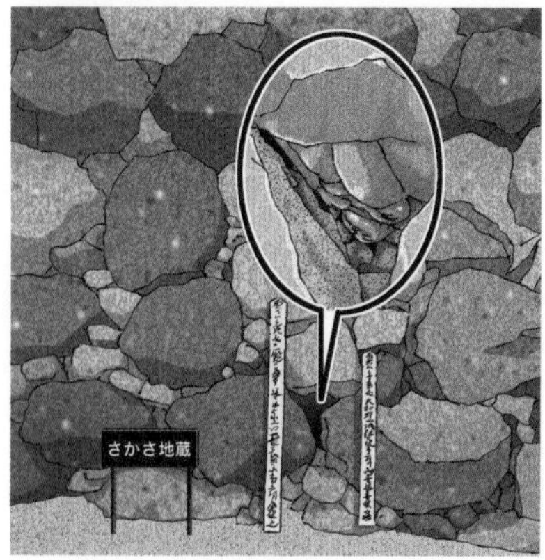

逆茂木【さかもぎ】㊫

敵の侵入を防ぐため、槍のように先端を鋭く尖らせた木の枝を、地面に差し込むようにして並べたバリケード。杭を縄などでつないだものは「乱杭」とも。

柵・柵列【さく・さくれつ】㊫

敵の侵入を防ぐために、木材や竹、杭などを組み合わせて等間隔に並べたフェンスのこと。敵が足を掛けられないように、下部の横材は内側に渡されました。

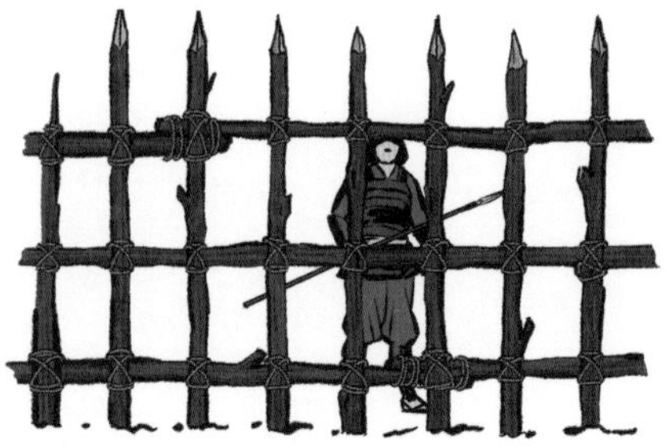

桜守【さくらもり】

弘前城の桜をすこやかに保つ、桜専門の樹木医。桜の名所の裏にプロの技あり。ちなみに城と桜のコラボは日本人に好まれますが、城に多くの桜が植えられるのは明治時代以降。城として機能していた頃には桜はなく、松が植えられていました。弘前城の桜も明治以降の植栽です。

砂糖工芸菓子パステヤージュ【さとうこうげいかしぱすてやーじゅ】(食)

ANAクラウンプラザホテル京都の1階ロビーに展示されている、製菓料理長が製作した二条城のジオラマ。制作期間は約270日間、サイズは幅4.2m×奥行き2.64m。砂糖やゼラチンでつくった生地に、ココアや竹炭、コーヒーなどで着色しています。1750(寛延3)年に焼失した天守も文献をもとに再現され、建物の配置も忠実。眺めているだけで甘いひとときが過ごせます。姫路市文化センターには姫路城を1/50で再現した工芸菓子「姫路城 白鷺の夢」も。

真田丸【さなだまる】

1614（慶長19）年の大坂冬の陣（→P54）で、豊臣方の真田信繁（幸村）が築いて戦った出城・出丸のこと。大坂城の平野口の南側に構築された、丸馬出のような半円型または五角形の曲輪で、堀と塀で囲まれていました。

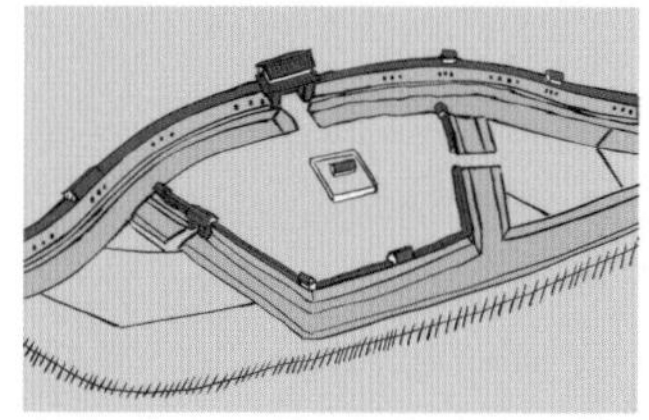

鯖街道【さばかいどう】

若狭（福井県南部）から京を結ぶ、海産物の運搬ルート。小浜城主となった京極高次が市場をつくり、古来の街道を整備。小浜で水揚げされた大量の魚介類が運ばれたことが名の由来で、熊川宿を通る若狭街道がメインルートでした。長期食用のための加工技術も発達し、独自の食文化も発展。「へしこ」もそうして生まれた福井名物です。

サプライズ【さぷらいず】㊫

安土城にルイス・フロイスや大友宗麟を招き、自らガイドして城内を見せびらかした信長。4棟の御殿が実はつながっていることを説明するときには、先回りして驚かすというおちゃめすぎるサプライズも。御殿は一般公開し、ちゃっかり拝観料まで徴収。アトラクション化してお金を稼ぐとは、アイディアマンな上にビジネスセンス抜群。

狭間【さま】㊕

天守や櫓などの建物や塀に開けられた、射撃用の穴のこと（→P29）。

鉄砲狭間

正方形の「箱狭間」、三角形の「鎬狭間」、円形の「丸狭間」があり、いずれも直径は約12.1～18.2㎝、床面から狭間の中心までの高さは35～55㎝くらい。鉄砲は片膝をついて構えるため、矢狭間より低い位置に設置されます。

矢狭間

横幅に対して縦幅が2～3倍ある、縦長の長方形。『愚子見記』では横幅約12.1㎝、縦を約36.4㎝とし、横幅約12.12～15.15㎝、縦約36.4～54.6㎝が一般的。弓は立って引くため床面から70～85㎝くらい離れたところに設けられます。

隠し狭間

壁土などで塗り塞ぎ、外側から見えなくした狭間。板がはめられ、いざというときは叩き割って使います。外側からは見えず、接近した敵がどこから攻撃されるか予測がつかないため防御装置としては理想的。外から見たときの見栄えも格段によくなります。彦根城天守が代表例。江戸城天守や徳川大坂城、名古屋城天守など徳川将軍家ゆかりの城でも採用され、しかも外観の品位をかなり意識していたとみられます。

石狭間

切石でつくった特殊な狭間。土塀や櫓の、基礎石と塗籠の部分との境に設けます。開口が小さく、外側からはほとんどその存在に気づけません。徳川大坂城、江戸城、岡山城に残ります。

サマーウォーズ【さまーうぉーず】(エ)

細田守監督のアニメ映画。登場する陣内家は上田城主・真田氏の末裔という設定で、陣内家の屋敷門は上田城の本丸東虎口櫓門にそっくり。上田城は、1585(天正13)年に徳川家康の大軍を、1600(慶長5)年には徳川秀忠の大軍を撃退。圧倒的な兵力差をものともせず、真田昌幸が2度も徳川の大軍を蹴散らした「上田城の戦い」で知られます。"決して落ちない城"として、受験生にも人気です。

さらさら越え【さらさらごえ】(歴)

佐々成政が家康を説得するため、居城の富山城から浜松城まで敢行した命がけの山越えのこと。厳冬期の北アルプスを越え、越中・信濃国境の2,536mの針ノ木峠を経由して信濃から三河に入ったよう(諸説あり)。江戸時代には浮世絵に描かれ、歌舞伎の演目にもなるほどの逸話となりました。最大の難所である標高2,342mの「ザラ峠」が名の由来。

皿そば【さらそば】(食)

うどん文化の関西圏において唯一のそば文化があるのが、出石城(兵庫県豊岡市)の城下町。1706(宝永3)年、国替えになった上田城主の仙石政明がそば職人を連れてきたのがはじまりです。出石焼の小皿に盛り、5枚1組を1人前とするのが、現在の出石皿そばのルール。

猿石【さるいし】

高取城(奈良県高市郡高取町)の二ノ門外、城下町に通じる大手筋と飛鳥方面に通じる岡口門の分岐点に置かれた、猿の顔のような石。飛鳥時代につくられたと推定され、築城時に石垣の石材として飛鳥から運ばれたとか。明日香桧隈の吉備姫王墓にあるものと同じで、郭内と城内の境目を示す結界石としたとの説も。守護神を兼ねる猿には馬の守神という俗諺もあります。

佐和山遊園【さわやまゆうえん】(エ)

石田三成を好きな地元の実業家が、居城だった佐和山城(滋賀県彦根市)の近くに趣味でつくったテーマパーク。三成の馬上の像の隣にミロのヴィーナス像があったりとなんでもありのカオスな場所ですが、国道8号に面しているため目立ち、一瞬城かと見紛います。

算木積み【さんぎづみ】専

石垣の隅角部の積み方。直方体の石材を長辺と短辺が交互になるよう積み上げることで、隅角部が一体化して重さが分散し強度がアップします。古い算木積みは石材の大きさが不揃いなため、石材の間にできる隙間を小石で埋めねばならず、石材の左右も内側に入り込みます。やがて石材が成形され、長辺の長さを短辺の2～3倍に統一した石材が積まれるようになります。さらに進化すると、隙間がまったくないパズルのような算木積みが登場します。石材は内側を下げて斜めに積むため、天端を水平にするために石材の上下を110度ほどの鈍角にする必要があります。石材も左右も鈍角に開きます。進化した算木積みは、これらの調整を石材で行なっています。

31.5億から35.5億円
【さんじゅういってんごおくからさんじゅうごてんごおくえん】

2018(平成30)年7月の西日本豪雨と10月の台風24号で崩落した、丸亀城の石垣修復の総事業費。2025(令和7)年3月31日まで、6年間の工期で計画されています。

3643樽
【さんぜんろっぴゃくよんじゅうさんたる】

熱海から江戸城に温泉を献上する「お汲み湯」で、8代将軍・徳川吉宗が8年間で運ばせた湯樽の数。昼夜兼行で、15時間ほどをかけて江戸城まで運ばれました。湯温は約90℃とかなり高温で、江戸城に到着する頃にちょうどいい湯加減だったよう。4代将軍・徳川家綱が大湯の温泉を檜の湯樽に汲んで江戸城まで運ばせたのを機に、歴代徳川将軍に継承されました。

サンドイッチ型城下町
【さんどいっちがたじょうかまち】

杵築城(大分県杵築市)の城下町。城を中心にして南北の高台に武家屋敷が並び、武家屋敷に挟まれるようにして谷間に町家が形成されていたことからそう呼ばれます。

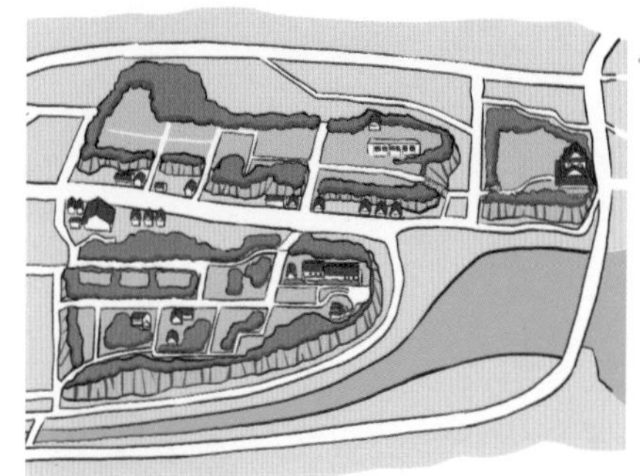

残念石【ざんねんいし】専

なんらかの理由で、採石場や運搬の途中で放置された石材のこと。「石を落とす＝城が落ちる」という考えがあり、石は落としても拾わなかったという伝承があります。全国の石丁場(→P43)や石曳道、石材の集積場に残されています。

山王祭【さんのうまつり】伝

江戸三大祭りのひとつ、日枝神社の祭礼。江戸城内に神幸された神輿を3代・家光以来の歴代将軍が上覧拝礼する盛大な祭でした。華麗な山車行列は半蔵門から江戸城に練りこみ、竹橋門から退出。途中、現在の乾門にあった吹上上覧所で、将軍に拝謁することが許されました。

三遊亭円楽（五代目）
【さんゆうていえんらく（ごだいめ）】人

TV番組「笑点」の4代目の司会で知られる落語家。鳥取城攻めで自刃した吉川経家の子孫にあたります。鳥取城に建つ銅像の顔がどこか似ている…と思ったら、円楽師匠をモデルにつくられたそう。

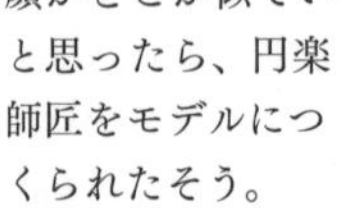

C14放射性炭素年代測定法
【しーじゅうよんほうしゃせいたんそねんだいそくていほう】専

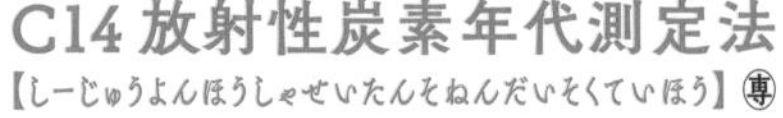

炭素の放射性同位体（C14）の値を利用した年代の測定方法。「ウィグルマッチング法」とも。調べたい生命体のC14の値を測定すると、死後どれくらいの時間が経過しているかわかります。木の場合、新しい年輪が毎年つくられて外側に増えていくため、古い年輪ほどC14の量が少なくなります。その数値の違いを示すグラフと調査対象の木材を計測したグラフを比べることで、木材の年代が推定できるのです。丸岡城天守の調査で採用され、柱や梁などの建築材料に16世紀後半～17世紀代に伐採された木材が使用されているというデータが得られました。天守の建造年を推定する大きなヒントになります。

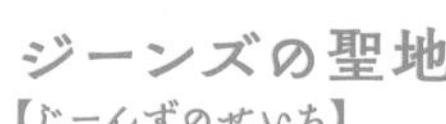

ジーンズの聖地
【じーんずのせいち】

岡山県倉敷市の児島地区のこと。かつては「吉備の穴海」と呼ばれる大小の島々が点在する海で、児島も独立した島でした。中世から干潟が広がりはじめ、戦国時代に岡山城主となった宇喜多秀家が干拓。江戸時代に入ると陸続きになり、倉敷は天領(→P129)となって幕府の重要な湊として機能しました。干拓地に綿花が栽培され、一方で玉島や下津井は北前船の寄港地に。綿作の肥料となる干鰯やニシン粕が購入されて綿製品が出荷されたことで繁栄し、国産ジーンズ発祥の地となりました。

塩引鮭【しおびきじゃけ】㊍

村上城下町（新潟県村上市）の冬の風物詩でもある、軒先に風干しした鮭のこと。江戸時代、鮭の自然ふ化事業の成功が藩の財政を救ったことから鮭が尊ばれ、頭や皮、中骨などすべて食べ尽す食文化があります。100種類以上ある鮭料理のひとつが、塩引鮭。寒風と湿度と気温、そして北西からの潮風で発酵熟成されているせいか、新巻鮭とは別物。口あたりがやさしく、ギュッと凝縮されていて、うまみが違います。

ジオラマ【じおらま】

立体表現された幻視画。かつての姿が失われた城では、資料館や博物館に展示してあるジオラマを活用するのがおすすめ。全体像が掴め、全貌を妄想する大きなヒントになります。城郭・古建築模型作家の島充が作製した熊本城のジオラマは神の域。

四国攻め【しこくぜめ】㊍

秀吉が長宗我部元親を攻めた、天下統一事業の一環。「四国征伐」「四国の役」「四国平定」とも。1585（天正13）年、長宗我部元親が降伏し終結。阿波一宮城（徳島県徳島市）での激戦の末の陥落が、勝敗の決定打となりました。

地酒【じざけ】㊍

城と城下町は、良質な水が確保される流通・経済の中心地。酒蔵めぐりは城下町歩きの楽しみのひとつです。藩政改革により酒造業が奨励されたケースもあれば、明治に入り城下の豪商が流通経路を生かすべく創業するケースも。松江城下町にある國暉酒造は、江戸時代には廻船問屋で明治に入り酒造業を開始。廃城となった松江城から譲り受けた土蔵を仕込み蔵としています。城内に住み続けた酵母が育てたお酒となれば、購入せずにいられません。

シシ垣【ししがき】㊍

「猪垣」「鹿垣」「猪鹿垣」と書きます。猪や鹿などの田畑への進入を防ぐ、垣根や石積みでつくった壁。廃城後、城地が畑に使われた際に構築されたケースがあるため、城の石垣との判別に注意。

地震の間【じしんのま】㊍

地震のとき避難する、城内の建物。江戸城では西の丸御殿の絵図に地震の間が描かれています。彦根城楽々園の地震の間は、岩盤上に建つとはいえ地質学的にも強度が高い場所とはいえなさそう。耐震建築というより免震建築のようです。

辞世の句【じせいのく】

まもなくこの世を去ろうとするときに詠む、漢詩、和歌、狂歌、発句などのこと。秀吉は、「露と落ち 露と消えにし 我が身かな 浪速のことは 夢のまた夢」と詠み、大坂城での日々を夢のようなものだったと記しています。

史跡【しせき】

文化財保護法に基づいて指定されるもので、重要な遺跡を「史跡」、そのうち学術上の価値がとくに高く、我が国文化の象徴たる遺跡は「特別史跡」に指定されます。江戸城跡、名古屋城跡、安土城跡、彦根城跡、大坂城跡、姫路城跡、大野城跡、吉野ヶ里遺跡、名護屋城跡並びに陣跡、熊本城跡などは特別史跡。地方公共団体の各条例に基づく「○○県史跡」「○○町指定史跡」といった都道府県指定史跡と区別するため、「国指定史跡」「国の史跡」などと称されます。

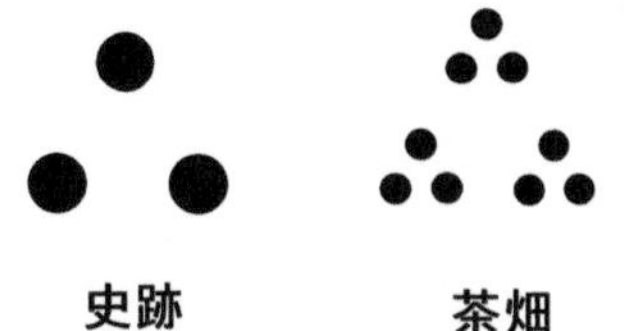

下見板【したみいた】㊕

外壁に貼られた、松煙や柿渋（→P63）を混ぜた墨が塗られた黒い板のこと。厚みのある土壁（→P122）や土塀の上に貼られているため、下見板が燃えても建物本体に延焼する可能性は低く、漆喰で仕上げた外壁と防火性能は大差ありません。漆喰は雨に弱く水分が浸透して下地の粘着力が低下するため、下見板張りのほうが耐水性は上。

漆喰【しっくい】㊕

天守などの壁面に塗られる、白い建材。消石灰（水酸化カルシウム）にスサを混ぜ、海藻糊で練り混ぜたもの。強いアルカリ性で、殺菌効果や温度調整効果が高く、防火・防水性に長けた天守壁面には望ましい素材です。戦国時代、糊材の変化で大量生産が可能となったことから総塗籠が実現し、漆喰の白壁が増えました。2つの伝統的工法のうち、「本漆喰」は1.5～3mmの薄塗りが基本。一方、消灰石に発酵させた藁を混ぜて熟成させた「土佐漆喰」は厚塗りが可能です。天守や櫓の外壁に塗られた漆喰の厚さは、土佐漆喰を除いて2～3mm程度の薄塗りです。

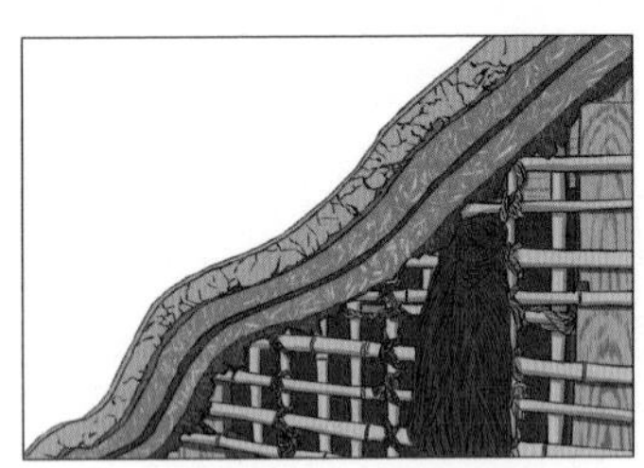

自動販売機【じどうはんばいき】

姫路城、松本城、大坂城、岡山城など、オリジナルデザインのラッピング自販機は新定番。市販の飲料が特別な味わいに感じられます。売り上げの一部が城の管理団体などに寄付されるケースもスタンダード。

忍び返し【しのびがえし】(専)

槍の穂先を取り付けて、城壁を登ってくる

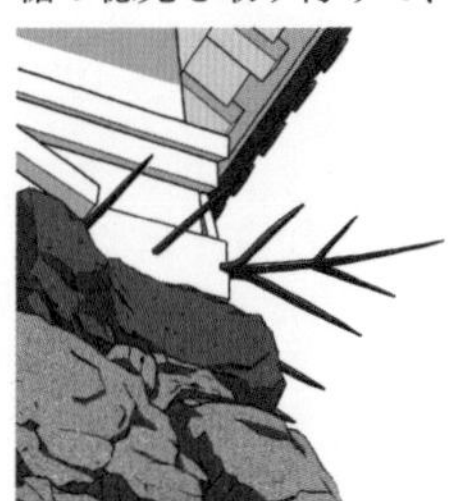

敵の侵入を阻止する装置。高知城天守の1階外壁に、全国で唯一残っています。土塀に取り付けたものは剣塀(→P123)。

司馬遼太郎【しばりょうたろう】(人)

『梟の城』『竜馬がゆく』『燃えよ剣』『国盗り物語』など、数々の傑作を世に送り出した歴史小説家。深い時代考察と繊細な人間描写に魅了された人は数知れず、歴史・城ファンを増産。

渋谷城【しぶやじょう】

平安～室町時代まで東京都渋谷区にあった、渋谷氏の城。渋谷駅から徒歩5分、現在は金王八幡宮です。世田谷区には世田谷城や奥沢城、練馬区には石神井城や豊島城、板橋区には赤塚城や志村城、板橋城など、東京都内にもたくさん城がありました。

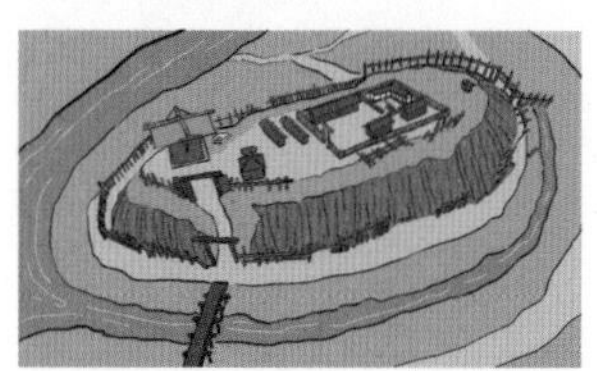

島流し【しまながし】

島に送られる追放刑のこと。江戸時代の流刑地は、伊豆七島や佐渡島、天草諸島、五島列島など。関ヶ原の戦いで西軍の副大将を務めた岡山城主の宇喜多秀家は、35歳で八丈島へ流罪となり、84歳まで49年間を過ごしました。秀吉にかわいがられ若くして五大老に上り詰めたハイスペック武将の、転落人生の末路でした。

島原・天草一揆
【しまばら・あまくさいっき】(歴)

1637(寛永14)年から島原半島南部で起こった一揆のこと。キリシタンを中心に、3万7,000の一揆軍が原城に籠城。幕府軍は12万余で総攻撃し、ほぼ全員を抹殺する壮絶な結末となりました。幕藩体制を揺るがす大事件となり、幕府は海禁体制を確立して鎖国へと突入。一揆軍が廃城後に放置されていた原城を再利用したことから、全国の廃城となっていた城が幕府の命により徹底的に破却されました。松倉重政が領民に増税と過酷な労働を強いた島原城の築城も、一揆の一端といわれます。

シャガ【しゃが】

アヤメ科の多年草。光沢のある葉はとても滑りやすく、根が強く張っていそうに見えて掴むと簡単に抜けます。山城の斜面に群生しているシャガは、敵に対する防御のひとつなのかもしれません。

銃痕【じゅうこん】

鉄砲の弾傷。白河小峰城（福島県白河市）の御三階櫓は、1991（平成3）年に木造復元された際に白河口の戦いで激戦地となった稲荷山の杉の大木が使用され、柱や床板に銃痕があります。白河口の戦いは、1868（慶応4）年から新政府軍と旧幕府軍が戦った戊辰戦争での激戦のひとつ。「奥羽越列藩同盟」は、白石城で会議が開かれました。

衆心城を成す【しゅうしんしろをなす】

多くの人が心を合わせれば城のように堅固になる、という意味の故事ことわざ。

重と階【じゅうとかい】

外から見た屋根の重数が「重」や「層」、建物の内部の階数が「階」。五重六階地下一階の姫路城天守は、屋根の数は5つあり外から見ると5階建てですが、内部は6階+地下1階の7階建て。古式の天守は屋根裏階を持つことがあり、重数より階数が多くなる傾向があります。

重要文化財【じゅうようぶんかざい】

文化財保護法に基づき国から指定された文化財のこと。有形無形の文化的遺産全般は文化財と称され、6つのカテゴリに分類されます。そのうち「有形文化財」のなかで、重要なものが「重要文化財」、重要文化財の中でさらに価値があるものが「国宝」(→P80)。姫路城では8棟の国宝のほか、74棟（櫓・渡櫓27棟、門15棟、塀32棟）が国指定の重要文化財です。

守護所（方形館）
【しゅごしょ（ほうけいやかた）】㊟

応仁・文明の乱の後、守護大名が任地で築いた居所。四角い「方形館」で、室町将軍の「花の御所」に似た構造。将軍邸と同じような居所をつくることで、後ろ盾となる将軍の権威を示したようです。甲斐（山梨県）の守護・武田氏の武田氏館が代表例。守護に代わって権力を持った国人領主も、方形館を築きました。

守護と地頭【しゅごとじとう】

鎌倉・室町幕府が地方に派遣した職名。「守護」は各国に1人配置された、警備や治安維持を行う役職。やがて勢力を増し、守護大名となって領主化します。「地頭」は荘園や公領に配置され、土地の管理や治安維持、年貢の取り立てなどを行いました。

出世城【しゅっせじょう】

歴代城主の多くが江戸幕府の重役に出世した、浜松城のこと。若かりし頃の家康の居城として知られますが、天守台は1590（天正18）年から10年間城主を務めた堀尾吉晴の築造。再建された天守が天守台より小さいのは、予算の都合でしょうか……。秀吉が初めて城主になった長浜城（滋賀県長浜市）も出世城といわれます。

修羅【しゅら】㊟

大きな石材を運ぶ木製のソリ。長さ90cmほどの丸太または竹を何本か地面に並べ、その上を滑らせるように移動させます。500kg ～ 2t程度の石を運搬できました。山中で巨石を修羅に積み、枕木を敷いた修羅道を使って運搬するようすが描かれた史料もあります。修羅に取りつけられた太い綱を70人ほどで引っぱり、前方で白旗を持つ人や大扇を振りかざす人が150人の人夫を鼓舞する場面も。修羅が急峻な斜面を暴走し、下敷きになって負傷する人も多かったようです。

春風亭昇太
【しゅんぷうていしょうた】㊇

芸能界きっての城好きで知られる落語家。とくに中世の山城が大好物。「落語家になっていなかったら城郭研究者になっていたかも」と語るほどの猛者で、研究者も驚く知識と訪城数を誇りつつ、一方で城の魅力を少年のような目で楽しくわかりやすく語ります。城のTV番組への出演はもちろん、全国各地で城イベントに出演。自作の足軽衣装もステキです。生誕地は江尻城（静岡県清水市）の二の丸跡、という城の申し子。

ジョイント【じょいんと】

天守や櫓などは、釘や接着剤を使わず、形状の違う部材を組み合わせて接続しています。長さ方向に木材を継ぎ足す技法は「継手(つぎて)」、角度をつけて直交方向に接合する技法は「仕口(しぐち)」。継手や仕口の種類はかなり豊富で、パズルのように複雑な組み合わせもあります。

突き付け

2つの材を突き合わせるだけの基本形。

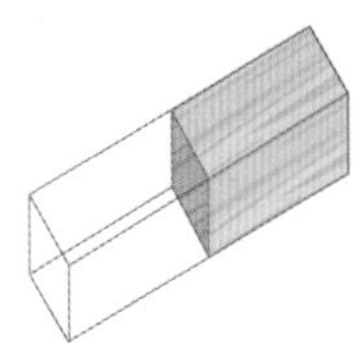

殺ぎ(そぎ)

材の木口(きぐち)を斜めにして合わせたもの。

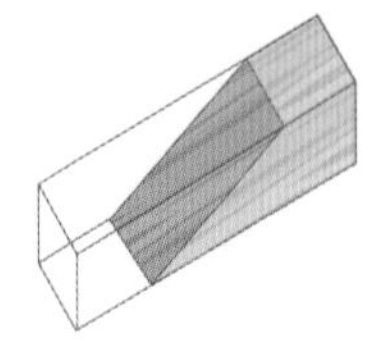

相欠き(あいかき)

L字型に接合した典型的な形。木口に段差をつけ、2材を釘で縫いとめるときに用いるもの。

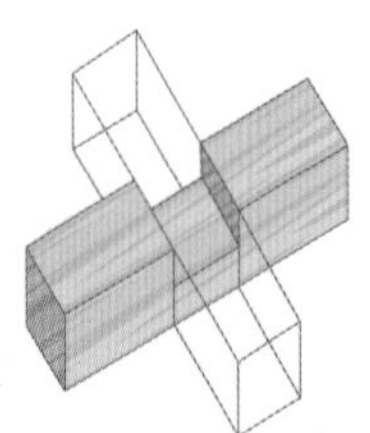

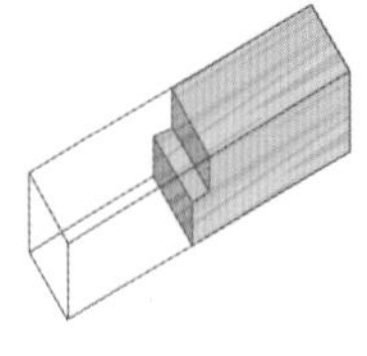

枘(ほぞ)

中央に凹凸部をつけて差し込んで継ぐもの。引っ張り以外の力に抵抗する典型で、荷重によって圧縮されるT型やL型の接合部分に用いられる基本形。

目違い(めちがい)

凸のような突起をつけて合わせるもの。化粧材の狂いのおさえ、構造材の補強、ずれ方向の制限などの多様な役割を担います。

蟻と鎌(ありとかま)

代表的な継ぎ手。突起部の先端が開いて台形になっているのが「蟻」で、突起部が蛇(へび)の頭のような形に出っ張るのが「鎌」。「腰(こし)掛(か)け鎌(かま)継(つ)ぎ」は土台や桁(けた)などの横架材(おうかざい)に、「腰掛け鎌継ぎ」は桁や棟木(むなぎ)に使われます。

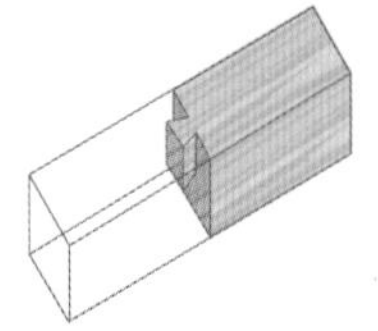

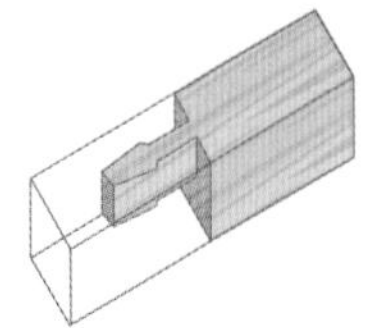

追掛け大栓継ぎ(おっかけだいせんつぎ)

相欠きにあごを付けた継ぎ手の1つ。継手の中では強固で、桁や母屋(おもや)、梁(はり)などの継手として用いられます。

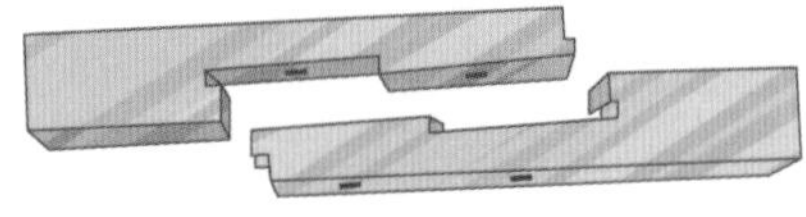

金輪継ぎ(かなわつぎ)

同形の1つの材をT字形の目違いをつけて組み合わせ、隙間に込み栓を打ち込んで固定するもの。桁の継手や柱の根(ね)継ぎなどに用いられます。

地獄ほぞ(じごくほぞ)

仕口の代表例。ほぞにノコギリで引き込みを入れて楔(くさび)の頭を出したままほぞ穴に叩き込むと、楔が穴底で押し込まれて食い込み、ほぞ先が扇形に広がり抜けなくなるしくみ。

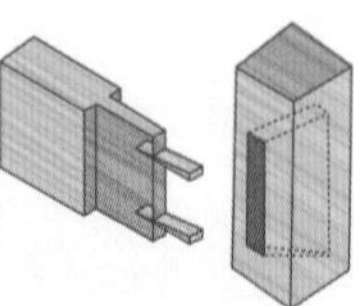

城下の盟【じょうかのめい】

敵に城下（首都）まで攻め入られてする、屈辱的な降伏の約束のこと。

城下町【じょうかまち】専

江戸時代の城下町は、城を中心として「侍屋敷（侍町）」「町家（町人地）」「寺町」の3つが、外側に向けて並びます。城を中心に侍屋敷が置かれ、城下を通る街道の両側に町家が建てられ、城下町の端に寺町が設けられました。城下町全体を軍事的・経済的・政治的な中心地とするため、これらを計画的に配置する「町割」がなされました。

侍屋敷（侍町）

内郭に配置される、家臣の屋敷。上級武士ほど城の中心部から近く、身分に応じた規模と格式の屋敷でした。家老や上級武士の侍屋敷は城の二の丸や三の丸にあり、正面には巨大な長屋門が構え、庭園も備えます。中級武士の屋敷はその外側に構えられたやや小規模なもの。足軽はもっとも外側に長屋を建てて、共同住宅とするケースが多くみられます。

寺町

城下町のいちばん外側に、集中的に配置された寺院群。寺院は有事の際は駐屯地になるため、城下町の第一防衛線とされました。1615（元和元）年の武家諸法度公布以降は、わざわざ寺院を移転し、意図的に寺町を形成していたようすが各地でうかがえます。

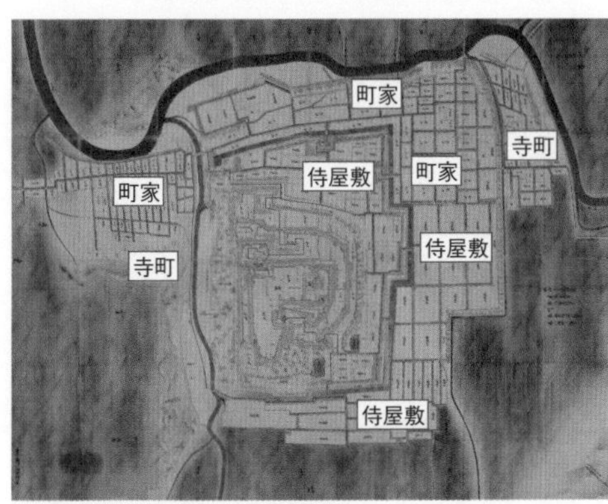

美作国津山城絵図（国立公文書館所蔵）

町家（町人町）

城下町を通る街道の両側に建つ、商工業者の家屋。基本的に、間口が広く奥行きが長い短冊型。敵が城下町に侵入した場合に視界を遮り進軍を阻む防御壁となるため、隣同士に隙間を設けません。道筋が鉤の手に屈曲したり、袋小路を設ける工夫も。商人や職人が職種ごとに同じエリアに居住していたため地名や町名に名残があり、呉服町や魚町などは商人地、鍛冶町や紺屋町などは職人地、伝馬町や人宿町などは運送業者の集住地です。造り酒屋や米屋を営む大商人は、他藩の大名の宿泊施設「本陣」や「脇本陣」を務めました。

昭君の間【しょうくんのま】

熊本城本丸御殿の大広間で最高格式の部屋。中国前漢時代の悲劇の美女・王昭君の物語が壁や襖に描かれています。「将軍之間」の隠語で、築城した加藤清正が豊臣秀頼を迎え入れるために用意したという説も。

城塞都市カルカソンヌ
【じょうさいとしかるかそんぬ】㊁

世界遺産登録されている、フランスの城塞都市。「城塞都市」とは、城壁で囲んで堅固に防御した都市のこと。島国の日本とは違い隣国が隣り合う世界の国々では、当たり前のようにつくられました。カルカソンヌは二重の城壁に囲まれ、全長約3kmの城壁には53の塔が建っています。

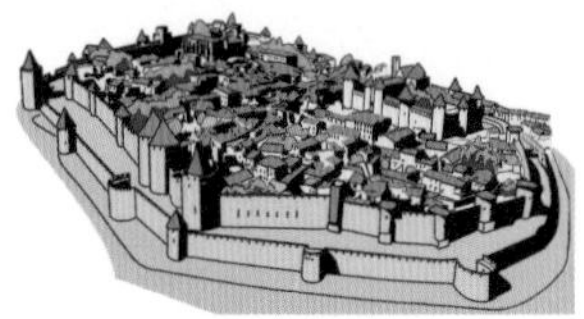

上水【じょうすい】

飲用などの生活用水を供給する水道のこと。1654（承応3）年に開設された玉川上水（たまがわじょうすい）は、全長43kmの上水道。取水口の羽村（はむら）から江戸の四谷大木戸（よつやおおきど）までの高低差は92mしかなく、木樋（もくひ）（→P177）で江戸城および城下に送水されました。江戸のインフラ整備は、世界に誇る技術力。17世紀半ばに地下式上水道としては世界最大の上水道となり、総延長は150kmに及びました。

城舟体験【じょうせんたいけん】㊁

高松城の内堀（うちぼり）でできる、遊覧船に乗りながらの鯛（たい）の餌やり体験。瀬戸内海に面した海城だった高松城には内堀と中堀（なかぼり）に海水が引き込まれ、鯛の群れが悠々と泳いでいます。

城代と城将【じょうだいとじょうしょう】

城代は代理の城主、城主を任された家臣。城将は、城を守る大将のこと。

正保城絵図【しょうほうしろえず】㊅

1644（正保元）年に3代将軍・徳川家光（とくがわいえみつ）が諸藩に命じて作製させた絵図。城を中心とした軍事施設が主題とされ、城内の建造物、石垣の高さ、堀の幅や水深などの情報、城下の町割や山川の位置・形も詳細に記されています。江戸時代の城の全体構造がもっとも忠実に描かれた史料といえ、現在失われてしまった天守の存在や姿を知ることができます。

和泉国岸和田城図（国立公文書館所蔵）

諸国古城之図【しょこくこじょうのず】

広島藩主の浅野家に伝えられた、城絵図集。東北から九州まで177枚の絵図に古城が描かれ、江戸時代初期に廃城になった城の姿を知る、貴重な史料となっています。

仕寄り【しより】専

城を攻めるとき、近づくために構築する塹壕や盾、堀などのこと。または接近する行為。城から放たれる鉄砲や弓矢を避けるため、竹束や盾などの防御壁を互い違いに構築して、少しずつ城へ攻め寄ります。

城グッズ【しろぐっず】エ

切手やカード、スタンプ、古絵図をあしらった包装紙など、収集している城グッズは人それぞれ。私は陶器製の天守型ボトル、城ゆかりの酒ボトルをコレクションし、玄関に並べています。来客は立ち止まり、宅配便のお兄さんにはチラ見されます。

城旅へようこそ【しろたびへようこそ】

朝日新聞デジタル&TRAVEL内の拙連載。2016（平成28）年から、訪ね歩いた全国の城の魅力を毎週お届けしています。「城旅」は、2011（平成23）年に拙著のタイトルで用いた造語。通じるか悩みましたが、いまや周知されてうれしい限りです。

城ドラ【しろどら】エ

1,350万ダウンロードを突破したスマートフォン用ゲームアプリ「城とドラゴン」の略称。キャラクターを強化して全国の城主と対戦する、リアルタイム対戦ゲーム。

城の日【しろのひ】エ

4月6日。入城無料になる城もある、城ファンにとっては特別な日です。

城のモナカ【しろのもなか】食

天守石垣サブレ、石垣チョコ、おしろ焼きなど城スイーツは数あれど、チェックしたいのが天守や櫓の形をしたモナカ。食べる直前に自分で餡を詰める遊び心のあるタイプなど、趣向が凝らされバリエーション豊かです。小田原種秀（小田原市）の「小田原城最中」や御菓子司藤屋（松本市）の「お城最中」、松栄堂本店（犬山市）の「お城もなか」のように、城内の建物のフォルムを象ったモナカもあれば、どこかの企業が発売しているおなじみの三重天守型も。小谷城や八王子城など、天守がなかった城のモナカも全国に数多くあり、わりとやりたい放題です。上田城の櫓門を象った田毎庵の「信州上田城櫓門最中」は、もはやアート。

シロノワール【しろのわーる】食

名古屋発の喫茶店チェーン、珈琲所コメダ珈琲店の人気デザート。城攻めの帰り道にシロノワールをキメたり、シロノワールを味わいながら城トークに花を咲かせる人もいます。

城風【しろふう】㋓

城ポスト

松山城や彦根城の近くにあり。

電話ボックス

三原城内の隆景広場、丸亀城の近くにあり。

お菓子の壽城

鳥取県米子市にあるお菓子屋さん。愛知県犬山市、栃木県日光市、栃木県那須町などにも「お菓子の城」があります。長野県飯田市の「お菓子の里・飯田城」石川県加賀市の「御菓子城・加賀藩」なども有名。

お城 森八

東京都墨田区にある和菓子屋さん。化粧箱のイラストは大名行列。

青翰堂

松本城近くのビルの合間に立つ名物古書店。2020年に閉店。

天鷺ワイン城

秋田県由利本荘市にあるワイン工場。亀田城を見下ろす高城山にあります。2022年3月で惜しくも業務終了。

岸和田サービスエリア下り線

阪和自動車道のサービスエリア。岸和田城をモチーフにした貯水槽があります。

城持大名【しろもちだいみょう】(専)

江戸時代における、大名の区分のひとつ。城が持てるかどうかのラインは、おおむね3万石が基準。3万石以上は、1国以上を領有する「国主（国持大名）」やそれに準じる「準国主」、そして「城主（城持大名）」に分かれました。3万石以下は、大藩から独立または陣屋から昇格した「城主格」、城ではなく陣屋を構えた「無城（陣屋大名）」に分かれます。

城ラマ【しろらま】㋓

お城ジオラマ復元堂が発売する、城郭復元ジオラマ。現地調査をもとに、地形を含めて城全体を精密に再現。TV番組『タモリ倶楽部』にも登場しました。

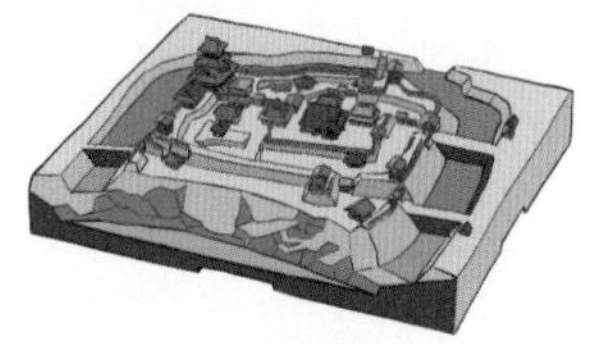

城を枕に討ち死に【しろをまくらにうちじに】

城と運命をともにする覚悟を表した言葉。これぞ、武将の心意気と誉れ。しかし実際には、勝ち目がないと判断した場合は自焼（自ら城や館を焼くこと）してトンズラするケースも珍しくありませんでした。

信玄公の隠し湯【しんげんこうのかくしゆ】(伝)

長野県、山梨県、岐阜県など、武田信玄の領内に数多くある温泉のこと。傷ついた将兵や金山で働く人々の湯治に使ったといわれます。信玄の居城・武田氏館のほか、海津城や川中島合戦場の近くに多くあります。

人骨【じんこつ】

意外にも、落城した城からはほとんど出土しません。戦いの後に弔っていたようです。ただし、島原・天草一揆（→P99）で籠城した一揆軍を埋めた原城からは多くの人骨が見つかっています。頭部は切断して別の場所で晒されたため出土せず、足には逃げられないようにつけられた刀傷が残ります。九戸政実の乱で落城した九戸城からも、斬首された女性の人骨が出土。大坂城三の丸では、堀を埋める作業中に亡くなったとみられる人の人骨が、数珠や六文銭（→P196）とともに発見されています。

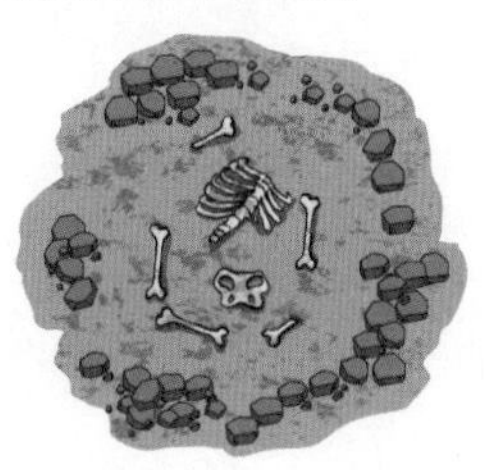

シンデレラ城【しんでれらじょう】㋓

ディズニーパークのランドマーク。ドイツのノイシュヴァンシュタイン城がモデルとされますが、ユッセ城、フォンテーヌブロー城、シャンボール城などのほか、ヴェルサイユ宮殿もモデルのようです。

心霊スポット【しんれいすぽっと】(伝)

秀吉による殲滅戦があった八王子城（東京都八王子市）は超定番。落城日の6月23日に足を踏み入れると、むせび泣く声が聞こえ、武者の亡霊に出くわすとか……。八王子城攻めは、秀吉にとって北条氏へのトドメの一手。城内の女性や子どもが首を切り身を投げた御主殿の滝は、三日三晩赤く染まったといわれます。麓の村では、城山川の水で米を炊くと赤く米が染まったという伝承があり、小豆汁で米を炊く赤飯を炊いて供養をする風習があるそう。

水軍【すいぐん】

船に乗って戦闘する海の武士団、海賊衆のこと。紀州の熊野水軍（後の九鬼水軍）、瀬戸内で勢力を誇った村上海賊（村上水軍、後の毛利水軍）、伊豆半島の伊豆水軍（後の北条水軍）など。因島水軍城（広島県尾道市）は、村上水軍の資料を展示した城型資料館。天守風建造物の壁に、巨大な碇のマークがあしらわれていて衝撃です。

水洗トイレ【すいせんといれ】

秋田城で見つかった、奈良時代後半の水洗トイレ。便槽から滑り台のように木樋を通して汚物を流し、先端部の沈殿槽に溜めた上澄みだけを流すしくみ。堆積物から古代人の食生活が科学分析できるのもおもしろいところです。

スイッチバック・レールウェイ【すいっちばっく・れーるうぇい】

広島城で1591（昭和26）年に開催された体育文化博覧会で、アトラクションとして設置された木製ジェットコースター。博覧会のために建てた仮設の木造天守の東側から出発し、本丸上段をまわったそうです。仮設天守は、広島国体終了後に解体。わずか半年だけ存在した幻の天守でした。

スジャータ【すじゃーた】(エ)

めいらくグループのポーション型コーヒーフレッシュ。上蓋に120種類の城がデザインされた「日本の城」シリーズや「日本の城と武将」シリーズが過去に限定発売されました。コーヒーを飲まないくせに買ってしまい処理に困る城ファンが続出。裏面に豆知識が書かれていたのも、オタク心をくすぐりました。

隅頭石【すみがしらいし】(専)

グスク（→P75）の石垣にある、ぴょこっと上向きになった隅角部のこと。首里城や中城城、今帰仁城などで見られます。

隅脇石【すみわきいし】㊕

算木積み(→P95)の短辺部の脇に置かれた石材のこと。短辺部とほぼ同じ大きさの石が用いられました。隅角部の根石の上に乗せる石は「一番角石」、その上は「二番角石」、「三番角石」といいます。

相撲【すもう】㊑

土俵の上で力士が組み合って戦う武道。起源は7世紀。鎌倉時代には武士のたしなみとして奨励され、室町時代にはプロが登場したようです。信長は相撲好きで、1578(天正6)年には安土城内で1,500人もの力士を集めた大相撲を開催しています。

西南戦争【せいなんせんそう】㊓

1877(明治10)年に起こった、西郷隆盛率いる薩摩軍と明治政府軍(官軍)との内戦。薩摩軍は鹿児島城背後の城山(上山城)に立て籠もるも、敗戦。鹿児島城の虎口には銃痕が残り、戦いの生々しさを伝えます。政府軍が籠もった熊本城は、築城から約270年を経て堅城ぶりを証明。薩摩軍は鉄壁の防御を前に、誰ひとり城内に侵攻できませんでした。隆盛が「官軍に負けたのではなく、清正公に負けたのだ」と嘆いたエピソードが残ります。

世界遺産【せかいいさん】

ユネスコに登録された文化遺産や自然遺産のこと。日本の城では、姫路城が1993(平成5)年に奈良の「法隆寺地域の仏教建造物」とともに日本初の世界文化遺産に登録。ほか、「古都京都の文化財」として二条城、「琉球王国のグスク及び関連遺産群」の構成資産として5つのグスク(→P75)、「長崎と天草地方の潜伏キリシタン関連遺産」として原城が登録。「石見銀山遺跡とその文化的景観」には3つの城(矢滝城・矢筈城・石見城)、「明治日本の産業革命遺産 製鉄・製鋼、造船、石炭産業」として萩城下町が構成資産に含まれています。

関ヶ原の戦い【せきがはらのたたかい】㊓

1600(慶長5)年、徳川家康率いる東軍と石田三成率いる西軍が関ヶ原で激突した戦い。勝利した家康は政治的実権を握り、江戸幕府を開府しました。小早川秀秋の陣城・松尾山城は設計力が高く、事前の寝返りが読み取れます。また、毛利秀元が布陣した南宮山の陣城から関ヶ原が見下ろせないことなどから、西軍は大垣城での籠城戦を想定していたことがうかがえます。

赤色立体地図

【せきしょくりったいちず】㊟

アジア航測株式会社により開発された、立体表現手法。航空レーザ測量（→P78）で計測したデータで作製した立体地図です。傾斜量が赤色の彩度、尾根谷度が明度で調製され、地形の凸凹が可視化され直感的に理解できます。山城調査にも導入され、肉眼では気づかない遺構がしっかり表現されることから、解明の強力な新兵器に。安土城では新たに曲輪が見つかり、飯盛城（大阪府大東市・四條畷市）では、石垣が城の全域に及ぶことが判明。新しい城が見つかる大発見も増えています。

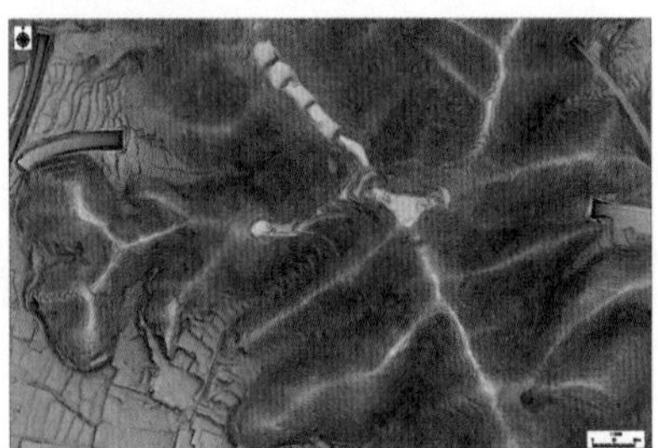

国吉城址赤色立体地図　提供：若狭国吉城歴史資料館

切羽詰まる【せっぱつまる】

物事が差し迫り、どうにも切り抜けられなくなる故事ことわざ。窮地に追い込まれたとき、日本刀の鍔に添える金物「切羽」が詰まると刀が抜けなくなることから。「背水の陣」も同義。中国の楚漢戦争で韓信が敵の城を攻める際、兵を川の前に配置して逃げられない状況に追い込み、決死の覚悟で戦わせて勝利したエピソードが由来。

戦国オールスターズ

【せんごくおーるすたーず】

文禄・慶長の役（→P156）で日本軍の拠点となった名護屋城には、全国の有名武将が大集結。城の周囲3km内には、彼らがそれぞれ構えた130か所以上の陣屋がありました。名護屋城は秀吉の命により、黒田長政、加藤清正、小西行長ら城づくりの達人が約5か月で築城。面積は約17万haにおよび、五重の天守、能舞台や茶室もある大城郭でした。城下町には武士や商人などが行き交い、人口20万がひしめく大坂に次ぐ一大都市を形成していたようです。

西肥名古屋城豊太閤陣営之図（国立国会図書館所蔵）

戦国魂【せんごくだま】㊢

戦国グッズ専門店。城グッズも多数あり、デザインやネーミングもセンス抜群。私は攻城用帽子「HAT THE SIEGE」に一目惚れし、愛用しています。姫路城、彦根城、上田城、熊本城の石垣が取り入れられたデザインで、質も実用性も○。

千田嘉博【せんだよしひろ】㊅

NHK BSプレミアム『絶対行きたくなる！ニッポン不滅の名城』、NHK『絶対行きたくなる！日本不滅の名城』などでおなじみの城郭考古学者。ものすごい業績を持つ研究者ながら、おちゃめなお人柄とエンターテイナーのような楽しくわかりやすい解説で大人気。

千人殺し【せんにんごろし】㊍

延岡城（宮崎県延岡市）にある石垣のこと。最下部の隅角石を外すと一気に崩落して1000人の敵兵を殺せるといわれますが、近代以降の創作話。史実ではありません。

扇面流図【せんめんながしず】㊕

水面に扇を流すようすをデザインした図案。名古屋城本丸御殿にある将軍専用浴室の湯殿書院は、襖絵が扇面流図。湯上りの涼やかな空間を襖絵で演出するとは、なんとも粋で上品。

1047面【せんよんじゅうななめん】

名古屋城本丸御殿に残る、襖絵や天井板絵などの障壁画の数。本丸御殿が空襲で焼失する直前に取り外されて1,049面が焼失を逃れ、そのうち1,047面が重要文化財に指定されています。本丸御殿の復元において、顔料や材質などを科学的に分析して制作当時の色彩を忠実に再現する「復元模写」を実現する大きな手がかりとなりました。

線路【せんろ】

一定の幅がある堀跡は、線路や道路に活用されているケースが多数。水戸城の本丸と二の丸間にある空堀の堀底にはJR水郡線の線路が敷かれています。広島城の路面電車も、外堀跡を利用して走っています。

総構【そうがまえ】㊉

城と城下町を丸ごと囲む、防衛ラインのこと。代表例は、北条時代の小田原城の総構。外郭を囲む総延長約9kmの土塁と堀が断片的ながらよく残り、ほぼ1周歩けます。3本の堀切（東堀・中堀・西堀）がある小峯御鐘ノ台大堀切、とりわけ東堀は圧巻。おどい（→P57）も、京都を囲む総構。

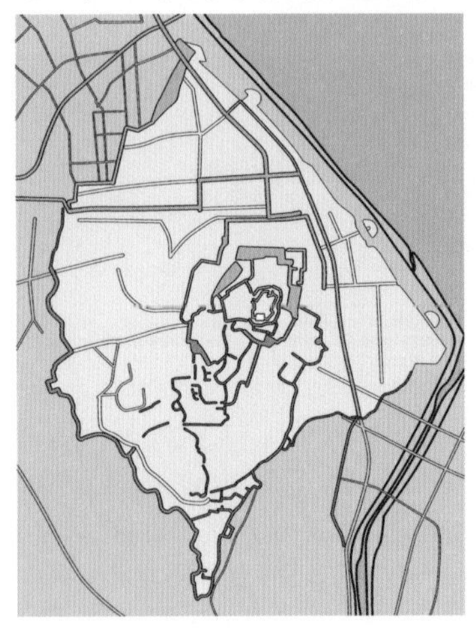

相続トラブル【そうぞくとらぶる】㊫

1578（天正6）年に上杉謙信が急死すると、2人の養子の間で家督争いが勃発し、血みどろの内部抗争「御館の乱」に発展しました。景虎は先手を打ち春日山城（新潟県上越市）の金蔵や兵器蔵を接収。景虎は御館に移り体制を整えましたが、最後は景勝が勝利しました。御館は、謙信が関東管領の上杉憲政を迎えた際に居館として建てた関東管領館でした。

礎石【そせき】㊉

柱などの下に据える、建造物の重量を地面に伝える平たい石。小さな櫓では1～2個、多くても10個ほど。大きな天守の場合は約2m間隔で前後左右にびっしりと並べられました。安土城天主台には、直径50cmほどの礎石が等間隔に整然と並びます。2尺（約60.6cm）四方ほどの礎石の上に、碁盤の目のように土台を設けて柱を立てるのが一般的。日本の城の建物は掘立柱建物（→P159）でしたが、礎石建物へと主流が変化しました。

外堀を埋める【そとぼりをうめる】

城を攻めるときは、まず外側の堀から埋めるのが常識。転じて、「目的を達成するためには周辺の問題から片付ける、周囲の人間から味方につける」という意味。

城と私②

城は最強の趣味！次はどこ行こう

落語家
春風亭昇太

人類は現在地球上で大繁栄している生き物のひとつだけれど、人類繁栄の要因となったのは間違いなく、群れで暮らすという生き方を選んだからだ。

ひとりではか弱く小さな存在の人間は、集団生活をすることで自分より強い生き物を狩り、身を守ってきた。その相手が動物だけではなく他の人間の集団も対象になってくると、なるべく安全な場所が欲しくなる……。それが城の始まり、ということになるのだろう。

城は人間が集団で生きてゆくために絶対的に必要な場所で、城を築くことは人間の宿命だったのだと思う。日本でも、縄文時代後期の「環濠集落」から第二次世界大戦中の「トーチカ」や「要塞」まで、様々なタイプの「城」が造られてきた。

昨今の城ブームは、〈天守＝城〉といった前時代的なステレオタイプの話ではなく、多種多様な城の存在が理解されて生まれたものだと思う。

最初はキレイな天守でいいと思う。でもその先に石垣、さらに堀、土塁、城の縄張、城にまつわる武将。城の魅力を語るパーツがたくさん待っている。そこに、各地の城見学の前後に訪れる日本中のグルメやお酒、鉄道に写真などなどプラスしていけば、最強の趣味になること間違いなしだ。しかも日本全国に数万有るので探すのに苦労はしない。

はぁ……どうしよう。書いてたら行きたくなってきた。次はどこのお城に行こうかな……。

静岡の名城、山中城にて

春風亭昇太（しゅんぷうてい・しょうた）
独自の昇太ワールドで高い評価を得る落語家。長年の城巡りの知識を生かして城イベントへの出演も多い。落語芸術協会会長。

お城にまつわる名作❸

日本映画編

「蜘蛛巣城　<東宝DVD名作セレクション>」
DVD発売中
発売・販売元：東宝
©1957 TOHO CO.,LTD

蜘蛛巣城

1957（昭和32）年公開の黒澤明監督作品。シェイクスピアの戯曲『マクベス』を戦国時代に置き換えた、奇才らしいテーマ。西洋の物語に日本の伝統美「能」が融合した美しい映画です。単なるチャンバラ合戦に留まらない迫力も見事。

監督：黒澤明
出演：三船敏郎、山田五十鈴、志村喬、千秋実、久保明 ほか

モノクロの美しい映像は水墨画のよう

『引っ越し大名！』
好評発売中
DVD価格：5,170円（税込）
発売販売元：松竹
©2019「引っ越し大名！」製作委員会
※2021年11月時点の情報です

引っ越し大名！

生涯7度の国替えをして“引っ越し大名”と呼ばれた松平直矩をモデルにした、土橋章宏の小説の映画化。総責任者・引っ越し奉行に任命された姫路藩書庫番の片桐春之介が、超難関事業を成し遂げるべく奮闘します。姫路城がたくさん出てきます。

監督：犬童一心
出演：星野源、高橋一生、高畑充希、小澤征悦、及川光博 ほか

野村萬斎振付の『引っ越し唄』が楽しい

・のぼうの城
・DVD & Blu-ray 発売中
・DVD 2,200円（税込）　Blu-ray 2,750円（税込）
・発売元　アスミック・エース
・販売元　ハピネット・メディアマーケティング
・©2011『のぼうの城』フィルムパートナーズ

のぼうの城

和田竜の歴史小説が原作。石田三成率いる秀吉軍による忍城攻めを描いた物語。水田や池で囲まれた忍城を水攻めにしようとするも、失敗。秀吉の関東攻めで唯一落とせずに終わった戦いでした。三成が陣を置いた丸墓山古墳には、石田堤が残ります。

監督：犬童一心、樋口真嗣
出演：野村萬斎、佐藤浩市、榮倉奈々、成宮寛貴、上地雄輔、山田孝之、市村正親 ほか

忍城が一躍メジャーになりました

訪れたことのある城が画面に映し出されると、ちょっとうれしい。
「プロはこんなに美しく撮れるんだなあ」と感服したりも。
デフォルメされた城にも製作者のリスペクトが感じられ感激します。

るろうに剣心

日野城は
もはや
剣心の城！

和月伸宏の漫画を原作とした実写シリーズ。近江八幡城下の八幡堀、鳥取城二の丸に建つ仁風閣、彦江城などがロケ地に。とくに、緋村剣心と四乃森蒼紫の対決が撮影された蒲生氏郷の日野城は、ファンの聖地。清里明良の暗殺シーンは姫路城内の好古園。

監督：大友啓史
出演：佐藤健、武井咲、吉川晃司、蒼井優、
青木崇高、江口洋介 ほか

DVD「るろうに剣心」通常版
発売／販売元：アミューズソフト
価格：3,121円（税込）
© 和月伸宏／集英社
©2012「るろうに剣心」製作委員会

ルパン三世 カリオストロの城

私の心も
盗まれました

1979年に公開された、宮崎駿監督の初監督映画作品。カリオストロの城は、イタリアのサン・レオ城、ドイツのリヒテンシュタイン城、フランスのモンサンミッシェルなどがモデルとか。ちなみにカリオストロ伯爵は実在し、サン・レオ城に投獄され亡くなっています。

脚本・監督：宮崎駿
声の出演：山田康雄、小林清志、井上真樹夫、増山江威子、納谷悟朗、島本須美 ほか

『ルパン三世　カリオストロの城』
脚本：宮崎駿　山崎晴哉
4K ULTRA HD Blu-ray
¥8,580
発売中
発売元：バップ
原作：モンキー・パンチ ©TMS

銀魂 2 掟は破るためにこそある

笑いあり涙あり。
伊東鴨太郎が
かっこいい！

空知英秋の漫画、実写版第2弾。幕末、パラレルワールドの江戸を舞台に奇想天外な騒動が巻き起こります。坂田銀時が人斬り万斉とド派手なバトルを繰り広げるのは、近未来的でハイブリッドな江戸城。五重の天守は寛永天守と豊臣大坂城がモチーフか？

脚本・監督：福田雄一
出演：小栗旬、菅田将暉、橋本環奈、柳楽優弥、三浦春馬、窪田正孝、吉沢亮、長澤まさみ ほか

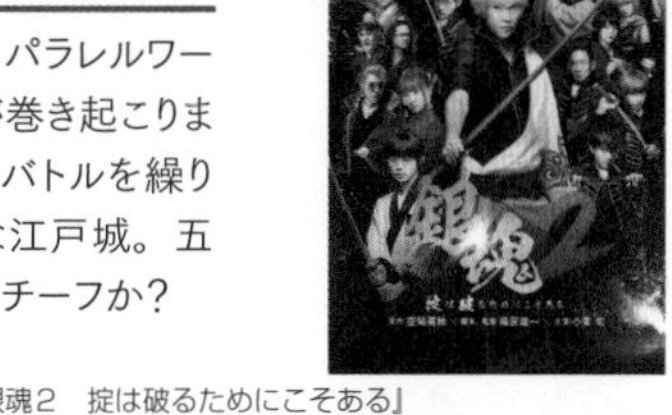

『銀魂2　掟は破るためにこそある』
ブルーレイ 5,489円（税込）／DVD 4,389円（税込）
発売元：ワーナー・ブラザース ホームエンターテイメント
販売元：NBC ユニバーサル・エンターテイメント
©空知英秋／集英社 ©2018 映画「銀魂2」製作委員会

太鼓壁【たいこかべ】専

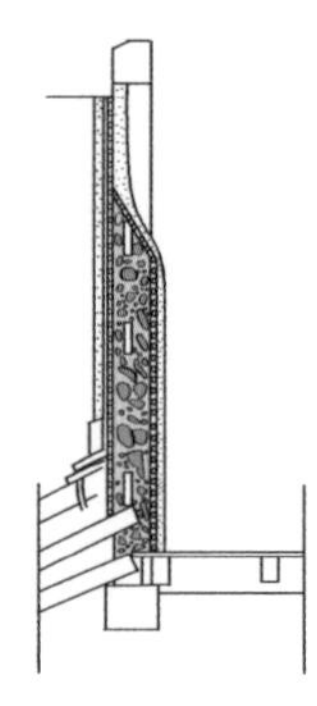

2つの土壁を太鼓のように間隔を開けて並べ、隙間に瓦礫や小石、瓦などを詰め込んだ厚く頑丈な壁のこと。大砲(大筒)が使われるようになると普及しました。金沢城の石川門付近に残る「太鼓塀」も、同じ構造の土塀。津山城(岡山県津山市)の土塀には、築城時に藩士の妻女が川原で拾い集めた小石が詰め込まれたという逸話があります。

大政奉還【たいせいほうかん】歴

江戸幕府15代将軍・徳川慶喜が、政権を朝廷へ返上したこと。1867(慶応3)年10月13日、慶喜は二条城の二の丸御殿で大政奉還の意思を表明し、翌々日に成立しました。

高橋英樹【たかはしひでき】人

数多くの時代劇に出演する名俳優。綿密な役作りを通じて、歴史・城好きになったとか。NHK大河ドラマ『国盗り物語』で信長を演じた際には、名古屋や岐阜などに足繁く通い、岐阜城に朝から晩までいたことも。近年は歴史・城番組でもおなじみです。

高窓【たかまど】専

鉄砲の煙を排出するための、小さな引き戸の窓のこと。「煙出し」ともいいます。

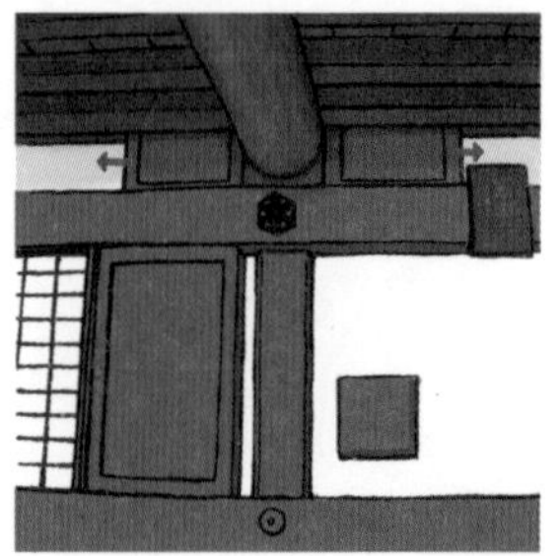

竹束【たけたば】専

矢や銃弾を防ぐための盾として使う、竹を切り揃えて束ねたもの。竹束を木組みにセットしたものは「竹束牛」といいます。

蛸石【たこいし】

大坂城の桜門枡形にある、日本一大きな「鏡石」。鏡石は城門の前などに置かれたアイストップ的な巨石のことで、訪れた人に力を見せつけます。蛸石は、縦5.5m×横11.7m、重量は108t。よくぞ運んだと感激しますが、意外にも薄っぺらく、奥行きは90cmほどしかありません。

伊達四十八館【だてしじゅうはちたて】

仙台藩が採用した地方知行制（ちほうちぎょうせい）。上級の家臣を7つの家格に分類し、土地を与えて直接支配を認めました。居館の配置制度は、城・要害（ようがい）・所（ところ）・在所（ざいしょ）の4種類に分別された独自のもので、仙台藩48城制とも。48どころか、最終的には99ありました。

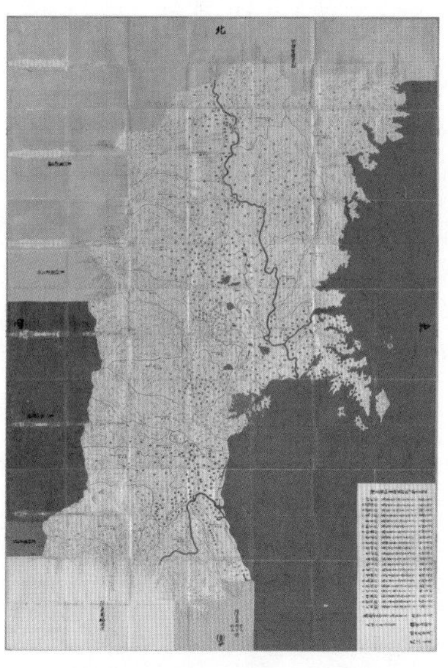
天保国絵図 陸奥国仙台領（国立公文書館所蔵）

竪堀【たてぼり】㊕

山の斜面と平行に掘られた空堀（からぼり）のこと。敵の横移動を阻止し、敵の進路を縦一直線に限定できます。山城における城兵の利点は、常に上から敵を見下ろせ、攻撃できること。敵が1列になって堀底（ほりぞこ）または堀の間を登ってくれれば、斜面の上から効率よく迎撃できます。堀切（→P160）の両端が、尾根の斜面に沿って竪堀となっていることもあります。

畝状竪堀（うねじょうたてぼり）

竪堀を山の斜面に何本も連続して並べたもの。「畝状竪堀群（うねじょうたてぼりぐん）」「連続竪堀群（れんぞくたてぼりぐん）」とも。敵の侵入路になりそうな緩斜面などに設けられ、数十本の竪堀が執拗なまでに掘り込まれているケースもあります。山の斜面を引っ掻いたような、ダイナミックな姿は圧巻です。

畝状竪堀

食べられる壁【たべられるかべ】

餓死寸前の経験をした加藤清正（かとうきよまさ）は、熊本城の籠城の備えを重視。なんと壁には干瓢（かんぴょう）、畳には芋茎（ずいき）が使われていました。芋茎は里芋（さといも）などの葉柄のこと。アク抜きなどに手間がかかるため現在は高級食材として料亭などで使われますが、戦国時代には代表的な兵糧のひとつでした。

玉ねぎ【たまねぎ】

寺社の階段や橋、天守の高欄（こうらん）（→P24）の柱の上に置かれた装飾。見た目は玉ねぎですが、正式には観音様やお地蔵様などが手に持っている宝珠を模した「擬宝珠（ぎぼし）」というもの。仏教においては仏の象徴で、柱の頂部を腐食から守る役割もあるようです。鳥取城では、正面玄関にあたる大手登城路にかかる擬宝珠橋が復元されています。

田村淳【たむらあつし】㊟人

TV番組『おしろツアーズ』で先生として城の魅力を伝えていた城好きタレント。犬山城がいちばん好きと公言したことを機に犬山観光特使に。日本城郭検定3級。

チームラボ【ちーむらぼ】㊟エ

アーティスト、数学者、建築家などさまざまなジャンルのスペシャリストによるアート集団。福岡城や高知城の石垣や襖を、デジタルテクノロジーによってそのままアートに。夜の城がインタラクティブな光のアート空間になりました。

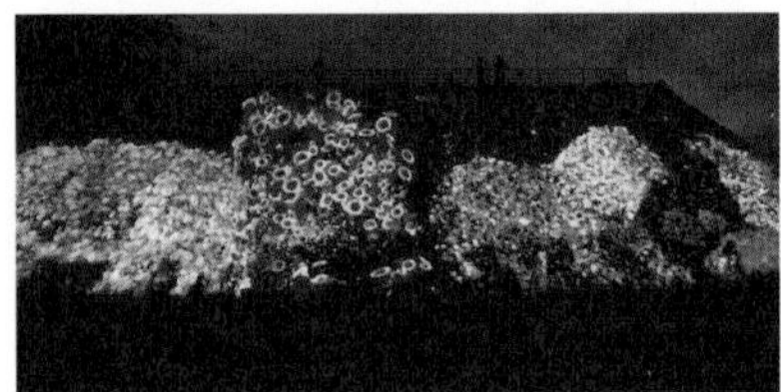

「チームラボ 福岡城跡 光の祭 2019-2020」福岡 舞鶴公園・福岡城跡 ©チームラボ

地下7.3m【ちかななてんさんめーとる】

秀吉が築いた大坂城の石垣が発見された場所。現在の大坂城は、豊臣家の滅亡後に徳川家が埋め立てた上で築城。1959（昭和34）年に本丸の地下7.3m地点で高さ4m以上の中ノ段帯曲輪の石垣が、1984（昭和59）年に金蔵東側で地表下1.1mに高さ約6mの石垣が見つかっています。後者の石垣を常時見学できる施設を建設すべく、大坂城豊臣石垣公開プロジェクトが進行中。

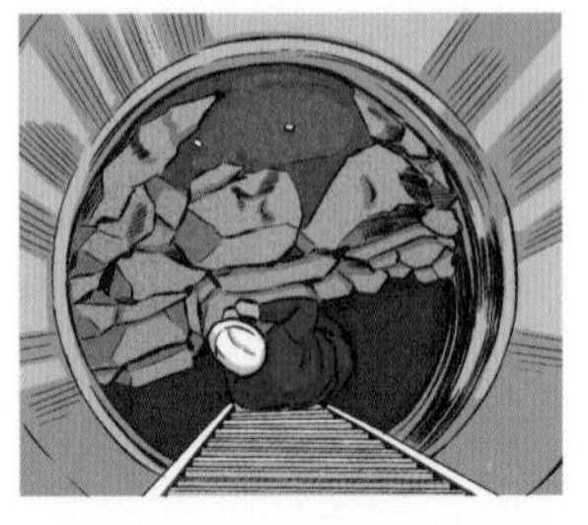

乳金物

【ちかなもの】㊟専

門扉や鏡柱から突き出した、金具の先端を隠す飾り。名前の通りの形です。お椀のような型から「饅頭金物」とも。

力攻め【ちからぜめ】㊟専

「火攻め」「水攻め」「兵糧攻め」などと並ぶ、城攻め方法の1つ。策略などを用いず、武力だけで正面から攻める戦法です。籠城側の3倍の兵力が必要とされ、犠牲も大きいのが難点。

築城ラッシュ【ちくじょうらっしゅ】

1598（慶長3）年頃から1615（元和元）年の一国一城令と武家諸法度の公布までは、空前の築城ブーム。1598年の文禄・慶長の役（→P156）の終焉から1600（慶長5）年の関ヶ原の戦いまでの2年間は、諸大名がこぞって城を強化。関ヶ原の戦い後は、家康による国替えにより名大名が新領地で城を築き、自国の強化に奔走しました。

血天井【ちてんじょう】(伝)

武将の血痕がついた、建物の床板や縁板を張った天井のこと。養源院や源光庵など、京都市内の寺院には伏見城の戦いで自刃した家臣の血痕が残る床板と伝わる血天井が。どれも学術的な裏付けはありません。

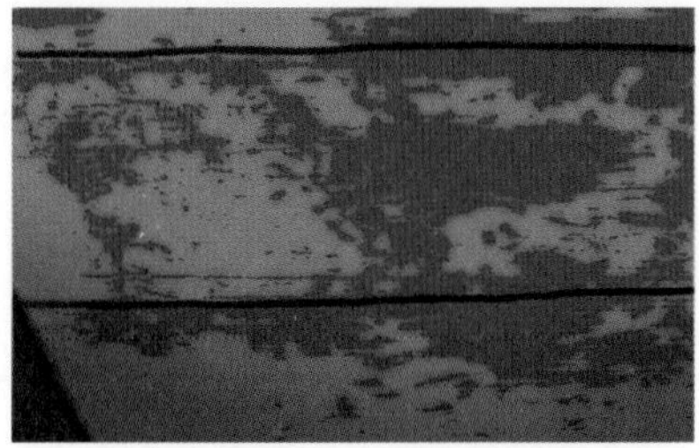

チャーハン【ちゃーはん】

鳥取城の天球丸にある「巻き石垣」と呼ばれる球面の石垣のこと。石垣の崩落を防ぐため江戸時代の終わり頃に積まれ、絵図などを参考に復元されています。河川の護岸や堤防、港の突堤を築く際に用いられており、応用されたとも。北ノ御門跡付近にはミニチャーハンもあります。

茶釜と爆死【ちゃがまとばくし】(伝)

信長に2度も反旗を翻した、松永久秀の最期のエピソード。茶器のコレクターだった久秀は、信長に名器『古天明平蜘蛛』を差し出せば許すと言われるもそれを拒み、信貴山城（奈良県生駒郡平群町）で茶釜と心中。火薬を詰めて火をつけたとされますが、実際には切腹した上で城に火が放たれただけでした。「平蜘蛛は渡さない」という久秀の強い意志が招いた誤伝のようです。

チャシ【ちゃし】(専)

アイヌ語で「山の上に柵をめぐらせた施設」を意味する、蝦夷地（北海道）の砦や城の総称。江戸時代前期のシャクシャインと和人との争いの中でアイヌ民族が築いたとみられます。しかし、祭祀の場として使われるなど用途はさまざまで、起源はほかにもありそうです。

中国大返し

【ちゅうごくおおがえし】(歴)

本能寺の変での信長の死を知った秀吉が、明智光秀を討つために2万の大軍を率いて取って返した大強行軍のこと。備中高松城（岡山県岡山市）から京までの約230kmを、悪天候の中で約10日というスピードで走破しました。

超城合体タメノブーンV
【ちょうじょうがったいためのぶーんふぁいぶ】㋓

青森県弘前市のキャラクター。市内にある5つの城（弘前城・大浦城・堀越城・和徳城・石川城）が合体した巨大ロボです。弘前藩の祖・津軽為信から。テーマ曲を歌うのは、アニソン界のカリスマ、水木一郎。作詞は城好きの落語家、春風亭昇太という夢のコラボです。イベントで生歌を聴いたときは鳥肌が立ちました。朝のリハーサルからものすごい声量&美声でした。

提供：弘前市

釿と鉋【ちょうなとかんな】

天守や櫓などの木材を削る工具。「釿」は刃に直角方向に柄がつくため「横斧」とも。竪斧、ノミ、槍鉋、キリ、木槌、金槌などとともに、おおむね飛鳥・奈良時代には揃っていたようです。16世紀後半に「台鉋」が登場すると、木材の表面を精巧に削ることが可能に。その後いろいろな種類が生み出され、精巧さが増していきました。

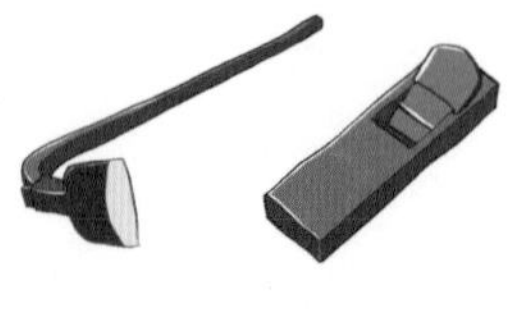

調略【ちょうりゃく】(専)

策略をめぐらせて敵を負かしたり、内通させること。孫子曰く、最善の戦いは戦わずして勝つこと。犠牲者を出さず、物資を使わず、兵力を温存することは大切で、城攻めの事前工作としてもとても重要でした。調略の名人といえば、毛利元就。宮尾城を築き勝利した厳島の戦いも、調略戦の結果といえるでしょう。

地理院地図【ちりいんちず】

国土地理院がインターネットで公開している地図。写真、標高、地形分類、災害情報など、あらゆる日本の国土の情報を自在に重ね合わせて閲覧可能。地形図や写真の3D表示、色別標高図も表示でき、山城めぐりの予習や復習にもとても役立ちます。

国土地理院標準地図

沈没【ちんぼつ】

江戸城に使う石材を運ぶ石船は、多いときには3,000艘が伊豆半島と江戸を月2回往復していました。沈没事故も多く、相模湾沿いの神奈川県逗子市や三浦市の海岸では、運搬中に沈没し海岸に打ち上げられたらしい石が見つかっています。東京都江東区にある東京海洋大学越中島キャンパス内には、運び込まれた石を荷揚げ・集積した施設があったと推定されます。

珍名城【ちんめいじょう】

昼寝城（香川県さぬき市）
まどろめそうですが、２度も攻められたバチバチの城。

霜降城（山口県宇部市）
おいしそう。城地の霜降岳は市民憩いの山。

猫城（福岡県中間市）
かわいい。山城のフォルムが、猫が背を高くしたり低くしたりしているように見えることから。

提供：中間市教育委員会

人首城（岩手県奥州市）
人首さんの城。髑髏は転がっていません。

提供：奥州市教育委員会

城城（千葉県佐倉市）
地名は「城」。城がある台地の奥にある円城寺または円城寺氏が名の由来とか。

幻城（愛媛県西条市）
名前とは裏腹に、連続堀切などがはっきりとよく残っています。

苦瓜城（兵庫県姫路市）
苦瓜さんの城。なんとなく、難しい性格なイメージ……。

築地塀【ついじべい】㊕

粘土と砂を混ぜた壁土を突き固めた、土塀の一種。古代寺院や都城などで使われた伝統的な土塀です。2枚の板の間に、壁土を薄く敷き込んで固める「版築」を繰り返すため、壁面には層状の横縞模様が残ります。厚さは約1mにも及び防弾性にすぐれますが、狭間を開けないため城ではあまり用いられず、区画の仕切りなどに使われました。姫路城水の一門北方の油壁が現存例。名古屋城二の丸北面には、粘土と砂利や砂、石灰や糊などを混ぜて練り固めた特殊製法の「南蛮練塀」が残ります。

姫路城の油壁

突上戸【つきあげど】㊕

格子の外に吊り、跳ね上げて開ける板戸。薄くて軽い板で、跳ね上げた戸は木の棒でつっかえ棒をして固定し、閉めるときはつっかえ棒を外します。松本城天守や丸岡城天守で見られます。

土壁【つちかべ】㊕

竹を縦横に組んだ格子状の「小舞」で骨組みをつくり、その上に数種類の「壁土」を何度も塗り重ねた壁のこと。延焼を阻止し、火縄銃の弾を貫通させない防火・防弾構造です。表面の仕上げは下見板（→P98）または漆喰（→P98）。厚さは薄くても約18～22cmで、一般的には30cm程度、厚ければ約60cmで、姫路城天守の壁は約45.5cmです。土塀（→P28）も基本的に同じ構造。

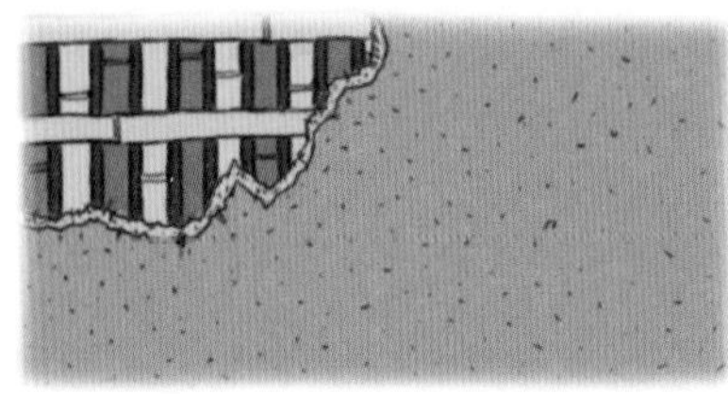

土戸【つちど】㊕

外面に、防火・防弾性を高める漆喰を塗った戸。戸の重量があるため、突き上げずに格子の内側に引戸を設置するのが一般的。高知城天守などでは手前に戸を引いて開くタイプが採用されましたが、開いた戸が邪魔になるため普及しなかったようです。

包板【つつみいた】

松江城天守の柱に見られる、柱外側の1面または2～4面を板で包んで帯鉄や鎹で離れないように束ねたもの。4面が包まれているものは古い柱の表面を隠して見栄えをよくするため、1面または2面しか包まないものは、構造的な補強を目的としたものと考えられていますが、はっきりとした理由はわかっていません。

綱引き【つなひき】㊓

足柄城は、現在でも国獲り合戦が続いている稀有な城。相模（神奈川県）と駿河（静岡県中部と北東部）の国境にあり、現在も神奈川県南足柄市と静岡県小山町にまたがるため、毎年9月第2日曜日に南足柄市と小山町で領地争奪綱引き合戦が行われ、勝者が1年間主郭の広場を領地としています。

つぶて石【つぶていし】専

敵に投げつける、小さな石のこと。投石する場所にあらかじめ集石しておきます。発掘調査をすると、1か所に集められた状態で地中から出てきます。

詰城【つめじろ】専

居館の背後や近くの山の上に築かれた、籠城用の城。戦国時代は、山麓の居館と背後の詰城をセットとする二元構造が多くみられます。

剣塀【つるぎべい】専

土塀の軒下に30cmほどの槍の穂先を突き出して忍び返し（→P99）としたもの。風雨に晒されて錆びていそうですが、かつては研ぎ澄まされ光っていたそう。名古屋城の天守と小天守を結ぶ橋台も剣塀でした。

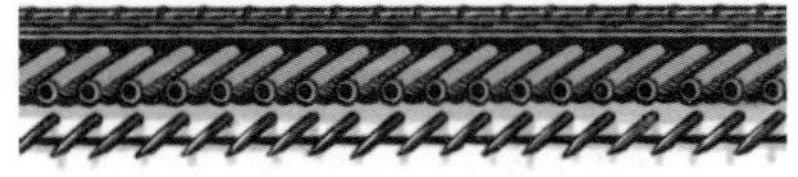

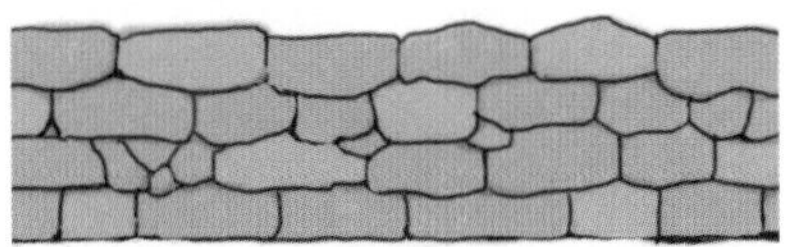

ティーバッグ【てぃーばっぐ】食

天守の形をした「松本城ティーバッグ」は、かわいすぎるの一言。城ファンならひと目で松本城天守とわかる、なかなか精巧なシルエットです。茶葉が長野県産の和紅茶なのもうれしい。お土産にも◎。

滴水瓦【てきすいかわら】専

逆三角形をした、雨水が滴るように工夫された瓦のこと。文禄・慶長の役（→P156）の際に朝鮮半島から持ち帰ったもののひとつで、麦島城では小西行長が持ち帰ったとみられる滴水瓦が見つかっています。金石城（長崎県対馬市）で発見された滴水瓦も、釜山から持ち帰ったもの。姫路城は滴水瓦だらけですが、築いた池田輝政は朝鮮へは渡っていないため、なぜ多用されたかは謎です。加藤清正は陶工や瓦職人を連れて帰り、その渡来朝鮮人に熊本城の滴水瓦を造らせたともいわれますから、輝政もこれを気に入って取り入れたのかもしれません。

敵の牙城に迫る【てきのがじょうにせまる】

牙城とは、城内で城主がいる本丸、組織や勢力の中心となる場所のこと。本拠や物事の中枢に近づくことを意味します。

鉄甲船【てっこうせん】専

安宅船（→P37）に鉄板を張った船のこと。第一次木津川口の戦いで毛利水軍・小早川水軍・村上水軍に敗れた信長は、九鬼嘉隆に大砲を搭載した鉄甲船をつくらせ、第二次木津川口の戦いで見事に勝利しました。鳥羽城（三重県鳥羽市）を拠点に九鬼水軍を率いた嘉隆は、「海賊大名」と称される戦国最強の水軍の将でした。

鉄板張り【てっぱんばり】

福山城天守の外壁にはかつて鉄板が張られ、北側は最上階を除いて真っ黒でした。砲撃を防ぐべく編み出された、まさに鉄壁といえる風変わりな天守だったようです。2022（令和4）年の築城400年に向けて、復元プロジェクトが推進中。

福山城復元画像（CG）　提供：福山市

出窓【でまど】専

天守や櫓の壁面に設けられた、突出した窓。破風の間（→P146）と同じように実用性と装飾性を合わせ持ち、床面に石落としを設けて横矢を掛ける一方で、外観上は構成美の要素となりました。岡山城天守や名古屋城天守のほか、2階建ての小田原城天守もその事例。松江城天守が五重に見えて四重天守なのは、三重目に見える部分が実際には二重目の屋根に乗った出窓だからです。

天下普請【てんかぶしん】専

幕命により全国の諸大名が請け負う築城工事のこと。資材費も人件費も滞在費もすべて大名の自己負担のため、大名にとっては経済的に大打撃。幕藩体制を盤石にしたい家康にとって、反逆者となりうる大名の財力を削ぎ、抵抗心を制御する最適の統制策でした。同時に、秀吉のもとで築城技術を磨いた西国の大名を動員できる利点もありました。

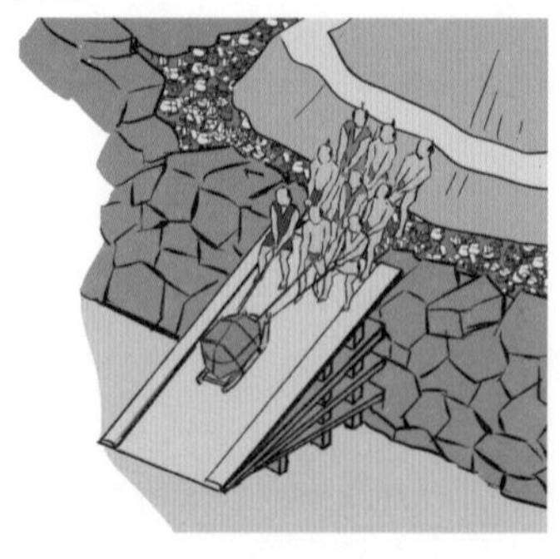

天空の城【てんくうのしろ】

雲海に浮かんで見える、幻想的な姿の城のこと。晩秋から冬にかけての夜明け前から日の出前後、寒暖差がある日に出会えます。気象条件によるため、必ずしも見られないのがまた神秘的。暗い道のりを歩くので、足元は固めて防寒対策もしっかりと。天気予報のチェック、懐中電灯など持ち物チェックも抜かりなく。

竹田城

向かいの立雲峡が展望スポット。城内から望む景観も、雲の上を歩いているよう。

備中松山城

雲海に浮かぶ現存天守が見られるのはここだけ。雲海展望台からどうぞ。

越前大野城（福井県大野市）

城の西側にある戌山城が撮影スポット。登山道を登るため対策は万全に。

天守台【てんしゅだい】㊫

天守を建てるための石垣の台座。篠山城や明石城、赤穂城などは、天守台だけが存在し、天守が建てられなかったケース。そもそも天守建造計画がなかった城もあれば、計画はあったものの幕府への配慮からか中止された城もあります。福岡城には天守台があり地階には礎石も残っていますが、天守が建っていたかは謎。福井城、駿府城、二条城、徳川大坂城、大和郡山城、小倉城、府内城（大分県府内市）などの天守は、火災や地震で失われた後に再建されず天守台だけが残されました。

江戸城の天守台。明暦の大火で天守が焼失した後、天守台だけが再建された。

天守第1号【てんしゅだいいちごう】

望楼型天守の第1号とされるのは、1576(天正4)年に信長が築いた安土城天主。室町時代末期に入母屋造の大屋根の上に望楼を載せる基本構造が発生し、安土城天主の竣工をもって完成したといえそうです。層塔型天守の第1号とされるのは、1604(慶長9)年に藤堂高虎が築いた今治城の天守。竣工前に中断され1610(慶長15)年に徳川家康に献上する形で丹波亀山城へ移築されたため、実質的には丹波亀山城の天守が第1号。望楼型が古く、やがて層塔型が主流になったようです(諸説あり)。

天守代用櫓
【てんしゅだいようやぐら】㊫

天守の代用品にされた三重櫓のこと。1615(元和元)年以降は武家諸法度(→P30)により天守の新造が規制されたため、天守に匹敵する三重櫓を築いて天守の代用品とする城が多くありました。白石城の大櫓、白河小峰城の三階櫓、新発田城(新潟県新発田市)の三階櫓も天守代用の三重櫓です。現存する天守のうち、1810(文化7)年に再建された弘前城天守や、1660(万治3)年に建造された丸亀城天守は、本来は三重櫓として建てられた天守代用櫓。弘前城天守は本丸辰巳櫓の改築という名目で幕府の許可を取得し建てられました。城内側と城外側とで外観が異なるのは、櫓だから。天守は4面を装飾しますが、櫓は基本的に城内側に装飾をつけません。

新発田城の三階櫓

天守の骨組み【てんしゅのほねぐみ】

桁
柱の上に架けられる部材のひとつ。大棟(屋根のもっとも高い部分)に対して平行方向(平側)にある、屋根の荷重を支える水平材。桁の長さや方向は「桁行」といいます。

梁
柱の上に架けられる部材のひとつ。大棟や桁に対して直交方向(妻側)にかかり、屋根や上階などの荷重を支える水平材。梁の長さは「梁間」、方向は「梁行・梁間方向」。松材が一般的で、ほぞ穴にほぞを差し込んで固定します。

柱盤
下層の梁の上に渡して、上階の柱を受ける水平材。

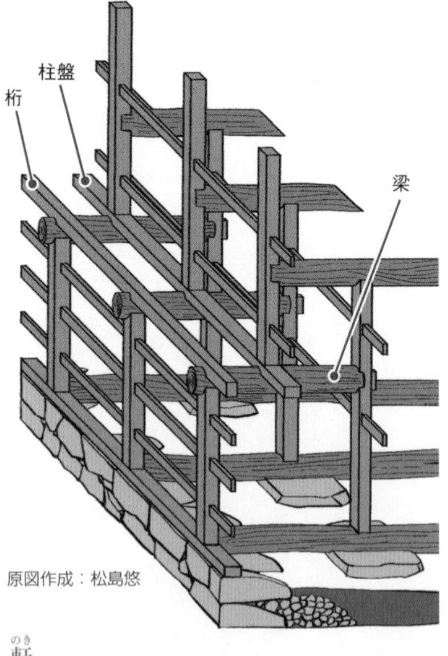

原図作成：松島悠

軒
屋根の最下部、屋根の外壁から外側に突き出す部分。屋根の流れ方向の端は「軒先」、妻側の端は「螻羽」、軒の裏側は「軒裏」。

身舎と入側
天守1階の中央にある柱で囲まれた「身舎」を囲む廊下のようなスペースが「入側」。身舎は、宇和島城などの小さな天守では1室、姫路城天守では4室、名古屋城天守では10室。松本城天守では、身舎より1段下がったところに入側（武者走り）がめぐります。

側柱と入側柱
建物のもっとも外回りに立つ柱が「側柱」、そのひとつ内側にある柱が「入側柱」。梁や桁を支える柱は「本柱」、本柱と本柱との間に立つ、本柱よりも細い柱は「間柱」。

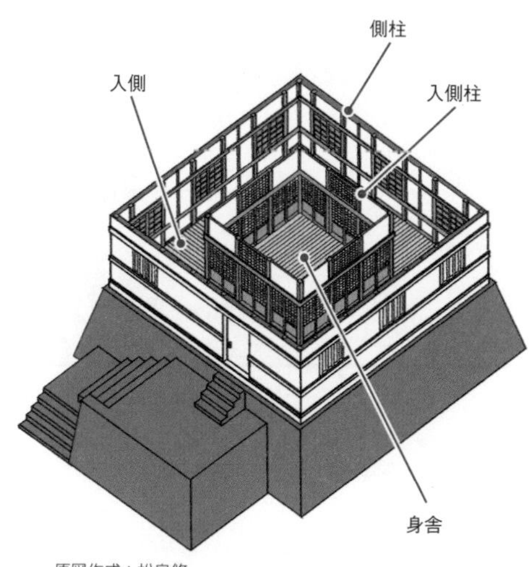

原図作成：松島悠

棟木
屋根のいちばん高いところにある部材。棟木と平行していちばん外側の外壁に位置する部材が「軒桁」、棟木と軒桁の間に同じく平行して配される部材が「母屋」。

長押
社寺建築や書院造などで採用された、柱の表面に打ち付ける横材。長押の形を漆喰でつくり出す手法は「長押形」。

平と妻
「平」は、長辺側あるいは建物最上部の「大棟」と平行な面のこと。「妻」は、短辺側あるいは大棟と直角な面。

筋違と貫
「筋違」は、柱間に斜めに入れる細い部材。対角線上に補強材として斜めに入れることで変形を防いで、耐震性を高めます。天守や櫓では「貫」を土壁の中に通して柱間を支えます。

腕木
冠木から2～3尺はみ出した、床梁の先端。軒を支えるために外壁から突き出した部材も腕木といいます。

垂木
軒を見上げたとき、何本も並んでいる棒状の木材。棟木から桁にかけて斜めに取り付け、屋根を支える部材。一般的には漆喰塗籠で、松山城天守のように1本ずつ丁寧に塗られたものもあれば、丸亀城天守のようにまとめて塗ったものも。丸岡城天守や弘前城天守のように表面に何も塗らずに素木のまま仕上げると、防火性が低くなります。安土城天守や豊臣大坂城天守では、漆塗りだった可能性も。

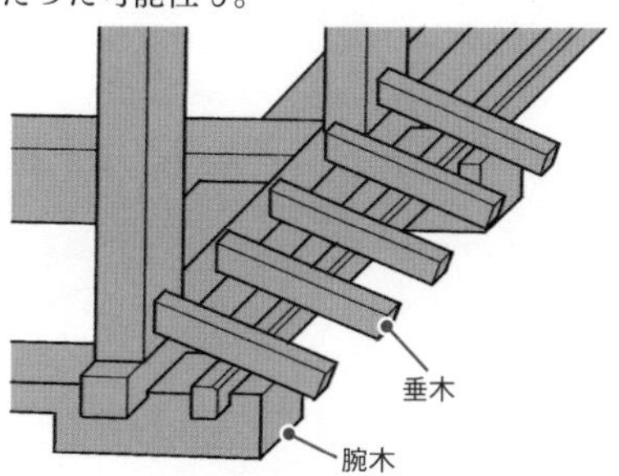

棟
屋根面の交差する稜線部分で、屋根のもっとも高い部分（大棟）のこと。入母屋造、寄棟造の屋根の隅部に降る棟は「隅棟」。

天井【てんじょう】専

天井を見れば、部屋の格がわかります。

化粧屋根裏

天井を張らずに垂木を見せたもの。

棹縁天井

棹縁という細長い材を平行に並べ、その上に天井板を羽重ねに並べた天井。寺院建築や現代住宅の和室で一般的。

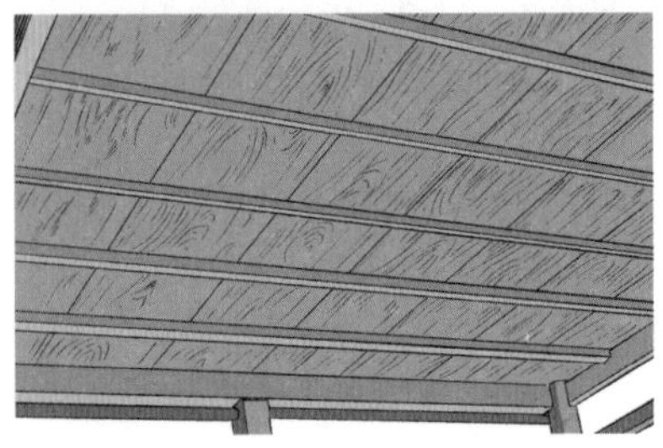

格天井

城の御殿に多い、碁盤目に組んだ角材の上に天井板を張った天井。極彩色の絵柄を描くことも。格天井の格間に格子状の細かな組子を組んだものは「小組格天井」。

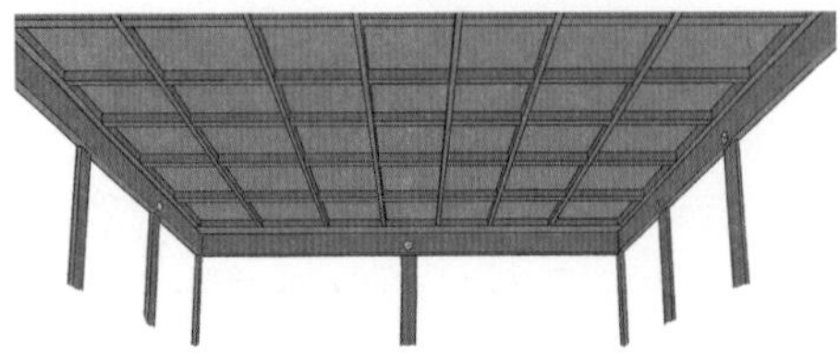

折上天井

格天井の全部または一部を一段持ち上げた天井。格天井よりさらに格が高く重厚。天井が壁面から盛り上がるようにして、斜面もしくは曲面で持ち上げられます。

二重折上天井

二重の折上天井。組入や格、小組などが組み合わさることがあり、それぞれ「折上組入天井」「二重折上小組格天井」などといいます。

天正遣欧少年使節

【てんしょうけんおうしょうねんしせつ】歴

1582（天正10）年、九州のキリシタン大名である大友義鎮（宗麟）・大村純忠・有馬晴信の名代としてローマへ派遣された4名の少年を中心とした使節団。少年たちは、有馬晴信が日野江城（長崎県南島原市）の城下に建てたセミナリヨで学ぶ生徒の中から選ばれた精鋭でした。

テンペスト【てんぺすと】(エ)

池上永一の小説、TVドラマ。19世紀末の琉球王朝を舞台に、美貌と才覚を持つ主人公の女性が男性と偽り政府の役人となって奮闘する、波乱万丈のエンターテインメント時代劇です。ドラマは物語の舞台となる首里城で撮影され、2019(令和元)年に焼失した正殿も登場。紅型の衣装や琉球舞踊など、琉球王朝の文化にも触れられます。

転用材【てんようざい】(専)

再利用した材木のこと。松江城天守は月山富田城の古材を下層階に転用した可能性が高く、彦根城天守は大津城天守のリサイクル。資金や資源の不足など消極的な理由を連想しますが、森林大国の日本で木材が調達できないことはあまりありません。伐採したての生木は水分が多く、材木にするには乾燥が必要。城は急いで築くため、材木を転用するほうが効率がよかったのでしょう。継手・仕口(→P102)もでき上がっており、すぐに組み立てて使えます。

転用石【てんようせき】(専)

石材の不足を補うため、石仏、宝篋印塔、燈籠、五輪塔などを寺院から集めて石垣に再利用したもの。古代の石棺が使われた例も。前の領主などの墓石を使用による示威的な目的もあったと考えられます。逆さ地蔵(→P92)の大和郡山城のほか、福知山城(京都府福知山市)も有名です。

福知山城

天領【てんりょう】(専)

大名が城を構えて支配する藩領ではなく、江戸幕府が直轄する領地のこと。「幕府領」「幕領」とも。石高は17世紀末で約400万石もあり、年貢収入が幕府の財政基盤となりました。大坂や長崎などの重要都市や鉱山も天領とされ、佐渡・甲斐・飛騨・隠岐は一国が天領でした。城の代わりに「代官所」が全国で60か所ほど置かれ、代官という地方行政官を派遣。代官所は「陣屋」と呼ばれ、高山陣屋(岐阜県高山市)には唯一建物が残ります。飛騨高山で城下町が知られながら近くに城が存在しないのは、天領だったからです。

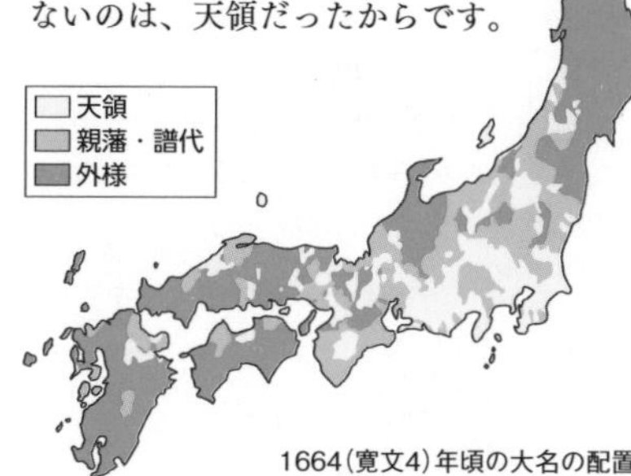

1664(寛文4)年頃の大名の配置

東映太秦映画村【とうえいうずまさえいがむら】(エ)

京都市右京区、太秦にある映画のテーマパーク。実際に時代劇の撮影に使われ、二条城大手門をモデルにした「東映城大手門」、城を守ったとされる忍者のアトラクション「からくり忍者屋敷」、レーザートラップが仕掛けられたアトラクション「レーザーミッション 脱出の城」などもあります。

銅瓦【どうがわら】(専)

徳川将軍家ゆかりの城でよく用いられた、銅製の瓦。徳川家光が1638（寛永15）年に築いた江戸城の天守も、外壁が銅板張りで銅瓦葺きの真っ黒な外観だったと考えられます。名古屋城天守も最上重だけ（後に二重目以上）銅瓦葺きで、木製の瓦に厚さ0.5mmの銅板が張り付けられていました。銅は金や銀より地味なイメージですが、当時はかなり高価な素材。権力誇示となり、軽量化や耐火性にすぐれるという大きな利点もありました。現存例は弘前城天守で、銅板を本瓦のように見せた銅瓦を採用。1608（慶長13）年に家康が建てた駿府城の天守は、最上重が銅瓦葺きで、三重分の屋根が白鑞（錫と鉛の合金）だったようです。青緑色をしているのは、銅が酸化することで生成される緑青のせい。

洞窟風呂【どうくつぶろ】㋓

会員制ホテル、静岡県下田市のホテルジャパン下田の地下にある温泉。なんと、江戸城に使われた石を切り出した石丁場（→P43）をそのまま浴場として利用。石丁場で源泉掛け流しの温泉に浸かれ、湯上りには浴衣姿で浴場周辺に広がる石丁場を見学できます。

道後温泉【どうごおんせん】㋓

愛媛県松山市にある日本最古級の温泉。1635（寛永12）年に松山城主となった松平定行が、城下町とともに整備。施設が充実し、現在のような温泉経営の礎を築きました。また、道後温泉本館は城大工の家系であった坂本又八郎が棟梁として建築しました。

道後温泉本館。2021年現在、営業しながら保存修理工事中。

東武ワールドスクエア【とうぶわーるどすくえあ】㋓

栃木県日光市にある、世界各国の遺跡や建築物をミニチュアサイズで再現したテーマパーク。 姫路城、二条城、熊本城などの日本の城のほか、中国の万里の長城やドイツのノイシュヴァンシュタイン城、イギリスのドーバー城なども。細部まで精巧につくられ、ガリバーの目線で城をあらゆる角度から見下ろせます。

童友社【どうゆうしゃ】㋓

プラモデル製造会社の老舗。「日本の名城シリーズ」は1978（昭和53）年から発売されているロングセラーです。大・中・小のサイズ展開があり、ゴールドメッキ仕様の豪華版も。プラモデル用塗料で塗装すれば、オリジナル作品が完成。

東洋のベニス【とうようのべにす】

16世紀中頃に国際貿易都市として栄えた、大阪府の堺のこと。1561（永禄4）年、宣教師のガスパル・ヴィレラが記したことで、世界地図に掲載されるほどに。明・南蛮貿易などの拠点で、多くの商人が結集。秀吉が大坂城を築き経済の拠点が大坂に移ってからも、変わらず繁栄したようです。

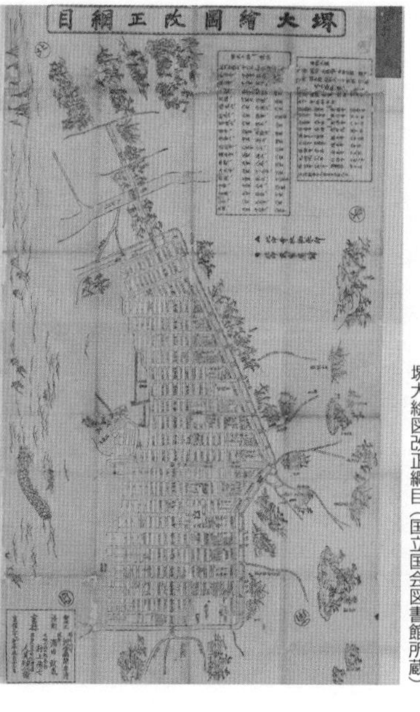

堺大絵図改正綱目（国立国会図書館所蔵）

通柱と心柱

【とおしばしらとしんばしら】専

「通柱」は、階をまたいで通した柱のこと。ほかの通柱よりひと回り太い通柱が「心柱」。姫路城天守の心柱は地階から5階までを貫き通します。大洲城天守の心柱も1階から4階まで達します。

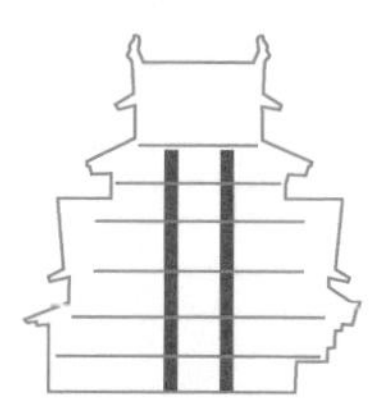

髑髏盃【どくろはい】伝

頭蓋骨でつくられた盃。「信長公記」には、浅井久政・長政と朝倉義景の髑髏に漆を塗ったものを、信長が馬廻衆との宴に披露したと記されています。討ち取った首級の身元は「首実検」という儀式で本人のものか確認されました。

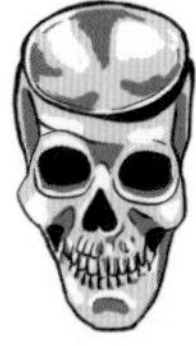

登山の装備【とざんのそうび】

中世の山城を訪れるときは、登山の装備を参考に。持ち物や注意点は、本書のとじ込み付録『お城の歩き方「戦国の山城」』（→P161）を参考にしてみてください。

としまえん エ

2020（令和2）年に惜しまれつつ閉園した、東京都練馬区の遊園地。豊島区ではないのにとしまえんなのは、豊島氏の練馬城があった場所だから。ウォータースライダー・ハイドロポリスのあたりにありました。石神井公園となっている石神井城も豊島氏の城です。

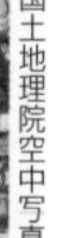
国土地理院空中写真

都城【とじょう】

天皇の住まい「宮都」を中心とした空間で、中国の都制の基準。南北中央に朱雀大路を置いて碁盤の目のように道を配置し、全体を城壁（羅城）で囲んだ都市プラン。日本では飛鳥時代に藤原京ではじめて取り入れられ、城壁ではなく築地塀や区画溝で囲まれていました。

外城制【とじょうせい】㊢

江戸時代に薩摩藩が取っていた、軍事・地方行政が一体化した独自の領国支配体制。113の支城のような地方支配拠点「外城（郷）」を置いて武士を分散させ、地頭を中心として「麓」をつくり統治させていました。内城（島津家の居城である鹿児島城）の城下に住んだ武士は城下武士、外城に住んだ武士は外城衆中（郷士）と呼ばれ、郷士は農民として自活しつつ、戦いが起きれば挙兵するよう組織化。観光地として知られる知覧麓や出水麓がその代表例です。西郷隆盛は城下武士。

出水麓

突貫工事【とっかんこうじ】

戦国時代の城づくりは､基本的に突貫工事。いつ戦いが起こるかわからず、領国の中心地でもあるため猶予はありませんでした。地勢の優劣を見極め、技術を駆使し、与えられた条件下で目的と役割に沿って試行錯誤したのです。そのため、古墳や南北朝時代の城を改造するケースも多く、奪った城を改造して使うことも珍しくありません。城は、そうした先人の知恵と工夫が詰まった結晶なのです。

ドック【どっく】

金石城と桟原城（長崎県対馬市）を居城とした対馬藩が建造した「お船江」は、今でいうドック。人工の入江に4つの突堤と5つの船渠を設置し、藩船を格納していました。満潮時には木造の大船が出入できる広さと深さがあり、干潮時には干上がるようになっています。これほど原型を留めるのは、全国で対馬藩お船江跡だけです。対馬藩はたくさんの藩船を所有し、お船江で手入れした船で大坂・博多・長崎・釜山などを航海していました。

鳥羽一郎
【とばいちろう】㊇

日本の演歌歌手。坂本城址公園の明智光秀の石碑の脇には『光秀の意地』の歌碑があり、歌碑の横にあるボタンを押すと歌声が流れます。能島城を見下ろすカレイ山展望公園にも『瀬戸の水軍』の歌碑があります。

土橋【どばし】(専)

地面を通路状に掘り残してつくった、土手道のような通路状の橋のこと。敵はおのずと1列になるため、集中攻撃が可能。取り外せる木橋にしてしまうと、敵に壊されたとき脱出できず城内で孤立してしまうため、大手門など重要な門の前には恒久的な土橋が設けられました。大坂城大手門前のように、石垣で固めたものもあります。

飯盛城の土橋

虎【とら】(伝)

日本には生息せず、中国や朝鮮では獰猛な山の神とされる動物。手なずける人は崇められました。とくに御殿の玄関に描かれることが多く、訪れる者を威圧していたよう。狩野派(→P65)では動物のモチーフは最低格で、走獣→花鳥→人物→山水の順にランクが上がりました。

ドラキュラ城【どらきゅらじょう】

小説『吸血鬼ドラキュラ』に登場する吸血鬼の城。ルーマニアのブラン城がモデルとされます。意外とかわいらしい外観です。

鳥居強右衛門

【とりいすねえもん】(人)

1575(天正3)年、武田勝頼軍に囲まれ大ピンチの長篠城から疾風の如く敵陣をすり抜けて岡崎城に援軍を要請しに向かった、武勇伝で知られる下級武士。長篠城に戻る際に捕らえられ、「援軍は来ない」と言えば許すと言われたものの、決死の覚悟で「援軍は2、3日で来る!」と絶叫。怒り狂った勝頼に磔にされましたが、奮起した長篠城側は援軍到着まで耐え抜きました。この後の設楽原の戦いで武田軍は織田・徳川連合軍に大敗し、滅亡へ。武田家臣の落合左平次は強右衛門の忠義に感銘を受け、強右衛門の姿を自らの旗指物に用いています。

ドローン【どろーん】

遠隔操作できる、無人航空機体のこと。小型カメラが搭載されたドローンの登場によって、城の空撮が可能になりました。上空から見下ろすことで、人の目線ではわからない城の全容がわかったりと、城を楽しむ上でも画期的。調査や記録にも用いられ、これまで近づけなかった天守の壁面や石垣の側面なども撮影できるようになりました。なお、城内でのドローン撮影は申請が必要なのでくれぐれも注意。

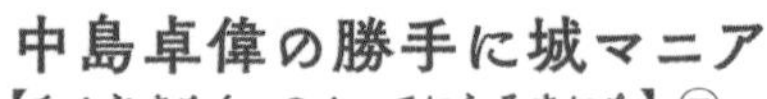

ナイトキャッスル
【ないときゃっする】㊆

天守閣を週末の夜だけ開城する小倉城の特別イベント。最上階の「天守閣バー」では、夜景を眺めながらお酒を片手にムーディーなひとときを。「武蔵レッド」「小次郎ブルー」「ガラシャピンク」などのオリジナルカクテルは、コースターから発光する演出も。

中井均【なかいひとし】㊇

日本考古学者で城郭研究の第一人者。理路整然かつ直截簡明に城の世界へ誘ってくれ、出会った人はたちまち虜に。親しみやすいお人柄と大阪出身らしい軽妙なトークも手伝い、多くの城ファンおよび優秀な研究者を輩出しています。お城界のスター、レジェンドです。中井正清の一族とは関係ありません（本人談）。

中井正清【なかいまさきよ】㊇

家康に仕えた伝説の棟梁。江戸城、駿府城、名古屋城、二条城のほか、知恩院や増上寺、日光東照宮などの徳川家ゆかりの建築を担当しました。建築現場だけでなく、資材や職人の手配、予算や工期の管理までを一手に担ったスペシャリスト。父の中井正吉は、方広寺大仏殿造営の大工棟梁を務めた宮大工。信長の安土城天主造営や秀吉の大坂城築城にも関わったといわれます。

中島卓偉の勝手に城マニア
【なかじまたくいのかってにしろまにあ】㊆

城マニアのミュージシャン、中島卓偉の連載コラム。音楽ファン向けの音楽情報サイト内でひたすら城の連載を続ける姿勢がロック。しかも城のセレクトがマニアック。テレビ神奈川では『中島卓偉のお城へ行こう！せーの、キャッスル！キャッスル！』という冠番組もお持ちです。ハイレベルな着眼点、エクセレントな表現。まさにオルタナティブロックです。

名古屋おもてなし武将隊®
【なごやおもてなしぶしょうたい】㊆

名古屋にゆかりのある6武将と陣笠隊で結成された、名古屋市の観光PR部隊。名古屋城内でのおもてなしや「演武」にとどまらず、全国各地のイベントに出演。熊本城おもてなし武将隊、奥州・仙台おもてなし集団 伊達武将隊、信州上田おもてなし武将隊、まつえ若武者隊など、各地の城で活動するイケメン武将隊ブームの先駆け。

名古屋大空襲
【なごやだいくうしゅう】㊖

1945（昭和20）年に名古屋市を襲った空襲。5月14日の空襲では、名古屋城の天守や本丸御殿などが灰燼に帰しました。古写真を見ると、煙で太陽光が遮断され朝なのに真っ暗。金鯱を下ろそうと足場が組まれ、開け放っていた窓から焼夷弾の火が天守内に入り込んでしまいました。天守は約2時間で焼け落ち、金鯱は後に無惨な金塊として発見されています。

謎の継手【なぞのつぎて】

大坂城の大手門高麗門(こうらいもん)南側の控柱にある継手。X線撮影により内部構造が解明され、1923（大正12）年の門柱の補修時に新しい木材に代えて継がれたことが判明しました。鳴門海峡(なるとかいきょう)の潮流を利用した発電システムを考案した、進取の気性に富んだ大工が施工したそう。遊び心満載。

ナノブロック®【なのぶろっく】㊣

1ピースが最小4×4×5mmという、超ミニサイズの大人向けブロック。大阪城、熊本城、名古屋城、姫路城などが発売されています。「姫路城スペシャルデラックスエディション」はナノブロック史上最大サイズで、なんと5200ピース。ちなみに、2.5×2.5mmと超ミニサイズの「プラモブロック」もあります。

提供：(株)カワダ

海鼠壁【なまこかべ】㊫

土蔵(どぞう)によく使われる、外壁の仕上げ方。平らな瓦を土壁(つちかべ)（→P122）に打ちつけ、瓦のつなぎ目に漆喰(しっくい)をかまぼこ型のように盛り上げるように塗ります。漆喰で瓦のつなぎ目を覆うため耐水性が高く、耐火性もアップ。下見板張り(したみいたばり)（→P25・98）よりも耐久性が上がるため、新発田城(しばたじょう)や金沢城など寒い北陸の城で採用されました。金沢城には、竪小舞(たてこまい)から仕上げの漆喰塗りまでの工程がわかる模型が展示してあります。加賀藩が公定した3段階の壁塗手間料は、大工、木挽、屋根葺(やねぶき)より高額。左官技能者の待遇がうかがえます。

鉛瓦【なまりがわら】㊫

木製の瓦に厚さ約2mmの鉛板(なまりいた)を貼りつけた瓦。金沢城の櫓や城門に用いられています。厳しい寒さに耐えきれず瓦が割れないように強化したとも、意匠として施されたともいわれますが、定かではありません。鉛を溶かして銃弾にするためともいわれますが、根拠はなし。

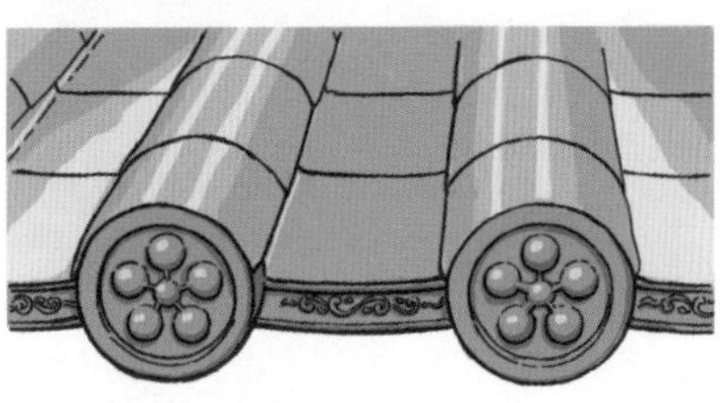

縄張図【なわばりず】㊕

「縄張(設計、レイアウト)」を示した平面図。城地の起伏はもちろん、土木工事によって人工的につくられた防御装置のフォルムを描き記してあります。ひとりでただ山城を歩いてもなかなか構造や工夫に気づけませんが、縄張図を片手に記されているものをひとつずつ確認して歩くことで、遺構を見逃さずに辿れ、全体の規模や構造、しかけなどを読み解けます。縄張図を城歩きの友として、まずは宝探しゲームのように遺構を見つけながら歩くのがおすすめです。さほど難しいものではなく感覚的に理解できるようになるはずですが、難しい場合は、城の案内板にあるイラストやパンフレットなどを手がかりにするとよいでしょう。

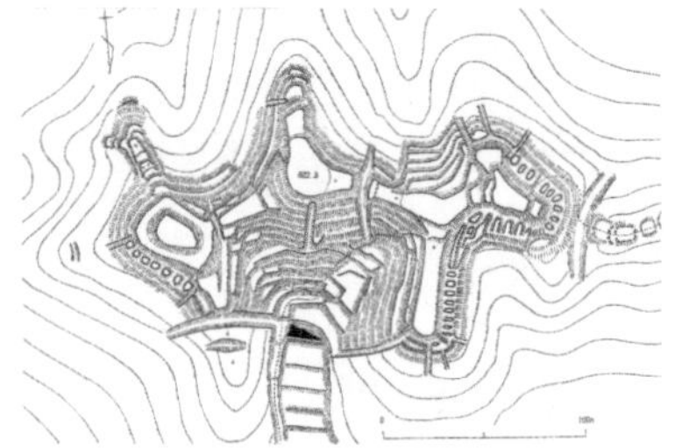

広瀬城跡概要図　作図：中井均

南総里見八犬伝
【なんそうさとみはっけんでん】㊏

曲亭馬琴(滝沢馬琴)による、江戸時代後期の長編小説。室町時代後期の房総を舞台に、八玉が結ぶ因縁の八犬士が力を合わせて安房の里見家を再興する冒険ファンタジー。里見氏の最後の居城である館山城(千葉県館山市)に建つ天守は、内部が八犬伝博物館になっています。

南蛮造【なんばんづくり】㊕

天守の最上階をその下階より大きくつくり、下方の屋根を省略した形式。最上階が外側へ張り出し、その下の階の屋根の代わりになります。屋根を1階分省略できるため、五重天守を四重天守として建てることができました。1610(慶長15)年に建てられた小倉城天守、岩国城や高松城の天守が例。正式には「唐造」といいます。

岩国城の天守

西出丸駐車場
【にしでまるちゅうしゃじょう】

会津若松城にある、全国でもっともエキサイティングな駐車場。土塁に囲まれた西出丸という馬出が、そのまま駐車場として活用されています。駐車可能台数は200台と、規模は一目瞭然。クランクする見通しの悪い出入口は運転しにくく、身をもって馬出の威力を痛感できます。三方向に突出させて配置した馬出が連携して挟撃する設計もたまりません。

国土地理院空中写真を元に作成

NIPPONIA【にっぽにあ】㊓

その土地の歴史や文化を体感できるホテル。篠山城(ささやまじょう)の城下町に点在する歴史的建造物を生かした「篠山城下町ホテル NIPPONIA」、竹田城の城下町にあった旧木村酒造をリノベートした「竹田城 城下町 ホテルEN」など、一度は泊まってみたい素敵なホテルです。

ニッポン城めぐり
【にっぽんしろめぐり】㊓

城ファンのみならず専門家も楽しむ、城好きの必携アプリ(位置ゲーム)。GPS位置情報を使って全国3,000の城をめぐります。ユーザー数は約25万に及び、サービス開始から10年以上経った現在もコンスタントに増加中。築城コーナーで自分の城を構築しながら、所持金や官位をアップ。1,000人以上いる武将を探し出して家臣にすることもできます。オリジナルグッズで身を固め、イベントに大行列をなす熱狂的なファンも多数。

©ニッポン城めぐり

日本一高い石垣
【にほんいちたかいいしがき】

大坂城本丸東面の高石垣が、約32mでナンバーワン。丸亀城の石垣は内堀(うちぼり)から本丸まで4段の石垣が重なり、合計すると高さは60m以上に及びます。

大坂城本丸東面の石垣

日本最後の和式築城
【にほんさいごのわしきちくじょう】

松前城(まつまえじょう)は、ロシア艦隊の上陸をきっかけに1849(嘉永2)年、海防強化のために築城が命じられた城。福江城(ふくえじょう)(長崎県五島市)も同年に築城。園部城(そのべじょう)(京都府南丹市(なんたんし))は1869(明治2)年に完成し、園部陣屋から生まれ変わりました。

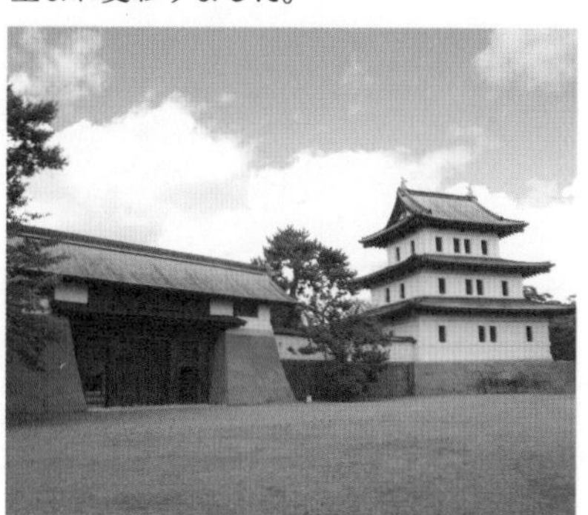

松前城

日本三大〇〇

【にほんさんだいまるまる】

日本三大山城

岩村城、備中松山城、高取城の3城。『日本城郭体系』の中に記されています。ちなみに、誰が決めたか「日本五大山城」は春日山城、七尾城、観音寺城、小谷城、月山富田城で、なぜか三大山城はランク外。

備中松山城

日本三大平山城

津山城、姫路城、福山城。ちなみに「日本三大平城」は松本城、二条城、広島城の3城。

姫路城

日本三大水城

高松城、今治城、三原城。今治城の水堀は瀬戸内海の海水が引き込まれているため、クロダイやヒラメなどが悠々と泳ぎ、ときには威勢のいいボラが水面から顔を出すこともあります。

今治城

日本三大城攻め

秀吉の三大城攻めが、「三木の干し殺し（三木城）」（→P159）、「鳥取城の渇え殺し」（→P65）、「高松城の水攻め」。1582（天正10）年の備中高松城の水攻めは、堤防をつくって城を取り囲み、河川の水を引き入れて水没させた作戦。兵力だけに頼らない、大規模な土木工事を用いる戦い方です。

日本三大奇襲

河越城（埼玉県川越市）の掌握をめぐり起きた「河越夜戦」は、兵力で圧倒的に劣る北条氏康が夜襲をしかけて勝利。智将・毛利元就が謀略を駆使しつつ厳島で陶晴賢の大軍に勝利した「厳島の戦い」、信長が今川義元を撃破した「桶狭間の戦い」（→P56）とともに語られます。

skipinof/PIXTA

三大和菓子処

京都、金沢、松江の3都市。伝統の祭礼や儀式、城下町での茶の湯の浸透とともに発展しました。7代松江藩主の松平治郷は、茶の湯文化を広めた大名茶人。不昧公の名で知られます。

日本三名園【にほんさんめいえん】

金沢城に隣接する兼六園、水戸城近くの偕楽園、岡山城の隣にある後楽園。ほかにも美しい大名庭園はたくさんあります。

兼六園

日本城郭協会
【にほんじょうかくきょうかい】

日本100名城®や続日本100名城®の選定のほか、城郭検定、城の自由研究コンテスト、親子名城見学会などを実施している公益財団法人。「日本および世界各国の城郭に関する研究、調査、啓蒙を通じて、民族、歴史、風土に関する知識の普及を図り、もって教育、文化の発展に寄与すること」を目的として活動しています。

日本に恋した、フラメンコ
【にほんにこいした、ふらめんこ】㋓

フラメンコダンサー・永田健による、全国の名所でフラメンコを踊る映像制作プロジェクト。熊本城や福山城、岸和田城（大阪府岸和田市）で開催されました。

日本100名城®
【にほんひゃくめいじょう】

日本城郭協会が2006（平成18）年4月6日（城の日）に認定した、日本の名城100選。翌年からはスタンプラリーが開始され、城めぐりファン増加の火付け役となりました。2021（令和3）年8月時点で、延べ4,045名が制覇。観光地としての知名度や遺構の残存度だけでなく、優れた文化財・史跡であること、著名な歴史の舞台であること、時代・地域の代表であることなど、さまざまな観点から専門家によって選定されているのが特徴。各都道府県から1城以上5城以内が選ばれています。2017（平成29）年4月6日には「続日本100名城®」が選定され、翌年からスタンプラリーがスタートしています。

二本松少年隊
【にほんまつしょうねんたい】(人)

戊辰戦争で散った、二本松藩の少年隊士。薩長軍が二本松城（福島県二本松市）へ迫ったとき城下に兵がいなかったため、年端もいかない少年たちも戦場へ向かいました。

抜き打ち【ぬきうち】(専)

刀を抜くと同時に斬りつけること。転じて、予告をしないで出し抜けに事を行うこと。武田勝頼の家臣・諏訪頼辰の妻は、高遠城の落城時に抜刀し打ち戦った武勇伝の主。

猫城主【ねこじょうしゅ】

2018（平成30）年から備中松山城の城主を務める、猫のさんじゅーろーのこと。

猫の足跡【ねこのあしあと】

湯築城（愛媛県松山市）で出土した、猫の足跡がついた土師器の破片。焼きあがる前に踏んづけてしまったのでしょうか。かわいすぎます。

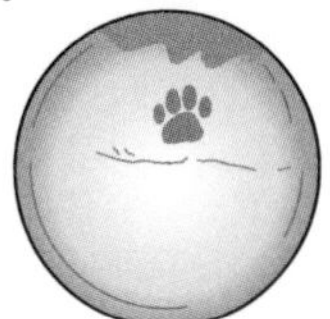

練塀【ねりべい】㊕

平瓦や栗石を壁土と交互に積み上げた、簡素化された土塀。城にはあまり用いられませんでした。備中松山城に残存する練塀の断面を見ると、粘土の塊がブロック塀のように積み上げられています。瓦は用いられていなかったようです。

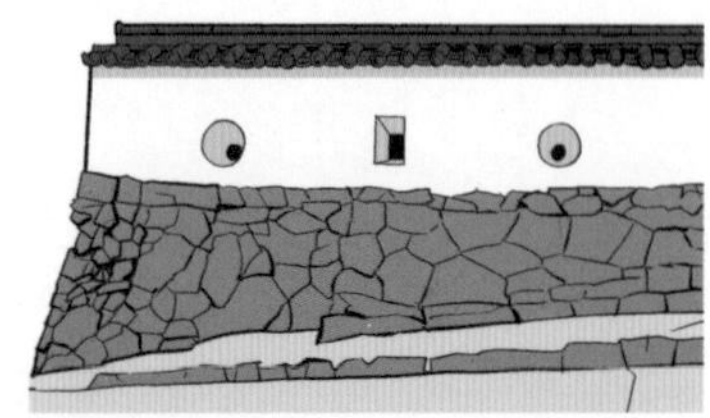

ネルトリンゲン【ねるとりんげん】

漫画『進撃の巨人』のモデルとなった、城壁に囲まれたドイツの都市。隕石の落下によりできたクレーターが盆地となり、その中心に町がつくられています。西暦85年頃にはローマ帝国の城がありました。

年輪年代測定法【ねんりんねんだいそくていほう】㊕

アメリカの天文学者によって創始された、年輪の変化を利用した測定法。年輪パターンの分析により、樹木が切り出された年代を1年単位で推定できます。松江城天守の調査・研究では、古材から95％以上の確率で伐採年代が特定され、部材の転用を裏付ける大きな手がかりとなりました。

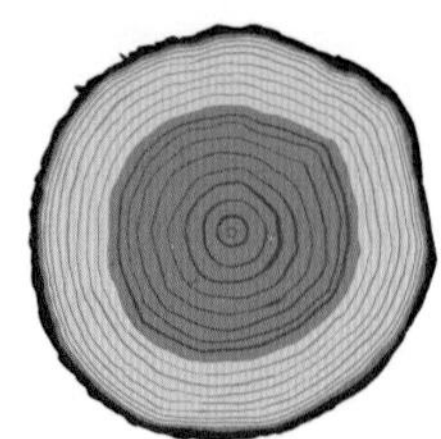

軒丸瓦と軒平瓦【のきまるがわらとのきひらがわら】㊕

軒先に並ぶ円板または円弧状板を「瓦当」といい、瓦当のついた丸瓦を「軒丸瓦」、平瓦を「軒平瓦」といいます。軒丸瓦を「巴瓦」、軒平瓦を「唐草瓦」などと呼ぶのは、巴や唐草の文様が多用されるから。軒先だけでなく、破風や大棟にも使われます。

信長危機一髪

【のぶながききいっぱつ】㊖

「金ヶ崎の退き口」は、信長の金ヶ崎城（福井県敦賀市）からの命がけの退却劇。1570（元亀元）年、朝倉義景攻めの最中に浅井長政に裏切られ挟み撃ちされた信長は、少数のお供のみで険しい山中を抜けて京へ帰還しました。このとき殿を務めて出世の糸口を掴んだのが、秀吉と明智光秀でした。

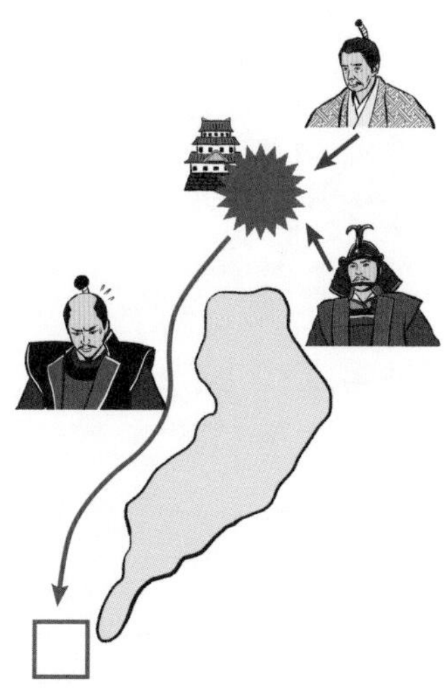

信長御膳【のぶながごぜん】㊎

信長が安土城を訪れた家康をもてなした、最高級の饗応料理「安土御献立十六日之夕膳」の再現メニュー。徳川美術館の宝善亭でいただけます。デザートの羊皮餅は、安土桃山時代初期の茶会の記録にある餡入りのスイーツ。

登り石垣【のぼりいしがき】㊕

山の斜面に沿って積まれた石垣。両腕を広げるように、山麓に向かって累々と続きます。文禄・慶長の役（→P156）で侵攻先の朝鮮半島南沿岸に築かれた倭城（→P197）では多く確認されていますが、国内での現存例は希少。洲本城や米子城では、朝鮮出兵から帰国した後に城を強化すべく築かれたと思われます。松山城や彦根城の登り石垣は、山麓の御殿を守るための防御壁のようです。

上り立ち門【のぼりたちもん】

宇和島城の搦手口にある薬医門。現存する城の薬医門としては最大規模で、最古の可能性も。藤堂高虎時代の唯一の遺構であることも判明しています。

排水管【はいすいかん】

引戸の敷居に溜まった雨水を排出させるため、天守や櫓などの壁面に取り付けられた管。社寺建築にはない、日本建築ではじめてのものでした。敷居の溝底に直径1.5cmほどの穴を開け、その穴に差し込んだ銅や鉛の管を通して外壁の外に排水します。

白帝城【はくていじょう】

犬山城の別名。江戸時代の儒学者・荻生徂徠が、中国の白帝城（重慶市）にちなみ命名。木曽川沿いに建つ姿が、長江を臨んで建つ風光明媚な白帝城を連想させたとか。白帝城は『三国志』や李白の漢詩でも知られる名所です。

日本ラインを中心とせる名古屋鉄道沿線名所図絵
（吉田初三郎作）

白村江の戦い

【はくそんこうのたたかい】㊦

663（天智天皇2）年、朝鮮南西部の白村江で、日本と百済の連合軍が唐と新羅の連合軍に敗れた戦い。百済は滅亡し、朝鮮半島における日本の地位も失墜。朝廷は国防を強く意識するようになり、唐や新羅の侵攻に備えて大野城などの古代山城（→P13）を築いて大宰府の防衛を固め、対馬や筑紫には防人と呼ばれる北九州防備のための兵士が置かれました。

博覧会ブーム

【はくらんかいぶーむ】㊦

1871（明治4）年から博覧会ブームが現出。天守では唯一、松本城天守が会場となりました。廃城令により競売にかけられ取り壊しが決まると、下横田町の副戸長・市川量造が私財を投げ打ち買い戻しに奔走。しかし資金が足りず、天守内で5回も博覧会を催しその利益を補充したとか。天守はその後、松本中学校長の小林有也が資金調達に奔走して1903～1913（明治36～大正2）年に大修理されました。

羽坂重三郎

【はさかじゅうざぶろう】㊇

丸亀城の石垣を手がけ、口封じされたと伝わる石工。石垣の出来を城主の山崎家治に褒められた際に「短い鉄の棒さえあれば登れます」と言い放ち登ってみせたことで、城の攻略法が敵方へ漏れることを恐れた家治により二の丸の井戸に閉じ込められてしまったそう。城の情報は機密事項ゆえ、完成後に漏洩を恐れて関係者が葬り去られた伝説は全国各地に残ります。

破城【はじょう】㊯

廃城になった城が再利用されないよう、破却すること。「城割」とも。はじめは建物だけを破却しましたが、後に石垣なども含め徹底的に取り壊されました。とくに一国一城令による廃城時と島原・天草一揆後は、江戸幕府の命令で重点的に行われました。

柱【はしら】

天守や櫓などの荷重を支える重要な構造材。檜、欅、杉、松など材質はさまざまです。伝統的な日本建築は総檜のイメージがありますが、天守が建てられはじめた戦国時代末期には調達が難しく、欅や栗、松などが主流でした。松江城天守の材木はほとんどが松で、一部がブナ、栗、タブノキ。徳川将軍家ゆかりの城は高級素材にこだわったようで、名古屋城天守では、耐久性にすぐれ柔軟で香気と光沢に富む尾州檜（木曽檜）を採用。伊勢神宮の式年遷宮にも使われる高級品です。

82.1％【はちじゅうにてんいちぱーせんと】

富士通が開発した、石材位置特定システムの実証実験結果。崩れ落ちた石材の特徴を画像で解析し、崩落前の石垣の画像とマッチングさせることで、もともと石材があった位置をスピーディーに特定。2018（平成30）年に熊本地震で被害を受けた熊本城飯田丸五階櫓の石垣で実証実験したところ、たった1日で石材123個のうち101個が特定され、82.1％の精度が立証されました。これまでは専門家が目視するしか方法がなく、1日わずか数個の位置特定が限界でした。最先端の画像分析技術の導入により、作業時間が驚異的に短縮でき、石垣の修復に明るい光を照らしています。

発掘調査【はっくつちょうさ】

遺跡の特定の地層を掘り下げる、学術的な調査のこと。検出した建物跡や堀などの「遺構」からは城の建物や構造を読み解くヒントが得られ、出土した土器や木製品などの「遺物」からは生活様式や年代、その場所の用途、技術力などを推察できます。土地開発や鉄道建設などの際に遺構の破壊が予測されるため記録保存を目的に発掘調査が行われることも多く、知られざる城が発見されたり、全容が明らかになることもしばしば。全面的な発掘調査は破壊前提なのが悲しいところです。

南山城（岡山県倉敷市）

畝状竪堀を駆使した、戦闘モードな戦国の城が出現し全貌が明らかに。河川改修工事のため、すでに山ごと消滅。

提供：岡山県古代吉備文化財センター

松原城（兵庫県神戸市）

『信長公記』に「道場川原城」と記載される、信長の三田城攻めの陣城らしき城が出現。宅地開発のため、すでに山ごと消滅。

河村新城（神奈川県足柄上郡山北町）

相模と駿河の国境に築かれた、障子堀を伴う城を部分的に調査中。新東名高速道路の建設に伴い、いずれ山ごと消滅。

八双金物【はっそうかなもの】専

扉の装飾と補強を兼ねて、門扉に取り付けられた飾り金具。表面に唐草文様などが彫られることも。

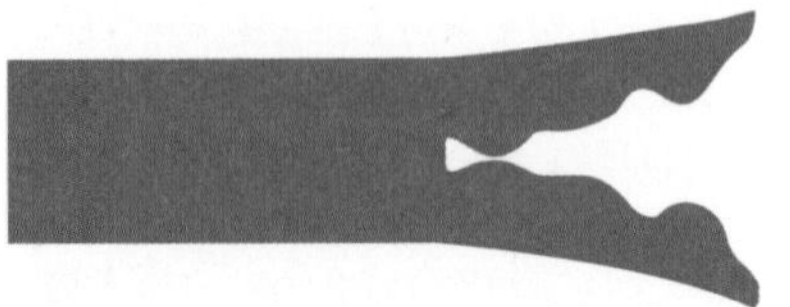

はつり 専

削ったり、切ったり、壊したりすること。城では、石垣の表面に施された「化粧」と呼ばれる加工を指します。細かく打ち削った「ノミはつり」や線のように削った「すだれはつり」があります。

はね出し石垣

【はねだしいしがき】㊫

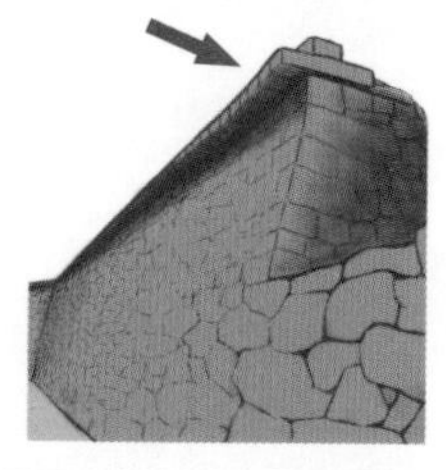

最上段の石材（天端石）の1つ下の石材を、外へ張り出させた石垣。江戸時代後期以降の手法で、五稜郭や人吉城（熊本県人吉市）、品川台場に残ります。

破風【はふ】㊫

天守や櫓などの外面を飾る、三角形や半円形の屋根の部分のこと。

入母屋破風

入母屋造の建物の屋根。屋根の隅部を形成する一部のため、建築上必須。天守の最上重、望楼型天守の下重にあたる入母屋造の大屋根の隅部に見られます。

千鳥破風

三角形の破風。入母屋破風が屋根の一部なのに対し、千鳥破風の隅部は途中で別の方向の屋根斜面と交差します。屋根が天守本体の隅棟と接合しているものは入母屋破風、そうでないものは千鳥破風。大きさも数も位置もデザインに応じて自由に設定でき、より装飾性の高い破風といえます。丹波亀山城や小倉城などの初期の層塔型天守ではまったく設けられず、ビルのようにシンプル。構造を簡略化した末に装飾も取り払ったものの殺風景な天守はあまり好まれなかったようで、その後は層塔型天守でも多くの千鳥破風で飾り立てられました。

切妻破風

屋根の斜面上に載せられた、神社の本殿を起源とする破風。

比翼入母屋破風

入母屋破風を2つ並べたもの。千鳥破風を2つ並べたものは「比翼千鳥破風」。

唐破風

もっとも装飾性の高い、社寺建築に使われる破風。起源は鎌倉時代後期に遡り、時代が下るにつれて中央部分が高く起きるようになります。安土桃山時代には破風板に飾金具を打ちつけたり、全体を飾金具で包み込んだりするのが盛んになったよう。軒先の上部を一部分だけ盛り上げるように丸く折り上げた「軒唐破風」と、屋根全体を曲線形に折上げた「向唐破風」があります。

起り破風

破風板の流れの線が上に反っている破風。反対に、破風板の流れの線が下へ反っているものは「照り破風」、直線のものは「直破風」、左右破風板の一方が長いものは「流破風」。城では御殿の入口などで照り破風がよく見られます。

破風の間【はふのま】専

破風の内部にできる屋根裏部屋のような空間を利用した、攻撃や監視の場のこと。採光や装飾のために設けられる千鳥破風は出窓のように壁面から突出するため、その空間を活用します。広さは破風の大きさにより異なりますが、千鳥破風は4畳ほど、入母屋破風は10畳超に及びます。

孕み出し【はらみだし】専

経年劣化により、石垣の中央部分が妊婦さんのお腹のように膨らむこと。石垣が自然崩落するときは、上部や端からではなく、中央部分から破裂するように崩れます。石垣の内部で排水を助け振動を吸収・分散している裏込石の隙間が、上下左右からの圧力により詰まって沈下し、外側に押し出されるのです。孕み出しにさらなる圧力がかかり堪えきれなくなると、内側から押し出されて崩落します。

バランス栄養食

【ばらんすえいようしょく】食

戦国時代の「兵糧丸」は、現代でいうカロリーメイト。丸薬状の携帯保存食で、築城名人とされる山本勘助の秘術書『老談集』のレシピによれば、効率的なカロリー摂取に重きが置かれ、いわばダイエットクッキーの先駆けでした。伊賀の忍術秘伝書『萬川集海』に記されているのは、「飢渇丸」や「水渇丸」のレシピ。1日3粒食べれば4～5日は喉が乾かないという、嘘のような食べものです。

バルーン天守

【ばるーんてんしゅ】エ

水口岡山城（滋賀県甲賀市）で制作された、巨大なバルーンの天守。三浦正幸先生の設計です。お城EXPO2019では、古河城のバルーン天守もお目見えしました。

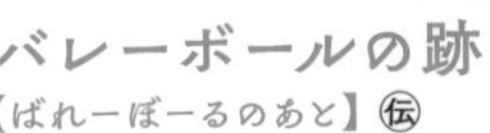

バレーボールの跡

【ばれーぼーるのあと】伝

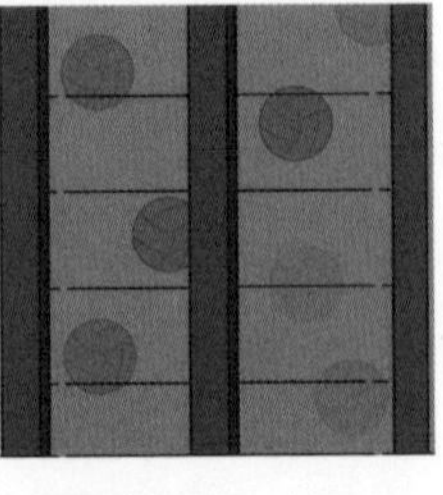

川越城本丸御殿の大広間の天井に、無数に残存。廃城後に中学校の屋内運動場として使われた痕跡です。幕末に建てられた本丸御殿は、全国に4棟しか残っていない御殿のひとつ。

藩校【はんこう】

江戸時代、各藩が藩士の子を教育するために設立した学校のこと。会津若松城下にある会津藩の日新館、萩城三の丸にあった長州藩の明倫館、水戸城三の丸にある水戸藩の弘道館などが有名です。佐賀城内に建つ佐賀県立佐賀西高校は、佐賀藩の藩校・弘道館が前身。佐賀県立唐津東中学校・高校は唐津藩の藩校・志道館が前身で、かつては唐津城の二の丸にありました。

日新館

播州皿屋敷
【ばんしゅうさらやしき】(伝)

歌舞伎、浄瑠璃、講談の題材。お菊の亡霊が井戸で夜な夜な「いちまーい、にまーい……」と皿を数えるシーンで知られる怪談。姫路城のお菊井戸がその舞台とも。

番所【ばんしょ】(専)

警備や見張りのため、城内に置かれた施設のこと。「与力番所」は、上級武士に従う与力という役職の人が詰めた番所。与力配下の同心が詰めた番所は「同心番所」。

万里の長城【ばんりのちょうじょう】㋓

古代中国でつくられた世界史上最大規模の防御壁。起源は紀元前7世紀で、始皇帝が統一整備。城壁は約6,259km残っており、総延長は2万1,196.18kmとされます。国際宇宙ステーションから180mm望遠レンズ付デジタルカメラでの撮影に成功。山と平原の険阻な場所に城壁をつくり、一定間隔で烽火台を設置。関所も置かれています。

ピアノバー 赤い靴
【ぴあのばー あかいくつ】㋓

高知城の近くにあるバー。なんと、経営者の田中滋子さんが私費で30年間、高知城をライトアップなさっています。店内にライトのスイッチがあり、押すことも可能。すばらしい地元愛です。

控柱【ひかえばしら】(専)

本柱(親柱)の転倒を防止する柱。有事には板を渡して、城兵が乗る足場としていました。

比高【ひこう】(専)

2地点間の高低差のこと。標高が高い山城でも比高が低ければ登る距離はわずか。登城の難易度や所要時間を測る指標になります。山城は比高100～200m以上の山や尾根上に築かれているのが一般的で、戦国武将の居城も比高300m程度。せいぜい1時間程度で登れます。ちなみに標高ナンバーワンの城は、標高1,760m／比高780mの贄川城（長野県塩尻市）。御坂城（山梨県南都留郡富士河口湖町）も標高1,570m／比高680mとなかなかハードです。

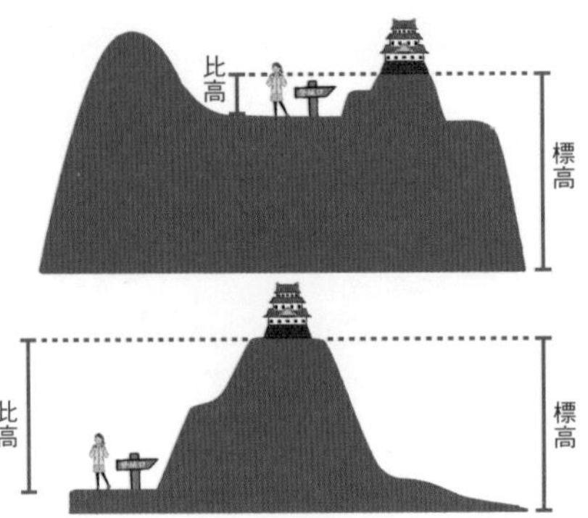

肘壷【ひじつぼ】(専)

門扉を鏡柱に取り付けるための金具。鏡柱に打ち込んだ「肘金」と、門扉に打ち込んだ「壷金」を組み合わせて、肘金の芯棒を壷金の穴に突き刺すことで回転させます。

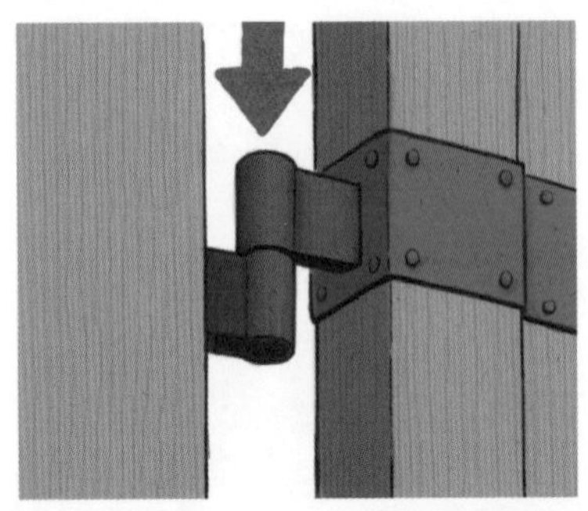

毘沙門天【びしゃもんてん】

仏教における四天王のひとつで、北方を守護する軍神・武神。上杉謙信が尊崇し、自らを毘沙門天の転生と信じていたとか。春日山城内の護摩堂で戦勝を祈願し、毘沙門堂に籠った後に「毘」の軍旗をはためかせて出陣したといわれています。

ビスタライン【びすたらいん】

家康が生まれた岡崎城と、徳川家と松平家の菩提寺・大樹寺を結ぶ約3kmの直線。家康を敬う徳川家光が、本堂から三門、総門を通して岡崎城を望めるよう設計。

ヒストリアラウンジ湯殿

【ひすとりあらうんじゆどの】(エ)

甲府城域内に建つ「城のホテル甲府」13階の天然温泉に併設された展望エリア。甲府城はもちろん、武田氏3代の武田氏館も見下ろせます。江戸中期の文献には、甲府城内の楽屋曲輪（現在の山梨県庁構内）に温泉が湧き出していたと記載があります。

引っ越し上手【ひっこしじょうず】

信長は、日本で初めて城の引っ越しをした人。小牧山城、岐阜城、安土城と、お金をかけて築いた城をためらわず数年で移転。分国支配の時代、父祖の地を離れるという発想はかなり画期的でした。目的達成にふさわしい土地を拠点にする、すばらしい行動力。しかも革新的な城づくりを完成すべく、段階的に試行錯誤していのだからかなりの引っ越し上手です。ユーモアのある柔軟な人だったようで、放火好きは否めないものの、趣味は相撲や茶の湯、幸若舞となかなかの文化人。外国人にもビビらない肝の座りっぷりはたいしたもので、ビロードのマントをまとってみたりとファッションにも興味があったようです。

一口城主【ひとくちじょうしゅ】

市町村などが実施する制度。一定額を寄付すると城主として認定され、城主証や入城が無料になる城主手形の進呈、芳名板への氏名の記載、瓦への記銘権などの特典があります。二条城では、抽選で一日城主に選ばれる特典も。ふるさと納税（→P155）に該当するものもあるなど、各城が趣向を凝らしています。

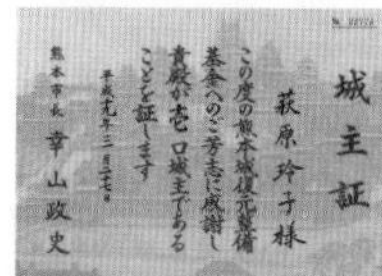
城主証
荻原玲子様
この度の熊本城復元整備基金へのご芳志に感謝し貴殿が壱口城主であることを証します
熊本市長 幸山政史

人柱【ひとばしら】

城の安泰を祈願し、生贄として人を生き埋めのする人身御供のこと。地盤が安定しないなどの理由で築城工事が進まないとき、人柱を立てて完成させた伝説が多々あります。長浜城、白河小峰城、郡上八幡城、大垣城、大洲城など数知れず……。松江城下では、盆踊りの最中にさらわれた娘が人柱に。城の完成後に続いた怪現象は娘の呪いと噂され、祟りを怖れて城下で盆踊りを踊らなくなった歴史があります。

雛型【ひながた】

実物と同じデザインや形で製作した、ミニサイズの模型のこと。築城に関する資料は残さないため、天守の建築・修復時に内部の木組みが分かるようにつくった「天守雛型」は全国で数点しか存在しません。大洲城の天守雛型はその1つ。大洲藩の大工棟梁を務めた中野家から見つかり、復元時の貴重な資料になりました。

ヒビ割れ【ひびわれ】

天守や櫓の柱のヒビ割れは、破損ではなく「背割り」という処理。材木が乾燥して変形・収縮のために表側にヒビ割れができるのを防ぐため、あらかじめノコギリで人為的に裏側に割れ目を入れておきます。現在は一般的ですが、多くの天守が建てられた江戸時代初期にはこの技はありませんでした。木造復元された大洲城天守の柱に「伝統工法により背割りを入れていません」と説明があるのはこのためです。

一二三段【ひふみだん】

津山城のように、三の丸、二の丸、本丸が段上に高くなる縄張のこと。

ひみつ道具【ひみつどうぐ】㋓

ドラえもんの四次元ポケットから出てくるひみつ道具には、「飛び出す建物シリーズ 日本のお城」なる本も。裏山で開くと、姫路城にそっくりな城が登場します。天守最上階から城外に通じる落とし穴など、しかけもたくさん。のび太城からジャイアン城になった後、花火となって夜に消えました。ちなみに「風雲ドラえもん城」なる、風雲！たけし城(→P152)に似たひみつ道具もあります。

159年越し
【ひゃくごじゅうきゅうねんごし】

平成30年7月豪雨で被害を受けた岡山県高梁市に派遣されたのは、新潟県長岡市の職員。長岡藩の改革に尽くした河井継之助は、備中松山藩の山田方谷のもとで1859(安政6)年から修養に励み、その教えをもとに藩政改革に成功した歴史があります。長岡藩の恩義と、方谷と継之助が紡いだ縁。親切や善意はいずれ返ってくる、時を越えた恩返しのストーリーです。

100万石【ひゃくまんごく】

土地の生産性を米の量で表したものを「石高」といいます。1石＝成人男性が1年に食べるお米の量ですから、100万石は100万人分。「加賀百万石」といわれた加賀藩の石高は120万石に達し、江戸幕府を除いて大名としては最大の石高でした。

白虎隊【びゃっこたい】(人)

1868(慶応4)年の会津戦争の際、15～17歳で編成された会津藩の少年部隊。隊長とはぐれた白虎隊士中二番隊20人は、山中を潜行しながら会津若松城を目指し、飯盛山に到達。炎に包まれる城下を目の当たりにし、武士の誉れと自刃して19人が最期を遂げました。自刃の地からは、会津若松城の天守が見えます。

屏風折れ土塀
【びょうぶおれどべい】(専)

横矢が掛けられる、つづら折りの土塀。松本城、篠山城、松江城などの絵図には描かれているものの遺構はなく、山形城で初めて発見されました。西尾城（愛知県西尾市）で復元されています。

兵糧攻め【ひょうろうぜめ】(専)

籠城側の補給路を断って兵糧を欠乏させる城攻めの方法。

ヒル下がりのジョニー

【ひるさがりのじょにー】

梅雨時の山城にはびこるヤマビルに効果的なスプレー。ヒル除けスプレーのなかでも忌避効果の高い最終兵器です。5～10月の雨が降った後は、ヤマビルの動きが活発になるため、常備をおすすめします。万が一咬まれてしまったとしても、ジョニーを少しかければヤマビルが剥がれます。血を吸ったヒルは5週間ほどで産卵、その後3週間ほどで孵化するので、心苦しいですが殺すこと。踏んづけたくらいでは死なないので、ジョニーをたっぷりかけることをおすすめします。

琵琶湖ネットワーク

【びわこねっとわーく】

信長が構築した、琵琶湖を活用した軍事的な支配体制のこと。東海・北陸・京を結び、琵琶湖西側にも主要幹線が通る地に琵琶湖を取り込むように安土城を築城。古来、重要な港を擁していた明智光秀の坂本城、羽柴秀吉の長浜城、織田信澄の大溝城（滋賀県高島市）を結び、琵琶湖を統一支配下に置き、軍事的・経済的に交通の要衝である琵琶湖の支配体制を整えたと思われます。

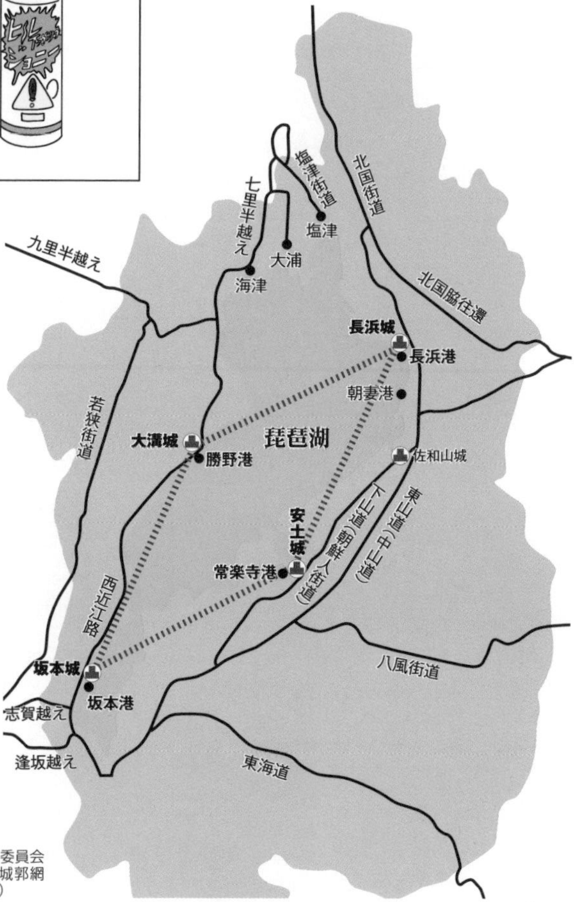

信長の琵琶湖城郭ネットワーク（滋賀県教育委員会「近江城郭探訪」掲載「信長の近江における城郭網（中井均著「近江の城」を改変）」をもとに作図）

檜皮葺と柿葺

【ひわだぶきとこけらぶき】㊪

屋根の仕上げ方。「檜皮葺」は、長さ約45.5～75.7cmの檜(ひのき)の樹皮を1.2cmほどの間隔で重ねて葺く方法。「柿葺」は、厚さ3mm、長さ30cmほどの薄い椹(さわら)や檜の板割を何枚も重ねて葺く手法。

檜皮葺

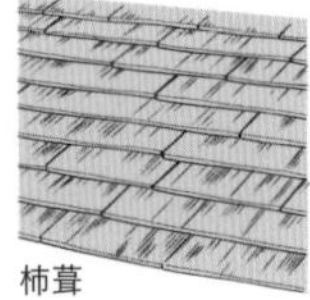

柿葺

VR【ぶいあーる】㊓

「Virtual Reality（バーチャル・リアリティ）」の略。「人工現実感」や「仮想現実」と訳される空間表現を意味します。スマートフォンやタブレットなどの画面上で、今はない建物などがまるで現実世界のように精巧に表現されるのが魅力。凸版印刷(とっぱんいんさつ)が提供する「ストリートミュージアム」は、姫路城や松本城などのVRが楽しめる体験型VR観光アプリ。城内のVRポイントでデバイスをかざせば、江戸時代にタイムスリップできます。

FieldAccess2

【ふぃーるどあくせすつー】㊓

山城歩きに欠かせない、登山アプリの優秀作。国土地理院の地形図をキャッシュでき、GPS機能をオンにしておけば現在地を表示できます。最大の魅力は、トラックログ(GPSログ)の記録機能。自分の歩いた経路を記録できるので、山中で迷子になる心配がなく、登城道のない山城でも登山口や分岐点を確認できて安心です。

風雲！たけし城

【ふううん！たけしじょう】㊓

1980年代にヒットした、視聴者参加型バラエティ番組。城主はビートたけし。「ジブラルタル海峡」「竜神池(りゅうじんいけ)」「悪魔の館(やかた)」「キノコでポン！」などのアトラクションに、毎回100人が挑戦。水浸し・泥まみれになりながら難関を突破すると、たけし城の前で最終戦が行われます。たけし城を攻略すると賞金100万円がもらえました。放送から20年経った今、なんと海外で人気を博しているそうです。

福井県庁【ふくいけんちょう】

島根県庁が松江城の三の丸、佐賀県庁が佐賀城の二の丸、静岡県庁が駿府城(すんぷじょう)の三の丸、名古屋市役所が名古屋城の三の丸にあるように、全国の県庁や市役所は、城の二の丸跡や三の丸跡にあるケースが多数。そんな中、福井県庁は本丸に所在する稀有な例。江戸時代に福井藩庁だった福井城は福井県庁となり、今も行政の中心地として機能しています。本丸内には県庁や県会議事堂などがあり、朝の通勤時間には人々がせわしなく福井城へと登城する不思議な光景が見られます。老朽化により移転予定。

国土地理院空中写真

藤波辰爾【ふじなみたつみ】㊟

城好きのプロレスラー。理想の城「藤波城」を設計し、工務店に見積もりを出してもらった過去も。「120億のところ20億サービスして100億円でOK」と言われたそうです。大坂城内にある大阪城ホールや名古屋城内にある愛知県体育館など、今なお城内で戦いを繰り広げている現代の武士。CATV番組『藤波辰爾の歴史探訪』では、素敵な笑顔で全国城めぐり中。

伏見桃山城キャッスルランド
【ふしみももやまじょうきゃっするらんど】㊓

かつて京都市伏見区にあった遊園地。伏見城をイメージした模擬天守や、ジェットコースター、プールなどがありました。2003（平成15）年に閉園。解体予定だった模擬天守がそのまま残っています。

不浄門【ふじょうもん】

江戸城の鬼門に置かれた、死人や罪人を城外に出す門。城内で刃傷沙汰を起こした浅野内匠頭や、流罪となった大奥御年寄の江島も、ここから出されました。

フタバアオイ【ふたばあおい】

葉っぱがハート型の植物。葉を3つ組み合わせたデザインの家紋が、徳川家「三つ葉葵」。「この紋所が目に入らぬか！」と助さん＆格さんが見せつける、水戸黄門（徳川光圀）の印籠のマークでおなじみです。

ブツ切り【ぶつぎり】

九州南部に分布する地質「シラス台地」と浸食谷（開析谷）を利用して築かれた、志布志城（鹿児島県志布志市）や知覧城（鹿児島県南九州市）。その堀切は、台地をざっくりブツ切りにしたかのようにダイナミック。シラス台地のおかげで、ほぼ垂直に削り込んだような、絶対に攻略できない殺人的な切岸（→P72）が叶います。

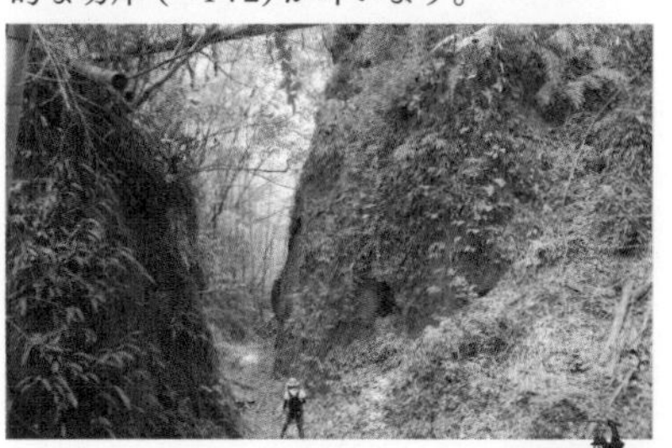

復興応援缶
【ふっこうおうえんかん】(エ)

パッケージやラベルに名城がプリントされた飲料や食品は、それだけで立派な城グッズ。売店チェックは外せません。定番の飲料でご当地城限定ラベルが発売されることもしばしば。サッポロビールの熊本城復興応援缶は1缶につき1円が熊本城災害復旧のために寄付されるほか、復興城主制度を広めるべく缶にQRコードを設ける工夫も。沖縄オリオンビールの首里城再建支援ラベルは、1本の売り上げにつき3円が、首里城の建築材・チャーギの植樹費用に活用されます。

筆まめ【ふでまめ】

自筆の手紙が多く残るのが、郡山城（広島県安芸高田市）を居城とした毛利元就や、仙台城を築いた伊達政宗。自筆こそ最高の礼儀という美学があったのでしょうか。元就は家族に当てた人間味溢れる手紙が多く、家族思いの人柄だったよう。政宗は気さくで人付き合いがうまく、家臣にまでこまめに贈り物をする心配りの人でした。

舟肘木【ふなひじき】(専)

天守や御殿などの外壁の装飾部材のひとつ。柱の上につけられる、下端を船のような形にしたもの。

不夜城【ふやじょう】(外)

中国の山東省にあったとされる古代都市。夜でも太陽に照らされ明るかったといわれます。転じて、夜間も灯火が絶えない、徹夜が恒常的な繁華街や建物などをたとえる言葉として使われます。馳星周の小説で映画化もされた『不夜城』は、日本一の眠らない歓楽街・新宿歌舞伎町が舞台。

フランシスコ・ザビエル
【ふらんしすこ・ざびえる】(人)

スペイン宣教師で、イエズス会の創設メンバー。1549（天文18）年に日本に初めてキリスト教を伝えた人物です。一宇治城（鹿児島県日置市）で島津貴久に謁見し、宣教を許可されました。スペインの地方貴族で、生家はナバーラ州のハビエル城。

振袖火事【ふりそでかじ】㊍

1657（明暦3）年に発生した、江戸の6割を焼き尽くした大火災「明暦の大火」のこと。恋煩いで亡くなった娘の振袖を供養して焼き払おうとしたところ、一気に燃え広がった伝承が由来（諸説あり）。江戸城にも延焼し、3代将軍・家光が建てた寛永天守も焼失。4代将軍・家綱は再建を計画し天守台はすぐさま積み直されましたが、補佐役の保科正之が財政難を理由に中止を進言したことで天守建造は取りやめ。以後、計画は持ち上がったものの再建されませんでした。

ふるさと納税
【ふるさとのうぜい】㊁

城にかかる管理・維持・修復費用は莫大。故郷や応援したい地域に寄附ができるふるさと納税では、寄付金の使い道として城の復元整備事業などを選ぶことができるケースがあります。しかも、返礼品には城にまつわる権利や城グッズがもらえる自治体も。一石二鳥です。

山中城

整備・維持管理費用として寄付。返礼品の1つは、普段は史跡保護のため立ち入れない障子堀に入る権利。障子堀の威力を身をもって思い知る特別な体験ができます。

丸亀城

「日本一の高さを誇る丸亀城石垣を修復する事業」を選択可。2018年の西日本豪雨などで崩れた石垣の修復を支援できます。寄付するともらえる「丸亀城石垣復興城主証」を提示すると、石垣が復興するまでの間、天守の観覧料が無料に。

熊本城

2016年の熊本地震で被害を受けた「熊本城の復旧・復元」を選択可。1万円以上の寄付で復興城主となり「城主証」と「城主手形」がもらえるほか、デジタル芳名板に名前が掲示されます。

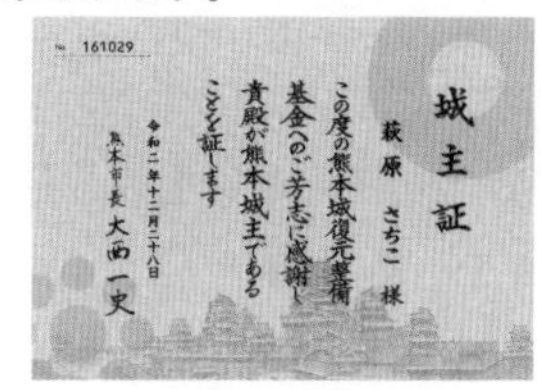

松江城

寄付金の使い道として史跡整備を選択可。返礼品のひとつ「松江城はんこ」は、松江城のイラストと希望のネームを入れてつくってもらえる印鑑。銀行印としてもOK。

文化財保護法
【ぶんかざいほごほう】

戦前の「国宝保存法」や「史蹟名勝天然紀念物保存法」などを統合した法律。文化財保護法に基づいて、天守や櫓、門などが国宝や重要文化財に指定されています。

文禄・慶長の役
【ぶんろく・けいちょうのえき】㊯

明国(みんこく)征服を宣言した秀吉が、足がかりとして朝鮮半島に侵攻した戦いのこと。「朝鮮出兵」「唐入り(からいり)」とも。1592～93（文禄元～2）年の文禄の役、1597～98（慶長2～3）年の慶長の役と、戦いは足掛け7年に及びました。西国の諸大名を中心とした総計約30万人が、名護屋城(なごやじょう)から朝鮮半島へと渡海。はじめは優勢でしたが徐々に形勢は悪化し、秀吉の死によりようやく終焉を迎えました。名護屋城や倭城(わじょう)（→P197）の築城を通して、全国の大名が築城技術を習得し、城を築く転機ともなりました。

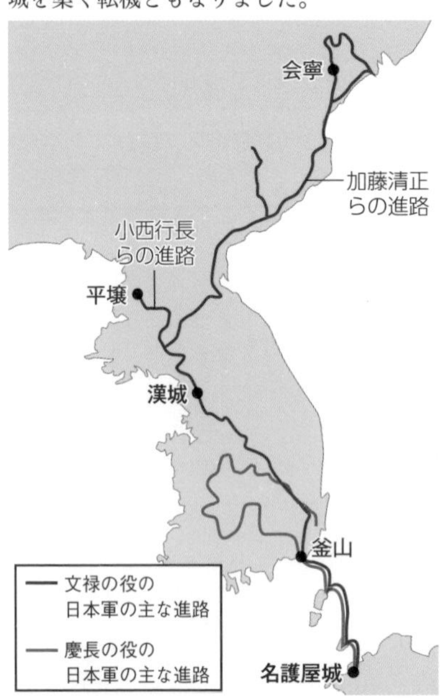

ベアークロー
【べあーくろー】㊟

漫画『キン肉マン』に登場するウォーズマンの武器で、手甲から飛び出す鉤状(かぎじょう)の爪。私は山城で木にクマの爪痕を見つけたとき、「これはクマの爪痕ではない、ウォーズマンのベアークローの痕だ。ちょうどこの山城で超人オリンピックが開催されているだけだ……」と、まずは心を落ち着かせます。爪痕がフレッシュな場合は引き上げることも大切。冷静に、落ち着いて行動しましょう。

平成最後の築城
【へいせいさいごのちくじょう】

2019（平成31）年3月29日に公開された、兵庫県尼崎市の尼崎城(あまがさきじょう)のこと。地元資産家の10億円以上の寄付を機に実現。尼崎城の西三の丸に建てられ、尼崎城や地域の歴史・文化を楽しみながら学べる、新しい歴史エンターテインメント施設です。

平成中村座
【へいせいなかむらざ】㋓

18代目中村勘三郎が実現した歌舞伎公演。タイムトリップをしたような時空を超えるエンターテインメントがコンセプトで、江戸の芝居見物を体験できます。江戸歌舞伎の発祥地である浅草で旗揚げされ、現在は日本各地、さらには海外へも進出。名古屋城の二の丸広場、大坂城の西の丸庭園のほか、小倉城天守閣再建60周年を記念した小倉城公演も行われました。

兵農分離【へいのうぶんり】

武士と農民との社会的立場を区別する、身分分離政策。信長が本格的に推し進めたとされます。農民が農閑期に兵士を兼業する「半農半士」の時代から、農業をしない専業兵士の時代へシフト。城下に住むプロの武士集団ができたことで機動力と軍事力が飛躍的に上がり、農閑期に限定されていた戦いは無期限になりました。一定期間持ち堪えれば勝ち目があった籠城戦にも影響し、城の構造も変化していきます。

ベストシーズン【べすとしーずん】

城歩きは、近世の城なら春または秋、中世の山城なら草木が枯れ果て堀や土塁などがよく見える冬がおすすめ。夏は天守までの道のりに日差しを遮る場所が少なく、直射日光が直撃しがち。夏の山城は、暑い上に遺構はほぼ見えず、マムシやダニなどの虫や動物もいて危険です。夏だからこそ楽しめるのは、建物内の展示が充実した城や、資料館や博物館が隣接する城。冷房の効いた涼しい室内で展示物を鑑賞しましょう。

夏の大坂城

冬の大坂城

ベルサイユのばら
【べるさいゆのばら】㋓

池田理代子による、フランス革命を主題にした漫画。舞台として登場するヴェルサイユ宮殿（ヴェルサイユ城）は、フランス王ルイ14世が建造。17世紀建築の傑作と謳われるヴォー・ル・ヴィコント城を手がけた建築家や造園家などが引き抜かれ築かれました。ルーブル美術館の近くにあるパレ・ロワイヤルは、ルイ14世が幼少期を過ごした城。漫画では、アンドレが視力を失うきっかけになった黒い騎士の城として登場します。

ヘンテコ城めぐり
【へんてこしろめぐり】㊓

「れきしクン」こと歴史ナビゲーター・歴史作家の長谷川ヨシテルの著書。ちょっと変わったエピソードや歴史を持つヘンテコな80城を、おもしろおかしく、かつ愛情たっぷりに語ってくれるユニークな城読本。れきしクンの知識量と話術はすごい。

ほうとう【ほうとう】㊍

山梨県の郷土料理。うどんより太く平たい麺を野菜とともにぐつぐつ煮込んだ、味噌味の鍋。武田信玄が陣中食として振る舞ったという俗説があります。徳川家に召し抱えられた武田家遺臣が尾張徳川家領内に伝えたほうとうが、名古屋の味噌煮込みうどんやきしめんの始まりという説も。

焙烙火矢【ほうらくびや】㊕

戦国時代に使われた、火薬を用いた手榴弾のような兵器。「焙烙玉」とも。陶器に火薬を入れ、導火線に点火して敵方に投げ込みます。能島城を拠点とした村上海賊をはじめ、瀬戸内の水軍が使っていました。火薬量や風の強さにより異なりますが、射程は30mに及ぶとか。甲賀忍者は、毒入りの焙烙矢を放っていたともいわれます。

防塁【ぼうるい】㊕

平安～鎌倉時代、沿岸や国境線、尾根などに平行に築かれた土塁や石垣、塹壕のこと。1189（文治5）年の阿津賀志山の戦いで藤原泰衡が築いた阿津賀志山防塁（福島県伊達郡国見町）は、街道を土塁と堀で遮断し騎兵隊を阻止する、約3kmにも及ぶ長大な二重の防塁。石築地（→P43）も、騎馬の侵攻を阻止する防塁です。

墨城画【ぼくじょうが】

墨絵師の御歌頭が描く、城の墨絵。墨の濃淡だけでこんなにも躍動感のある城が表現できるとは……！ 城にまつわる歴史のうごめき、そこに生きた人々の命など、生命を宿したような画が魅力です。15～20分で城や戦国武将の墨絵を描き上げるライブパフォーマンスは、芸術的すぎて魔法の域。墨城画入りの「墨城印」も大人気です。

©墨絵師 御歌頭／戦国魂

星型の城【ほしがたのしろ】

幕末に築かれた函館の五稜郭は、「稜堡」を5つ並べて石垣・水堀・土塁で囲んだ稜堡式城郭(→P16)。星型の凹みの部分に堡塁「半月堡」をひとつ設けています。五稜郭は5つの稜堡を持つ城の総称で、五稜郭の近くには、4つの稜堡を持つ四稜郭もあります。龍岡城(長野県佐久市)も幕末に築かれた星型の"五稜郭"。フランスのボーバン城がモデルとされます。現在、内城と呼ばれる五稜郭の内側に建つのは市立田口小学校。日本で唯一、星型の敷地に囲まれた、珍しい学校です。

五稜郭

干し殺し【ほしごろし】㊧

1578(天正6)年、信長に反旗を翻した別所長治が籠城する三木城を、信長方の秀吉が攻めた戦い。悲惨な兵糧攻めにより、三木城内では餓死者が続出。1年10か月に及ぶ籠城の末、長治は降伏し自刃しました。当時の二大勢力である織田氏と毛利氏の抗争を語る上でも外せない、情勢を象徴する戦いのひとつです。信長方は膨大な数の付城とそれらをつなぐ多重土塁を構築して、三木城を完全包囲。多くの付城や土塁が現在も残ります。戦いとは総力戦で、攻城側は籠城側のネットワークを断ち切れるかがカギ。籠城側は、簡単に機能停止しないネットワークを構築しておけるかが重要になります。双方の戦略や意図を感じ取りながら歩くと、ちょっとした土の高まりにしか見えない土塁が脅威に思えてきます。これぞ、城をめぐる戦いの場を歩く醍醐味です。

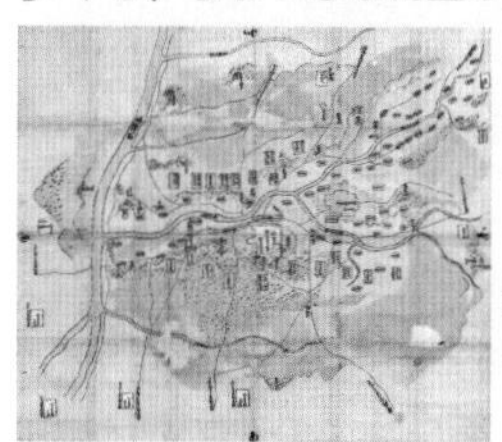

羽柴秀吉による三木城包囲図(雲龍寺所蔵)

戊辰戦争【ぼしんせんそう】㊧

明治維新期、1868(慶応4)年(=戊辰の年)から続いた、新政府軍と旧幕府軍との一連の戦い。鳥羽・伏見の戦いで新政府軍に敗れた15代将軍・徳川慶喜は、大坂城から江戸城へ撤退。やがて江戸城は無血開城したものの旧幕臣は抗戦を続け、上野戦争や会津戦争などが勃発して宇都宮城や長岡城、白河小峰城や二本松城、会津若松城、松前城などが戦いの舞台になりました。1869(明治2)年5月、箱館戦争で終結。

さくら坊芳盛　本能寺合戦之図(国立国会図書館所蔵)
※「本能寺合戦」とあるが、実際は上野戦争の様子を描いている。

掘立柱建物
【ほったてばしらたてもの】㊫

地面に穴を掘って柱を立て、建物を建てる工法。かつての日本の建物の建て方で、中世の城の建物の形式です。大陸から建築技術が伝わると、礎石の上に建てる工法が主流に。柱をそのまま地中に埋めると腐食してしまいますが、礎石を置けば柱が直接地面と接しないため、腐食を防げて、老朽化を遅らせることができました。

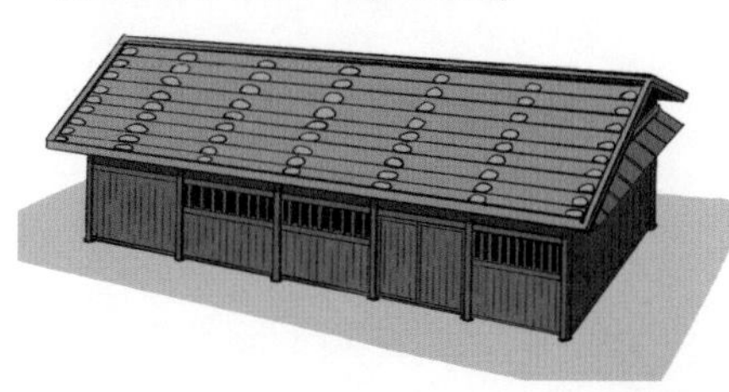

ホテルニューオータニ

【ほてるにゅーおーたに】㊓

江戸城外郭の喰違門（喰違見附）内、東京都千代田区紀尾井町に建つホテル。「紀尾井町」の地名は、紀伊徳川家の上屋敷、尾張徳川家の中屋敷、彦根藩井伊家の中屋敷が由来。ホテル内の約4万㎡に及ぶ日本庭園は、井伊家中屋敷の林泉回遊式庭園の片鱗です。

堀切【ほりきり】㊕

敵が尾根伝いに侵入するのを阻止すべく、尾根を分断するように掘られた空堀のこと。尾根筋や峰を堀切で遮断して、城域を独立させます。二重、三重に設けられるケースも少なくありません。ときには岩盤を削り込んだものもあり、思わず声を上げるほど圧巻です。

堀切

本瓦葺【ほんがわらぶき】㊕

城や寺院で採用された、丸瓦と平瓦を交互に組み合わせて葺いた屋根。通常は素焼きの燻瓦ですが、寒冷地では冷結膨張防止のため、会津若松城の赤瓦（→P34）や金沢城の鉛瓦（→P135）を採用。江戸城天守などでは軽量化のため銅瓦（→P130）が用いられました。

ポンジュース【ぽんじゅーす】㊍

愛媛県松山市に本社を置くえひめ飲料の、全国的知名度を誇るロングセラー。松山城にもポンジュースの自動販売機があります。松山城ロープウェイ駅舎には蛇口のモニュメントがあります（飲めません）。

とじ込み付録

戦国の山城

【服装】

ウェア（上）

季節を問わず「重ね着」が基本。こまめに着脱して体温調整を。インナーは吸湿・速乾性、アウターは防風・防水性もある素材がおすすめです。アウターは山城と同化する緑や黒は避け、仲間が見つけやすい目立つ色を選ぶといいですよ。

ウェア（下）

虫刺されやケガを防ぐため、肌の露出は控え長袖・長ズボンが鉄則。登山用のパンツは、軽くて丈夫で伸縮性○。ムレにくく撥水・防風性もあるので1本持っておくのがおすすめです。

トレッキングシューズ

山城歩きの最重要アイテム。最低でもスニーカーを。底が厚く固いトレッキングシューズは疲れを軽減でき、足場の悪い道も安全です。足首までサポートしてくれるハイカットタイプがおすすめ。自分の足に合ったサイズ選びも重要。お店では「軽登山／トレッキング用」で相談を。

防寒具や雨具、レジャーシートも準備

縄張図や城内マップはマストアイテム

Useful items for visiting castles

持ち物と便利グッズ

ハイキングやトレッキングのイメージで準備しましょう。

❶リュック

なるべく両手を空けて。軽量で撥水性があるアウトドア用ザックやサコッシュが、使い勝手もよくおすすめ。

❷帽子

日除けのほか、クモの巣や小枝から顔を守ってくれます。キャップよりハットのほうが首までガードしてくれるのでベター。

❸タオル・手ぬぐい

山ではこまめに汗拭きを。手ぬぐいはすぐ乾き、濡らして首に巻けば涼しく便利。

❹防寒具・レインコート・傘

山の天気は変わりやすく、気温も激変するので注意。ポケッタブルのナイロンパーカーは、軽量でコンパクトに持ち歩けて便利。ストレッチ素材でムレにくく、撥水・防風性が高ければなおよし。

❺縄張図・パンフレット

迷子を防ぎ城の設計を読み解く必需品。縄張図に慣れない人は、パンフレットにあるイラストや図で。準備を忘れたら、登城口の案内板やマップを写真に撮ってから出陣。

❻スマートフォン

緊急連絡用のほか、GPS機能があれば遭難対策に。地形図や天気予報、方位磁針、ARなどのアプリを駆使すれば山城歩きが充実します。慣れてきたら、登山用GPS地図アプリの導入を。地形図をもとに便利な情報が詰め込まれ、圏外環境でもGPS機能で現在地を把握。ログ機能で歩いたルートが記録でき、トラックデータは共有可能。「YAMAP」「山と高原地図」「ヤマレコMAP」などがおすすめ。

❼飲みもの・おやつ

山城に自動販売機はありません。エネルギー補給用に、チョコなどの甘いものも用意。暑い時期には塩飴もあると○。

アプリを駆使すれば充実！充電器も忘れずに

軽くて水を弾くリュックが○、熊ベルも

❽ウエットティッシュ・レジャーシート

汚れを拭き取れるだけでなく、手を擦りむいたときなどには消毒も。ランチタイムや休憩時にはレジャーシートがあると○。

❾バッテリー・充電器

地図を見たり、写真を撮ったり。山城では電力を消耗しがち。スマートフォンやカメラのバッテリーは多めに準備を。

❿トレッキングポール

脚力や体力に自信がない人はあると安心。下りは頼るとかなりラク。女性用もあるので、握りやすく長さが合っているものを。

⓫軍手

木やロープを掴むとき、斜面をよじ登るとき、藪漕ぎの際に必需品。防寒にも。

⓬防水スプレー・虫除けスプレー

雨対策のほか、あらかじめかけておけば汚れ防止にも。夏は虫除けも必需品。

⓭ゲイター

シューズや靴下を、泥・雪・砂・雨などから守ってくれるカバー。足元の汚れ防止に。

⓮熊ベル

熊が出没する山城ではマスト。便利なスプレーもあります。ひとりは避けて複数でわいわい話しながら登りましょう。

山城グッズはどこで買える?

ウェアやシューズは、アウトドア・スポーツ用品店や登山用品店で揃います。アウトドアブランド、スポーツブランドなら間違いなし。グッズも登山コーナーでほぼ揃います。ワークマンの作業用グッズやホームセンターの園芸グッズなども、リーズナブルで実用性○。ランニング用の冷感素材アームカバーやスキー用の防寒タイツなど、スポーツ用の高性能アイテムも上手に取り入れるといいですよ。

How to enjoy the mountain castle

戦国の山城の楽しみ方5

山城を突然ふらりと訪れても、おそらくただの山にしか見えないはず。
山城歩きに必要なのは、想像力。想像の羽を広げる5つのヒントをお教えします。

パーツを発見する

「堀切（ほりきり）」「竪堀（たてぼり）」「横堀（よこぼり）」など、まずは山城を構成するパーツを探すのが第一歩。それらがどう機能しているのか、どのように組み合わせて防御力を上げているかを想像してみましょう。山に刻み込まれた痕跡が、先人の知恵や工夫、戦略を教えてくれます。

❶堀切（向羽黒山城）
❷土橋（滝山城）、
❸畝状竪堀（大葉沢城）

中津川を見下ろす、苗木城からの眺望

絶景に酔いしれる

山城は、山そのものが監視の場。敵の動きがよく見えるよう街道が見下ろせたり、兵糧の搬入路となる港が通じていたり。見える景色も山城を読み解く重要なヒントになります。

役割に着目する

領国の中心となる「本城」なのか、駐屯のための広い城なのか、国境で戦いの最前線となる城なのか。課せられた役割に着目すればその城の本質がわかるはず。目的に応じて、構造・規模・築かれる場所などに意味があることに気づけます。

小谷城から見る、虎御前山城。信長が小谷城を攻めたとき、街道を挟んで目と鼻の先に構築した陣城

勝間田城の五重堀切。侵入されないように尾根筋を細かく分断して階段状にしている

地形に注目する

山城は地形と密接な関係にあります。尾根伝いに侵入されないように「堀切」で仕切り、緩斜面は「切岸」や「竪堀」で敵の動きをブロック。土塁で壁をつくり、通路や出入口に折れをつくって敵を迎撃します。地勢の利点を生かし、弱点は土木工事で補うのです。城の“向き”も大切。たとえば山中城は、街道を挟み込むようなV字型。ホッチキスでバチンと挟み込むように、街道の軍勢を迎撃する戦略がうかがえます。

連携を考える

領国防衛も、城攻めも、総力戦。フォーメーションが大事です。領国内は城によるピラミッド構造のネットワークが構築され、戦いのときには臨時の城をたくさん構築して連動させました。ひとつの城を点で見るのも楽しいものですが、加えて周辺の城も意識すると、双方の戦略や時間の流れが連想でき、時空が動き出します。

賤ヶ岳の戦いで秀吉軍が築いた、賤ヶ岳砦からの眺望。北国街道を阻止すべく構築した秀吉軍の陣城群、それに対抗する柴田勝家軍の陣城群が一望できる

ご当地グルメやレジャーも抜かりなく

山城から下りた後は、温泉でさっとひと汗流して疲れをリセット。戦国武将が湯治した温泉や江戸時代に藩主が庇護した温泉のほか、銭湯も地域の雰囲気を味わえ、地元の人と交流できて楽しいですよ。地域の恵みに舌鼓を打つのも、アフター山城の外せない楽しみ。地域に伝わる郷土料理や城下町で生まれた伝統料理、藩主が推奨した酒蔵など、思わぬ角度から城や歴史に触れられます。

湧水の町・松本城下町にある銭湯

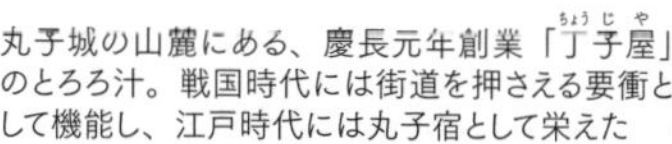

丸子城の山麓にある、慶長元年創業「丁子屋」のとろろ汁。戦国時代には街道を押さえる要衝として機能し、江戸時代には丸子宿として栄えた

How to photograph a mountain castle

山城撮影術

「後で見ると、何を撮影したかわからない……」は、“山城あるある”のひとつ。
記録に残り記憶しやすい、山城撮影のポイントを参考までに。

順番に撮影する

「帰り道に撮ればいいや」はやめて、その都度撮影を。歩いた順番に撮っておけば、写真データが時系列に整理されてログ代わりに。歩いたルートと照らし合わせれば、撮影場所をおおよそ特定できます。

案内板や縄張図を活用する

案内板や看板のカット、縄張図の該当箇所を前後に撮影しておくと、カメラロールが整理されます。

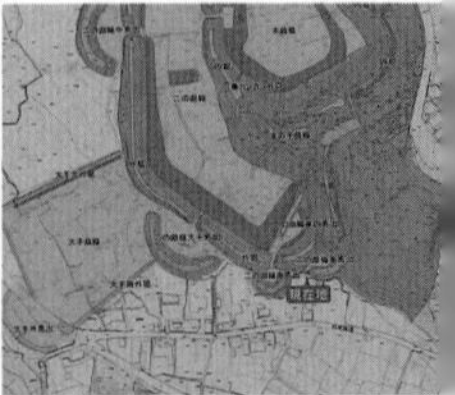

人を入れる

人物はスケール代わりになるので、一緒に入ってもらうと高低差や規模がわかります。

資料館を活用する

現地では見える範囲が限られてしまうため、広大な山城の特徴や全体像を掴むのは至難の技。登城前に資料館のジオラマやイラストで全体像を掴んでおくと、目の前の景色からイメージを膨らませやすく、おのずと撮るべきポイントも絞れます。

快晴を避け、エッジを意識する

写真はどうしても、肉眼では見える高低差が表現されません。堀切なら斜めから撮影するなど、エッジを強調するアングルで撮影しておくと、肉眼に近い感覚が表現できます。晴れの日は木の葉が影になってしまうため、曇りの日を選ぶのもポイント。

山城の掟 5カ条

山城歩きの満足度を左右するのは、ずばり下調べ。服装と持ちもののほか、❶〜❺をチェックして、安心・安全に楽しみましょう。

❶アクセス

観光地ではないため、アクセス悪し。電車やバスの時刻、駅からの距離なども下調べを。カーナビ未登録も常。交通状況、駐車場の有無なども事前に確認を。

❷所要時間

登城口から山上までの時間、城の見学に必要な時間を把握しておきましょう。暗くなる前に下山するのが鉄則。余裕をもって計画・行動を。

❸天気

足場が悪く斜面の移動もあるため、雨の日の登城は絶対NG。登り始めるときに降っていなくても、山では急転します。天気予報をこまめにチェックして、アプリの雨雲レーダーも上手に活用を。

❹虫と動物

ヒルやマダニ、スズメバチのほか、マムシ、猪、熊がいる山城は珍しくありません。油断すると、命に関わることも。種類や対策を調べておきましょう。

❺マナー

山城は遺跡であり、地域の大切な資産。ゴミを捨てるなどのマナー違反はもちろん、遺構を削ったり破壊しないように気をつけましょう。私有地であることも珍しくありません。近隣住民の迷惑にならないよう、声をかけるなどの配慮も心がけて。

はじめて行くならこんな山城

アクセス◎で登らずに済み、整備されて歩きやすい、コンパクトな山城からトライ！

これぞ戦国！ 土の城

① 山中城（静岡県三島市）

② 杉山城（埼玉県比企郡嵐山町）

③ 諏訪原城（静岡県島田市）

④ 知覧城（鹿児島県南九州市）

⑤ 玄蕃尾城（滋賀県長浜市）

①「障子堀」ならココ。東海道上にあり、車を降りればもう城内
②土の城のしくみと威力が必ずわかる、関東の名城
③「丸馬出」の代名詞
④シラス台地を使った断崖のような切岸に驚愕！
⑤緻密な設計が見事で明瞭。戦国山城の構造を理解しやすい

石垣×山城

備中松山城（岡山県高梁市）
落城も経験した巨大山城の一部を石垣の城にリフォーム。岩盤と石垣のコラボは迫力満点

絶景の山城

鳥取城（鳥取県鳥取市）
鳥取砂丘や大山のほか、鳥取城攻めの際の兵糧搬入ルートや港も一望

城と私③

山城を掘る

滋賀県立大学名誉教授
中井 均

私は考古学から戦国時代の城館跡を研究している。縄張研究では現在地表面に残された城郭遺構を図化して築城主体や築城年代を分析できる。しかし、城に構えられていた建物や、城で用いられていた道具などを明らかにすることはできない。つまり、埋もれてしまった構造物を明らかにできる最も有効な手段は、発掘調査なのである。

大学時代は1回生のときからほぼ毎日伏見城の発掘調査に参加し、語学や一般教養の単位を落としてしまった。しかし、現場では発掘調査のイロハを学ぶことができた。大学卒業後は何とか考古学でメシが食いたいと滋賀県米原町で文化財保護行政に身を置くことができた。そこで鎌刃城跡の発掘調査に携わることができたのである。

調査前の鎌刃城跡について知る人はほとんどいない。平成10～14年の5ヶ年にわたる発掘調査で石垣、枡形虎口、礎石建物、半地下式構造の櫓など多大の成果を収めることができた。その結果、戦国時代に石垣を持つ城として国史跡に指定され、さらには続日本100名城®にも選定された。文化財担当者冥利に尽きる調査であった。

その後、大学の教員となり、学生を指導する目的で岐阜県可児市の国史跡美濃金山城跡の発掘調査を行い、萩原さちこさんにも参加いただいた。

鎌刃城跡や金山城跡の調査成果は今後の整備事業で公開されることとなるだろう。

鎌刃城跡発掘調査時の私

中井 均（なかい・ひとし）
1955年大阪府生まれ。滋賀県立大学名誉教授。お気に入りの城は戦国時代では小谷城、近世の城では彦根城と大坂城。

お城にまつわる名作④
海外映画編

レジェンド・オブ・ゴースト カンタヴィル城と秘密の部屋

オスカー・ワイルド原作『カンタヴィル城の幽霊』の実写化。ゴーストが彷徨う、約250年前に築かれたカンタヴィル城が舞台。カンタヴィル家の子孫が、ゴーストを追い出そうとする現代の家族とともに、ゴーストたちを成仏させる戦いに挑みます。

監督：ヤン・サミュエル
出演：オドレイ・フルーロ、ミカエル・ユーン ほか
発売・販売：㈱トランスフォーマー　￥3800（税抜）

ゴーストとの
攻城戦
コメディ!

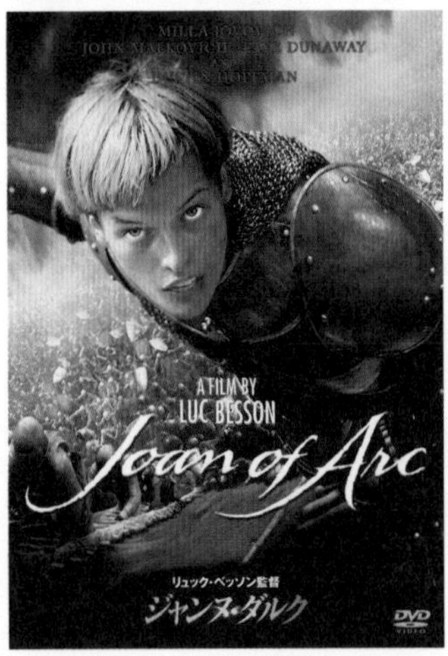

ジャンヌ ダルク

フランスの女傑・ジャンヌ・ダルクを描いたリュックベッソン監督作品。宗教的な要素が強く、フランスの英雄とされるジャンヌ・ダルクが別視点から描写されます。後のフランス国王・シャルル7世に謁見したエピソードが残るのは、ロワール地方のシノン城。

監督：リュック・ベッソン
出演：ミラ・ジョボヴィッチ、ジョン・マルコヴィッチ ほか
1,320円(税込)/1,200円(税抜)
発売元：TCエンタテインメント　提供：アスミック・エース
販売元：TCエンタテインメント

攻城シーンは
大迫力！

なかなか訪れられない海外の城へは、映画でワープ。
あの名作映画の撮影が、実際の城で行われていたなんて……！
いつか訪れてみたくなります。

円形の城なのは、
かつて霊廟
だったから

ローマの休日

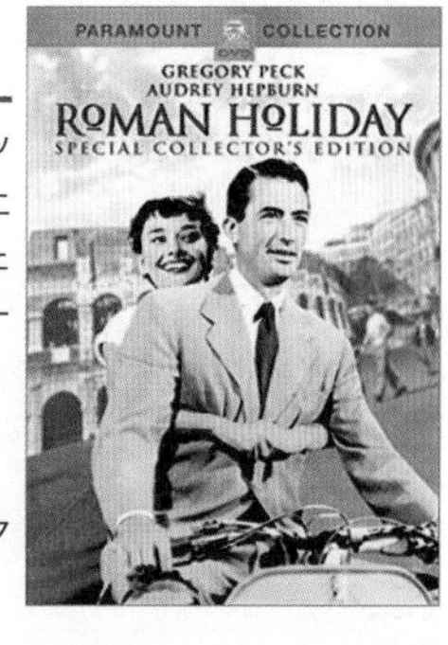

オードリー・ヘプバーン主演の不朽の名作。クライマックスでアン王女と新聞記者のジョーが訪れた船上パーティー会場は、139 年に築かれたサンタンジェロ城前のテヴェレ川。オペラ『トスカ』のラストシーンでトスカが投身するのもこの城です。

監督：ウィリアム・ワイラー
出演：オードリー・ヘプバーン、グレゴリー・ペック ほか

全米
ベストセラー
自叙伝の映画化

ガラスの城の約束

人気コラムニストのジャネット・ウォールズによる全米ベストセラー自叙伝を映画化した、絶縁していた父親との親子関係を描くヒューマンドラマ。定職に就かず奔放な生活を送り、家族のために「星が見えるガラスの城を建てる」などと夢ばかりを語っていた父。過酷な少女時代を回想しながら、父の愛情を悟ります。破天荒で粗野な父親を演じるウッディ・ハレルソンに涙。

監督：デスティン・ダニエル・クレットン
出演：ブリー・ラーソン、ウッディ・ハレルソン、ナオミ・ワッツ ほか

紫禁城は
本当に広くて
驚きました

ラストエンペラー

清朝最後の皇帝・愛新覚羅溥儀の生涯を描いた、1987 年公開の映画。劇中に登場する紫禁城は「北京と瀋陽の明・清王朝皇宮」のひとつとしてユネスコの世界文化遺産登録されている王宮。首里城の正殿は、紫禁城の影響を受けているともいわれます。

監督：ベルナルド・ベルトルッチ
出演：ジョン・ローン、ジョアン・チェン、坂本龍一 ほか

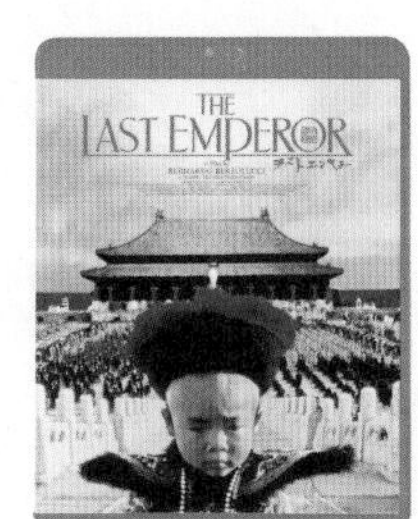

BD発売中 | KIXF-805 |
税込￥2,750（税抜￥2,500）
発売・販売：キングレコード

埋蔵金伝説

【まいぞうきんでんせつ】(伝)

帰雲城は、1586(天正13)年11月29日の天正地震による山崩れで埋没したと伝わる幻の城。岐阜県大野郡白川村にあったとされますが、正確な位置すらわかりません。地震当日は城内で祝宴が行われており、城主の内ヶ島氏一族は死に絶えて滅亡。領内には金山があり、莫大な埋蔵金が埋まっていると囁かれています。

マステ【ますて】㋓

紙製の粘着テープ「マスキングテープ」の略称。ノートやメモに貼ったり封筒を留めたりと、シール感覚で楽しめます。剥がしやすいため気軽に使え、アイディア次第では身近な小物でオリジナルの城グッズが完成。備中松山城や松江城のほか、城びとマスキングテープ(石垣柄)もかわいい。マステ発祥の地・岡山では、岡山城天守の外壁にマステを貼るという奇抜なイベントが2017(平成29)年にありました。

マダニ【まだに】

山城にも生息するマダニは、媒介する感染症で死に至ることもある危険生物。春〜秋にかけて活動が活発化します。肌を露出させず、山城を下りたら上着を脱いで付着していないか、シャワーや入浴で体についていないか確認を。噛まれた場合、無理に取り除こうとすると口の一部が残ってしまい炎症や病気を発症する原因になるため、直ちに皮膚科や外科を受診しましょう。

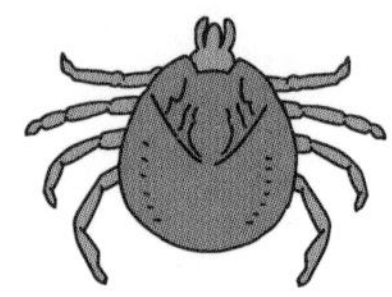

町入能【まちいりのう】(伝)

江戸時代、町民が江戸城内で将軍や武士とともに能鑑賞できた特別イベント。将軍宣下や跡継ぎの誕生などお祝い事や重要な儀式のとき、城内の能舞台で幕府が催した能楽で「御祝儀能」ともいいます。普段は決して入ることのできない江戸城内に庶民が入れるチャンスで、江戸各町の家主クラスが招待される入れ替え制でした。なぜか配られた傘1本を手にし、酒、菓子、銭一貫文のお土産付きだったようです。

松の廊下【まつのろうか】

『忠臣蔵』でおなじみ、1701（元禄14）年に浅野内匠頭が起こした刃傷事件の事件現場。江戸城本丸御殿内の表御殿大広間と白書院を結ぶ廊下で、正式名称は大廊下。襖に、海辺の浜に植えられた松と、その間を千鳥の群れが舞うようすが描かれていたことから松の廊下と呼ばれます。

江戸東京博物館にある模型

マムシ【まむし】

春から秋にかけて、山城にも出没する毒ヘビ。足を守るために足首を晒さないのが基本です。石垣の隙間にいることも多いので、手をつっこむのはやめましょう。

MAMOR【まもる】㊤

自衛隊オフィシャルマガジン。「陸上自衛隊普通科連隊は、熊本城を落とせるか？」という企画の監修を通して、戦国時代の兵器を想定した城が近代兵器を前に無力だと痛感しました。兵器の変化とともに、城は発展するのです。

マラソン発祥の城【まらそんはっしょうのしろ】㊩

安中城（群馬県安中市）のこと。1855（安政2）年、城主が鍛錬のため藩士96人に安中城から碓氷峠まで約30kmを競争させた安政遠足が、日本におけるマラソンの発祥。土橋章宏の小説『幕末まらそん侍』は安中遠足がモチーフで、『サムライマラソン』として映画化もされました。

マンホール【まんほーる】

鋳鉄製のフタは、足元のアート。デザインを見ると、その地域にとって城がどれだけ身近な存在かがわかります。岡崎市（岡崎城）、大阪市（大坂城）、丸亀市（丸亀城）、行田市（忍城）、尼崎市（尼崎城）、名古屋市（名古屋城）、那覇市（首里城）、諏訪市（高島城）、常総市（豊田城）などがナイスデザイン。三原市（三原城）、舞鶴市（田辺城）、丹波篠山市（篠山城）、福井市（一乗谷朝倉氏遺跡）もかわいい。同デザインのコースター、キーホルダー、マグネットなども販売され、マンホールカードも人気です。2020年には、名古屋市が古くなったマンホールのフタを3,000円で販売しています。

三浦正幸【みうらまさゆき】(人)

城の建物に関する研究では右に出るものはいない、日本建築史・文化財学の大家。NHK大河ドラマ『麒麟がくる』の建築考証をはじめ映像やCG制作の監修を通して、失われた天守や櫓、城門の姿を示してくれ、日本の伝統建築の奥深さや素晴らしさを教えてくれます。親しみやすいお人柄で、城の話をしているときはまるで少年のようです。

水攻め饅頭【みずぜめまんじゅう】(食)

秀吉の水攻めで知られる、備中高松城の近くにある清鏡庵の和菓子。食べると中から水がビシャー！……というエキセントリックなしかけはありませんが、みずみずしく上品な水菓子です。包装紙が水攻めの陣営図というのもたまりません。

水の手【みずのて】(専)

城内で飲み水を確保する場所。取水施設や井戸のある曲輪は、水の手曲輪、井戸曲輪などと呼ばれます。

味噌仲間【みそなかま】

伊達政宗が仙台城下に置いた味噌蔵で結成された、醸造家たちのこと。仙台味噌は、政宗が製造していた味噌が発祥。文禄・慶長の役(→P156)の際、政宗が兵糧として持参した味噌がおいしい上に変質しなかったことから、評判になりました。

水戸違い【みとちがい】(専)

水堀の水位を調整するため、水面をひと続きとせず土居（堰）で区切り、水位に高低差をつける工夫。城は高低差のある場所に築かれることが多いため、ダムのようなしくみで水害などを防ぎます。

江戸城の水戸違い

宮城刑務所【みやぎけいむしょ】

伊達政宗が仙台城のそばに1627～28（寛永4～5）年に築いた、若林城の跡に建ちます。1636（寛永13）年に政宗が亡くなると、建物は解体されて仙台城二の丸に移され、政宗の遺言により堀だけが残されました。じっくり見学したいところですが、犯罪を犯さない限り叶いません。フェンス越しに土塁や堀を見るに留めましょう。

©Ebiebi2 2020

ミライザ大阪城
【みらいざおおさかじょう】(エ)

大阪城天守閣の脇にある複合施設。もともと本館は1931 (昭和6) 年に陸軍第四師団司令部庁舎として建てられ、大阪市立博物館として親しまれてきました。

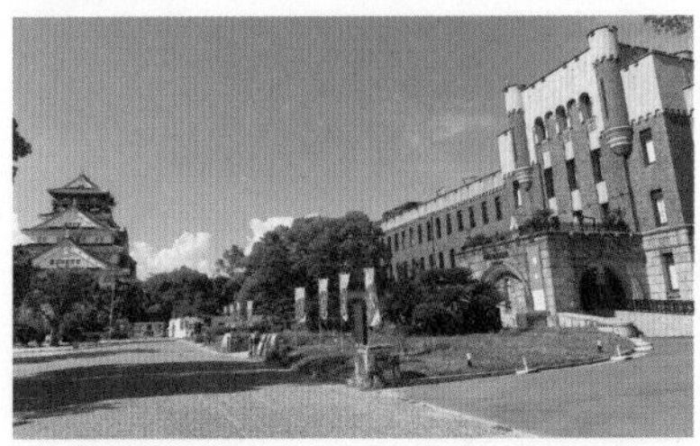

無血開城【むけつかいじょう】(歴)

戦闘をせず、城を明け渡すこと。一般的には、1886 (慶応4) 年4月21日の旧江戸幕府から明治新政府軍への江戸城の引き渡しを指します。勝海舟と西郷隆盛の会談により、江戸城への総攻撃は中止されました。

武者隠し【むしゃかくし】(専)

二条城二の丸御殿や高知城本丸御殿上段の間にある帳台構は、襖の向こうに小部屋があり、警固の武者が控えたという想像から武者隠しとも呼ばれます。本来の名称は納戸。名古屋城本丸御殿上洛殿では、3代将軍・家光が納戸内で就寝しました。

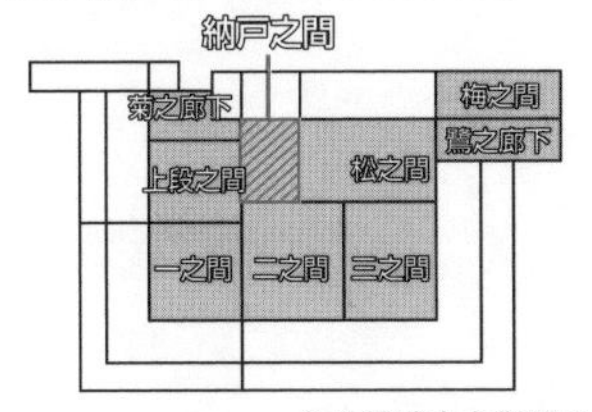

名古屋城本丸御殿上洛殿

武者走りと犬走り
【むしゃばしりといぬばしり】(専)

土塁や石塁の上は平らになっていて、城兵が歩いたり攻撃する場所として使われました。土塀や柵が設けられ、それらを隔てて城内側のスペースを「武者走り」、塀の城外側のスペースを「犬走り」といいます。武者走りは、幅約2間 (約4m) ほどが一般的。天守や櫓の身舎 (→P127) の周りの通路のことも武者走りと呼びます。

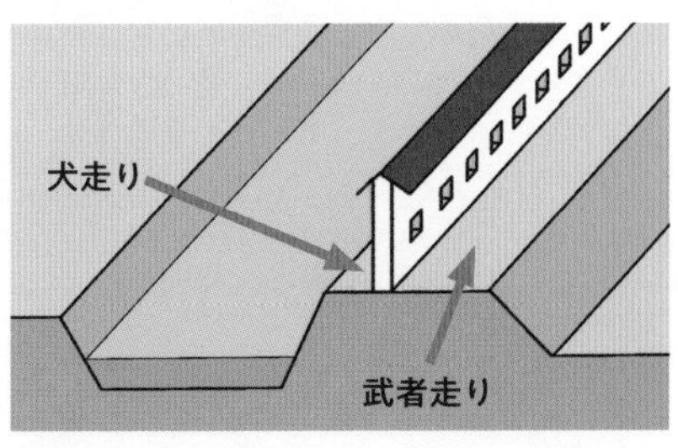

棟【むね】(専)

違う方位に向いた、屋根面が交差する部分の総称。北面と南面、東面と西面のように、屋根の頂部で水平になった中心部を「大棟」といいます。切妻造や入母屋造にみられる、屋根の流れに沿って軒下に向かう棟は「降棟 (平降棟)」、寄棟造などでみられる、屋根の隅に向かって下っているものは「隅棟 (隅降棟)」。隅棟の一種で先端につく小さな棟は「稚児棟」、入母屋屋根の妻側にある棟は「妻降」といいます。

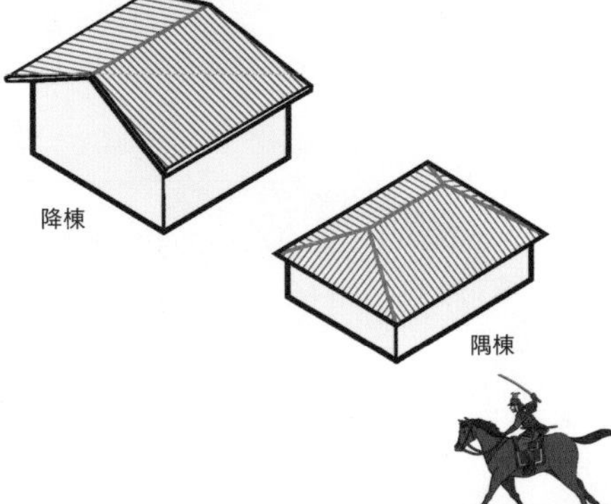

村上海賊【むらかみかいぞく】(人)

潮流が渦巻く特殊な地形を知り尽くし、瀬戸内海の覇者として名を馳せた一族。海上の警固を行いつつ、通行料の徴収と引き換えに安全な航海をサポートする水先案内人。島々を流通の基地とした商人の顔も持ち、大名顔負けの文化人の一面もありました。3家（因島村上家、来島村上家、能島村上家）のうち独立性が高かったのが、能島城（愛媛県今治市）を本拠とした能島村上家。スクリューのような潮流に守られたスリリングな城ですが、船の発着や係留に使われた玄関口は潮流の影響がなく静か。

むりだ城【むりだじょう】㋓

ゲームソフト、TVアニメ『妖怪ウォッチ』に登場するキャラクター。必殺技は不落のむりだ城、好物はラーメン。ムリカベから進化すると入手できます。

無料【むりょう】㋓

佐賀県立名護屋城博物館は、入館料無料の資料館・博物館のなかでも充実の展示でおトク。名護屋城&陣跡めぐりのキーステーションとしておすすめです。

め組【めぐみ】

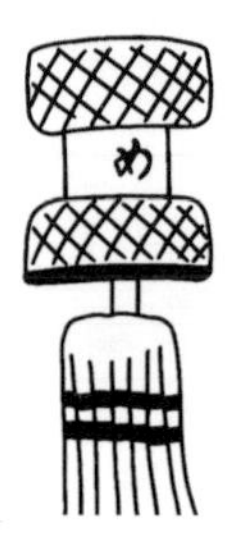

江戸の町火消で、隅田川から西を担当するいろは組47組のひとつ。江戸時代中期に構成された町人による火消しで、現在の消防団のルーツです。出動地は町人地のみでしたが、1747（延享4）年の江戸城の火災では城内まで出動しました。

メモ魔【めもま】(人)

信長の一代記『信長公記』全16巻を書き起こした、信長家臣の太田牛一のこと。かなりのメモ魔だったようで、『信長公記』には信長に関するあれこれが細やかに記載されています。信長や信長の生きた時代を知る一級史料で、幻の安土城についての記述もあります。

モーセの気分【もーせのきぶん】

海を2つに割って逃げ道をつくったエピソードで知られる、古代イスラエル民族の指導者・モーセ。瀬戸内海に浮かぶ島にあり、潮の干満の大きいときだけ海が割れて歩いて渡れる甘崎城（愛媛県今治市）は、まさにモーセの気分になれる城。干潮時には、藤堂高虎が築いたと思われる石垣や基底部が海中から出現し、岩礁ピットも多く見られます。チャンスは年に数回、潮が満ちるまでのわずかな時間だけしか城に上陸できないのもスリリングで神秘的です。潮位の下調べをはじめ、計画と準備は入念に。

木樋【もくひ】㊫

上水を城内や城下町へ運ぶスーパーアイテム。松や檜の板を組み合わせて空洞をつくり、水を通すしくみです。樋と樋をつなぐ水道のターミナルとなるのが「枡」で、木樋で運ばれてきた水を一度貯め、その樋より高い位置に別の樋を設置することで水位を上げられます。樋の取り付け位置を駆使すれば、自由自在に水流を方向転換できました。

もぐら攻め【もぐらぜめ】㊫

トンネルを掘って地下から城内へ侵入し、水源となる井戸を破壊したり、毒を入れたりする攻城法。地下での動きが相手に恐怖を与えるという心理効果もあったようです。武田信玄は金山衆と呼ばれる金の採掘集団を戦いに登用していたとか。武蔵松山城（埼玉県吉見町）攻めでは、トンネル内で爆発作戦を行った伝説も残っています。

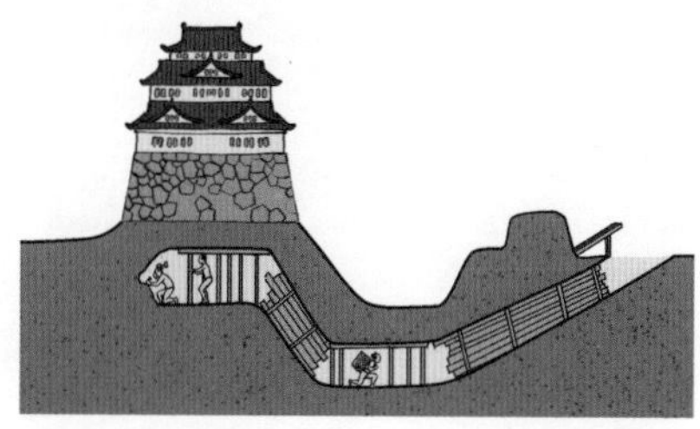

もっこすの城 熊本築城始末
【もっこすのしろ くまもとちくじょうしまつ】㊓

伊東潤の歴史小説。熊本城築城に生涯を賭けた、主人公の一代記。歴史的背景や人物の心理描写もさることながら、城を極めた作家ゆえ、築城秘話や城の描写も見事。『城を噛ませた男』もおすすめです。

物見窓【ものみまど】㊫

狭間（→P93）からは把握しきれない、敵兵の動向を監視し正確に把握するための窓。高知城本丸の土塀に開かれた物見窓は、1間幅で横連子の格子窓。金沢城石川門の土塀には、唐破風造の出窓が残ります。

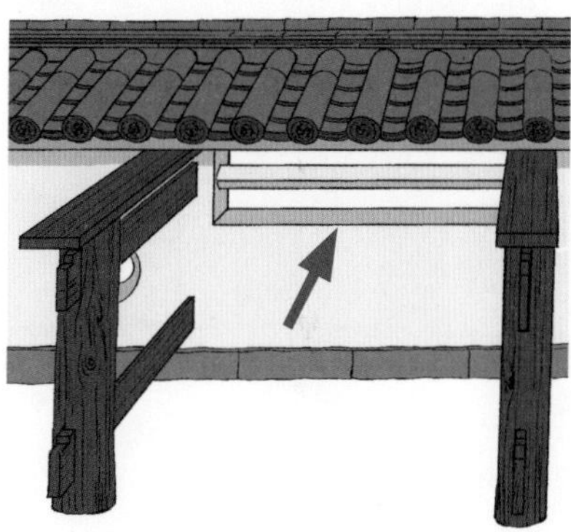

桃太郎伝説【ももたろうでんせつ】㊌

岡山で語り継がれる、吉備津彦命が温羅という鬼を退治した伝説のこと。温羅の居城とされるのが、鬼ノ城（岡山県総社市）。断崖絶壁に石垣がそそり立ち、眼下に総社平野を一望。鬼の城とみなされたのも納得で、伝説にふさわしい広大かつ雄大な姿が調査で明らかになっています。

門【もん】専

建築上の分類

長屋門

長屋の一部を門にしたもの。平屋建ての門のなかでも最大規模で、防御性より警備が目的。江戸時代には三の丸や外郭の家臣屋敷に多く使われ、現存例は多数。

塀重門

鏡柱（門扉両側の柱）と門扉だけで構成された、簡易な門。

薬医門

控柱の上に内冠木を渡し、切妻屋根を架けた古い形式。室町時代から武家邸宅の表門として使われた格の高い門ですが、大きな屋根が直下の敵を隠すなど防御性が劣るため、江戸時代になると城門としてはあまり使われません。

櫓門

櫓が乗った2階建ての門。大手門や本丸の表門など、重要な場所に使われました。扉を閉めた状態でも櫓の狭間や窓から射撃でき、床下の石落としから門扉に迫った敵を攻撃可能。格も備え、櫓の外壁や屋根に装飾を施して城主の権威を見せつけました。東日本には、石垣を伴わない櫓門も。

冠木門

鏡柱・冠木（鏡柱の上の水平材）・扉だけでできた、簡便な門。棟門をさらに簡素化。

高麗門

冠木の上部を覆う小さな切妻屋根を、2本の控柱の上にもそれぞれつけた門。薬医門の防御性の低さをカバーした改良版といえ、1592～1597年頃に登場した新形式。

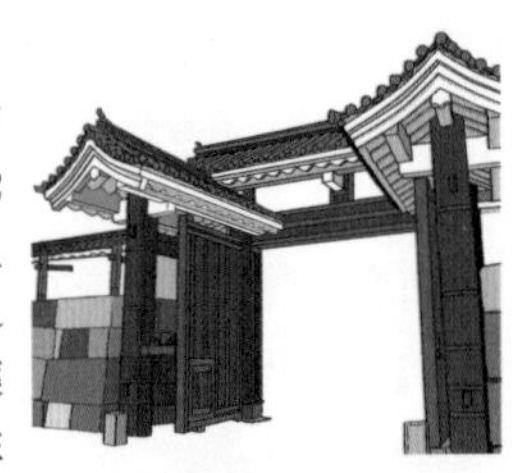

棟門

控柱を省略した門。鏡柱のみで建つため不安定で倒れやすく、門を開いた状態では扉が雨に濡れるため実例は少数。

門の種類

唐門

室町時代以降の寺社建築に多く使われた、唐破風（→P145）が乗った格式の高い門。唐破風が正面に向かって左右にある門は「平唐門」、前後にある門は「向唐門」。二条城、一乗谷朝倉氏遺跡が有名。

鉄門

門扉や鏡柱の表面に、鉄板を張った門。隙間を開けて筋状に鉄板を張ったものは「筋鉄門」。

銅門

門の扉や鏡柱の表面に、銅板が張られた門。

不開門

普段は扉が閉ざされている門。城の鬼門（北東）や北面にあり、非常口や罪人を追放する際に使われました。

埋門

石垣や土塁をくり抜くように開いた、トンネルのような形の門。防御性の高さが特徴。

枡形門

枡形と呼ばれるスペース＋高麗門＋櫓門で構成される門。枡形虎口（→P26）とも。

モン・サン・ミシェル

【もん・さん・みしぇる】

フランス北海岸のサン・マロ湾上に浮かぶ小島およびその上にそびえる修道院。映画『天空の城ラピュタ』に登場する城のモデルになったとも。周囲には城壁があり、村を守る城の中央に修道院が建っています。

お城にまつわる名作⑤

ゲーム編

Ghost of Tsushima Director's Cut

鎌倉時代の蒙古襲来、1274（文永11）年の文永の役のときの対馬を舞台にした、PlayStation 5/PlayStation 4用のアクションアドベンチャーゲーム。生き延びた主人公の境井仁が、元軍から対馬を奪還すべく島内を駆けめぐります。敵将・コトゥンの城として、金田城が登場。

発売元：ソニー・インタラクティブエンタテインメント
ジャンル：オープンワールド時代劇アクションアドベンチャー

古代～近代。
対馬は
史跡の宝庫！

SEKIRO SHADOWS DIE TWICE

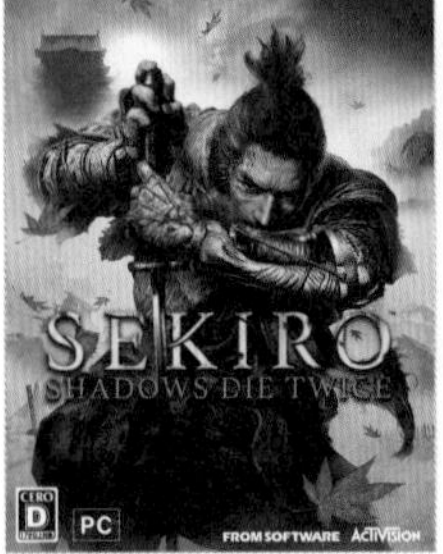

戦国時代末期を舞台とした、アクションアドベンチャーゲーム。登場する葦名城は、中・近世の城をミックスした夢の城。近代兵器に対応した、堀の幅や橋の規模にも唸らされます。石垣の積み方から想定される年代とストーリー設定の年代が一致しているなど、ディテールに製作者の高度な仕事ぶりが感じられます。

販売元：フロム・ソフトウェア
ジャンル：アクションロールプレイングゲーム、
　　　　　アクションアドベンチャーゲーム

葦名城の
世界観に
大感激！

信長の野望

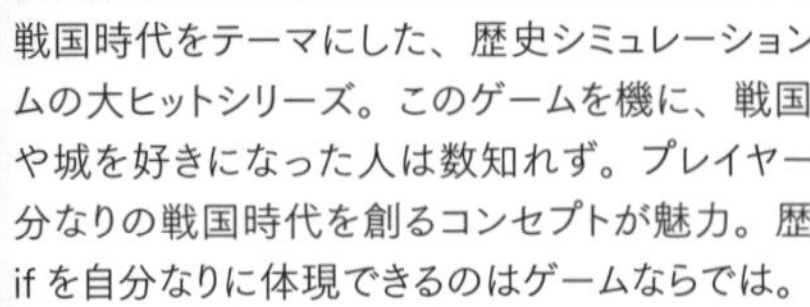

戦国時代をテーマにした、歴史シミュレーションゲームの大ヒットシリーズ。このゲームを機に、戦国武将や城を好きになった人は数知れず。プレイヤーが自分なりの戦国時代を創るコンセプトが魅力。歴史のifを自分なりに体現できるのはゲームならでは。

発売元：コーエーテクモゲームス
ジャンル：歴史シミュレーションゲーム

愛されて
38年の傑作

**ゲームがきっかけで城に興味を持った人も多いはず。
つくり込まれた世界観は侮れず、遊びながら詳しくなれます。
ワクワク感に達成感、異空間にワープできる感じもたまりませんね。**

城のつくり方動画、ずっと見てられます

マインクラフト

ブロックで自分だけの世界をつくり、冒険に挑むゲーム。建築物をはじめ空間を自由に創作でき、かなり高精度な城をつくる強者も。オリジナル作品のつくり方動画もたくさん公開され、芸術と文化を感じます。

発売元：マイクロソフト
ジャンル：サンドボックス

NOT OFFICIAL MINECRAFT PRODUCT.NOT APPROVED BY OR ASSOCIATED WITH MOJANG

城娘の数は500以上！

御城プロジェクト：RE CASTLE DEFENSE

城を美少女キャラに擬人化した、タワーディフェンスRPG。略称「城プロ：RE」。日本や海外の城を擬人化した「城娘」を集めて配置し、勝利を目指す。城娘のセリフやイラストを通して、城や歴史の知識が得られるのも楽しいところです。

©2014 EXNOA LLC

配信元：DMM GAMES
ジャンル：タワーディフェンスRPG

チェコの城を歩いている気分になる！

キングダムカム・デリバランス

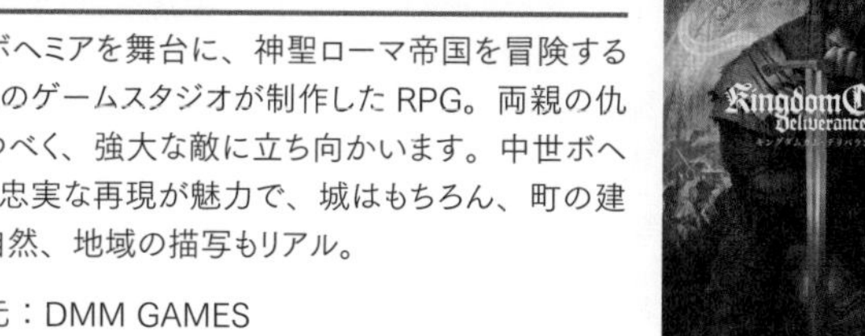

中世ボヘミアを舞台に、神聖ローマ帝国を冒険するチェコのゲームスタジオが制作したRPG。両親の仇を討つべく、強大な敵に立ち向かいます。中世ボヘミアの忠実な再現が魅力で、城はもちろん、町の建築や自然、地域の描写もリアル。

発売元：DMM GAMES
ジャンル：オープンワールド、アクションアドベンチャーゲーム

矢穴【やあな】専

石の切り出しや分割をするとき、石や岩盤の表面に掘る長方形の穴のこと。キリトリ線のように等間隔に彫り込み、その穴に楔を打ち込んで、金づちで叩き割ります。石は矢穴が石の筋（石目）に沿っていないと割れないため、矢穴が掘られたまま割れ残った石や、矢穴の堀り込みを途中でやめた石が採石場にはよく残っています。逆にいえば、残された矢穴の開け方が採石の順番を読み解くヒントになります。

櫓【やぐら】専

射撃場や武器の倉庫、「矢倉」「矢蔵」を発祥とする建物。敵の侵入を阻止する大切な役割があり、天守がない城はあっても櫓がひとつもない城はほぼありません。監視のための物見櫓、武器を保管する武具櫓、塩を貯蔵する塩櫓、月見をする月見櫓など用途はさまざまな。建築上の規定はなく、種類も大きさもさまざま。三重櫓は物見や射撃の場として使うには高さがありすぎるためあまり建てられず、二重櫓が一般的。

二重櫓
二重の櫓。物見と射撃の拠点となる場合、土塀や多聞櫓越しに外を窺うにはちょうどよいサイズ。そのためもっとも多く建てられ、隅櫓の標準となりました。1階の平面積は5間×4間（9.1m ×7.3m）ほどが標準ですが、江戸城や徳川大坂城では、三重天守に匹敵するほど巨大な二重櫓が並べ建てられました。

二重櫓

建築上の分類

三重櫓
三重の櫓。規模も意匠も天守と遜色なく、多くの城で天守の代用品とされました。天守代用以外で三重櫓が建てられたのは、江戸幕府ゆかりの城などの大城郭のみ。徳川大坂城には12棟、岡山城には7棟、福山城には6棟、江戸城と高松城には5棟、名古屋城には4棟ありました。現存例は、江戸城の富士見櫓や名古屋城の西北隅櫓など。もっとも大きな現存例は熊本城の宇土櫓。

三重櫓

平櫓
1階建ての櫓。三重櫓や二重櫓と比較すると平面規模も小さく、付櫓や続櫓として築かれるケースがほとんど。

平櫓

櫓の種類

隅櫓
曲輪の隅に建てられる櫓。

井楼櫓
8本の柱で建てられた、簡易的な櫓。中世末期に、物見のためにつくられました。

多聞櫓（多門櫓）
細長い長屋形式の櫓。平櫓と多聞櫓を棲み分ける明確な基準値はなく、長い平櫓は多聞櫓という認識でOK。多聞天（毘沙門天）を祀った、多聞山城（奈良県奈良市）で初めて建てられた、などが名の由来。長屋を意味する「多門」が正式名称ですが、近代以降は「多聞」と書くのが一般的。稀に、一重二階や二重二階のものも。金沢城の三十間長屋や姫路城のリの一渡櫓などが現存例。

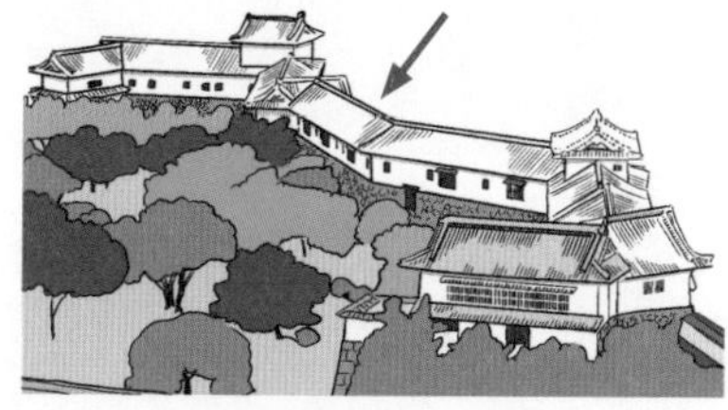

付櫓
天守に付属する櫓。附櫓とも。

続櫓
櫓や櫓門に付属する櫓。

菱櫓
平行四辺形や台形平面の櫓。

重箱櫓
1階と2階の平面が同じ二重櫓。重箱を重ねたような形状から。

矩折の櫓
L字型をした特殊な形状の櫓。城内側を凹ますことで、櫓の建築面積を節約。二重櫓の現存例は、大坂城二の丸の乾櫓。平櫓の現存例は姫路城の太鼓櫓、ニの渡櫓、リの二渡櫓、伊勢亀山城の多門櫓。

渡櫓
石垣の上に乗った長い櫓や、左右の石垣に渡す用に建てられた櫓門の二階部分。櫓と天守、櫓と櫓の間を接続する櫓のことも指します。

櫓の名称

櫓の名称はさまざま。方角が命名されることが多く、方角を十二支で表すこともあります。鉄砲櫓や弓櫓のように武器庫から派生するケース、兵糧米を保管した干飯櫓や塩を貯蔵した塩櫓など、収納・貯蔵されていたものが由来のケースも。時報の太鼓を打つ太鼓櫓や物見のための物見櫓など、用途が由来の櫓もありました。そのほか、大きさを名付けた五間櫓、一番櫓やイの櫓のように、数詞やイロハが用いられた例もあります。

名古屋城の西南隅櫓
名古屋城本丸の西南隅に建つ櫓。

高松城の艮櫓
東の丸の北東隅（艮）にあった櫓（現在は太鼓櫓跡に移築）。

掛川城の太鼓櫓
かつては三の丸にあった、城門開閉の時を報せる太鼓が置かれていた櫓。

松本城の月見櫓
月見の宴を催すための櫓。廻縁がしつらえられた優美なつくり。

宇都宮城の富士見櫓
本丸南西隅の高いところにあり、富士山の眺望が楽しめたことから。

大洲城の高欄櫓
二重めに高欄がめぐる、外観の特徴から。

日出城の鬼門櫓
本丸の鬼門の方角（北東）にある櫓。鬼門の隅をなくすため、隅を欠いた特殊な形状。

名古屋城の西北隅櫓（清洲櫓）
名古屋城築城の際、清州城の天守を移築したと伝わる櫓。

熊本城の北十八間櫓と東十八間櫓
建物の長さ（京間1間＝約1.97m）を名前に用いた櫓。

金沢城の三十間長屋
本丸附段にある二重二階の多聞櫓。現在の長さは26間半（約48m）。

姫路城の化粧櫓と長局
家康の孫の千姫が本多忠刻に輿入れした際、化粧料（嫁入りのとき持たされるお金）でつくられた櫓とも。

福山城の伏見櫓
京都の伏見城から移築した櫓。

大坂城の千貫櫓
この地にあった石山本願寺を攻めたとき、難渋した信長が「この櫓を落とした者に千貫文の銭を与える」と言った伝承が由来。

会津若松城の御三階
江戸時代の古文書や絵図では、三重櫓が三階櫓と表記されることも。「階」は外部の重数を示すことが多いため注意。水戸城の天守代用とされた御三階は、三重五階。

薬研堀【やげんぼり】(専)

敵が歩きにくいよう、底を「V」字に尖らせた堀のこと。漢方薬を粉末にする薬研の底のような形状からそう呼ばれます。城外側の斜面だけを緩くしたものは「片薬研堀」、堀底をU字状にして登りにくくしたものは「毛抜堀」。戦国時代の城は薬研掘が主流でした。近世の城では、堀底が平らで、台形を逆にしたような「箱堀」が主流。

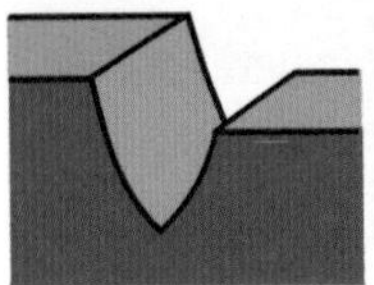
薬研掘

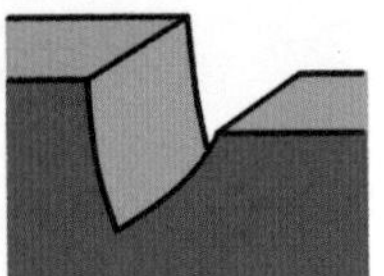
片薬研掘

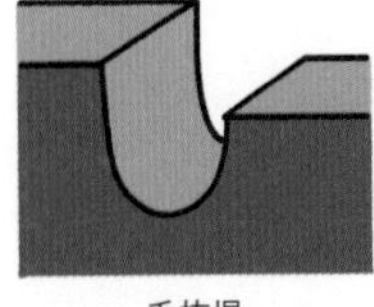
毛抜堀

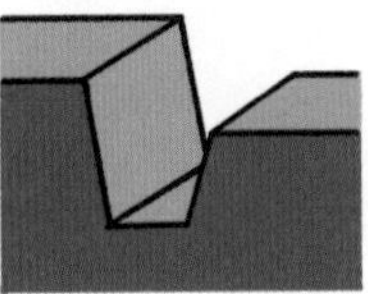
箱堀

夜行バス【やこうばす】(エ)

交通費を節約し、時間を有効活用したい城ファンの強い味方。早朝に目的地へ到着するため1日めいっぱい城を歩けます。帰りの便も夜の出発時間まで、地元の名物を味わったり銭湯でひと汗流すなどできます。

屋根【やね】

切妻造
本を開いて伏せたような、2つの傾斜面だけでできるシンプルな「切妻屋根」を持つ建物の様式。「妻」とは短辺または側面のことで、屋根の両側を切っているという意味。

寄棟造
大棟（頂上）から、4方向に屋根が傾斜する様式。正倉院宝庫などが代表例。台形2つと二等辺三角形2つ、計4つの屋根が頂点で集まります。

入母屋造
切妻屋根の四方に庇屋根をつけた建物の様式。寄棟造の上に切妻造を重ねた構造。日本では古来、寄棟屋根よりも切妻屋根が重んじられ、その組み合わせである入母屋造はもっとも格式が高いものとして尊ばれました。天守の最上階は必ず入母屋造。

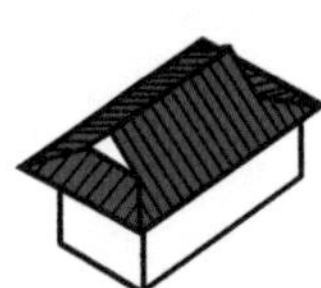

屋根目地漆喰【やねめじしっくい】(専)

姫路城天守などの屋根に施されている、漆喰塗りの特殊な技法。平瓦と丸瓦の継ぎ目に漆喰が塗られ、見る角度によっては白い漆喰部分だけが立体的に浮かび上がり、黒瓦が葺かれた屋根が白く見えます。美しいだけでなく、風雨への耐久性が格段に増す利点も。高価で施工にも手間がかかりますが、少なくとも強風対策はかなり有効。

ヤブ漕ぎ【やぶこぎ】(専)

山城スラング。灌木などが繁りまくる山城で、怯まず木々をかき分けて進むこと。そこまでしても城が見たい、という強い思いが自然に立ち向かう勇気をくれます。

唯一無二【ゆいいつむに】

2つとして同じものがない、オンリーワンであること。まさに、城の魅力を表した言葉です。城は建売住宅のような共通性のあるものではなく、フルオーダーの1点モノ。城主の地位や財力、技術、センス、社会情勢、地勢の違い、それぞれに課せられた役割と目的が如実に反映されます。その魅力を実感するためには、まず自分なりの鑑賞の切り口を見つけるのがコツ。天守や石垣に絞るもよし、軍事的工夫や設計、立地や地形に着目するもよし。歴史的な舞台に立つ、戦国時代の山城を歩く、絶景の城を中心にめぐってみる、雰囲気のよい城下町を散策するなど、テーマを決めるのもいいでしょう。同じ見地からいくつかの城を見るうちに、共通項や類似性もありながら、唯一無二の個性的なものと気づけるはずです。

勇者ヨシヒコと魔王の城

【ゆうしゃよしひことまおうのしろ】㋓

RPGゲーム『ドラゴンクエスト』をモチーフにした、低予算冒険活劇。いい意味でかなりくだらない不朽の名ドラマです。終盤にいよいよ魔王の城へ突入しますが、城下町はどう見ても東京の渋谷。魔王の城は、渋谷にある魔王ビルという名のビルでした。シーズン2で登場する、デスタークのいる城のロケ地は中城城。シーズン3に出てくる天空城のロケ地は、兵庫県姫路市にある太陽公園の白鳥城です。

中城城

邑城【ゆうじょう】

中国や韓国の城のこと。町が高い城壁で取り囲まれているのが特徴で、ところどころに門が設けられています。

彦陽邑城

湧水【ゆうすい】

城は水に恵まれた場所につくられることが多く、名水の城下町が多くあります。松本城下町は、常にせせらぎが聞こえ、水路にヤマメやニジマスが生息する湧水の町。人々が地下水を汲んで生活しています。コーヒーを淹れるととびきりおいしい。越前大野も清水と呼ばれる湧水がめぐり、小さな城下町ながら全国に名を馳せる酒造が4軒もあります。島原城下町、郡上八幡城下町も名水の町です。

YouTube【ゆーちゅーぶ】㊓

城や歴史のチャンネルが増え、TV番組さながらの凝った動画も。自宅にいながら城を訪れた気分になれます。各市町村が発掘調査現場のようすやドローン映像、CG動画、オリジナルの解説動画を公開しているケースも急増。私のお気に入りは、小和田哲男「戦国・小和田チャンネル」、れきしクン「それいけ！れきしクンTV」、前田慶次（名古屋おもてなし武将隊）の「前田慶次5分で戦国時代チャンネル」。

行方不明【ゆくえふめい】

宣教師のアレッサンドロ・ヴァリニャーノが信長から贈られた、狩野永徳が描いたとされる『安土城屏風』は、安土城の姿が描かれた唯一の絵。しかしなんと、1585（天正10）年に教皇グレゴリウス13世に献上された後は行方不明です。人々が探し求め、クラウドファウンディングによる探索プロジェクトも発起。イタリアかフランスのどこかで眠っているとかいないとか……いつか見つかることに期待しましょう。

ユッセ城【ゆっせじょう】

フランスにある、シャルル・ペローの童話『眠れる森の美女』のモデルとなった城。お姫様はこの城で目覚めました。「シュリー＝シュル＝ロワールとシャロンヌ間のロワール渓谷」のひとつとしてユネスコ世界遺産に登録されています。

城と私④

集え名古屋城・出会え武将隊

名古屋おもてなし武将隊
前田慶次

外せぬ城話はやはり、武将隊に出会え！である。今や全国に武将隊と呼ばれる存在は120以上と言われる。その先駆けが我が属する名古屋おもてなし武将隊に候。

名古屋城を拠点に登城せし皆々と交流を深める。おもてなしというものじゃ。武士の生き様を伝える演武（えんぶ）というパフォーマンス他、歴史語りや郷土の魅力発信。名古屋城を年間200万人以上が登城する魅力ある城に導いたのは、我等の存在と言っても過言ではなかろう。現に、我等が登場する前後では登城者数がまるで違う。武士が口にする歴史語りこそ、城に来る今後の一番の楽しみにしてもらいたい。その時に役立つ知識として、武将を見かけたら「〇〇様」と確と敬称を付けよ！斬られるぞ？して、儂（わし）は現世で歴史関連の戦も多数持ち合わせておる。その一つに城びと殿で「自腹でお城めぐり」という連載を持っておる。城巡り初心者、観光も楽しみたい者向けに書いておる。嘗て登城したことが無い城にも足を運べて大いに楽しんでおる。現世に蘇り驚くことは、城の観光地化である。戦国時代において城は拠点であり、権力の象徴として我等が魂を込め築城した。今は泰平の象徴として城が存在し、人々が観光地として楽しむ。入城叶わなんだ城に今は誰でも登城できる。此（こ）れ程（ほど）存在価値の変化が大きい文化は城くらいであろう。儂はこの先も、多くの城に登城し名古屋城で登城者を迎え、歴史の語り部として多くを伝える。集え名古屋城・出会え武将隊！

名古屋城にて

前田慶次（まえだ・けいじ）
1542年生誕、名古屋城検定名誉顧問。講演会、城びと連載、YouTubeで城の魅力を発信。気に入りの城は名古屋城！

妖怪【ようかい】㊫

姫路城には、長壁姫という妖怪が天守に隠れ住んでいるという伝説があります。年に一度だけ城主と会い、この先1年間の城の運命を教えてくれるとか……。築城後に続いた怪奇現象は移転した刑部神社の祟りとされ、城内に神社が建立されました。

要害【ようがい】㊕

地形が険しく守りに有利なこと。また、その場所。天険の地。城は地形と密接につながり、ほぼ例外なく「天然の要害」です。

横堀【よこぼり】㊕

斜面と垂直に掘られた空堀のこと。竪堀(→P117)に対して、横堀は敵の縦移動を阻止できます。標高の低い山や丘陵にある城は高さの利点がないため、横堀をぐるりとまわすケースが多数。横堀と竪堀のコンビネーションが見事な城も。

横山松三郎

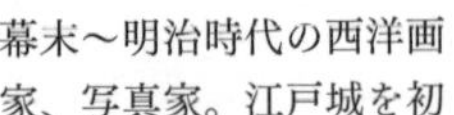

【よこやままつさぶろう】㊟

幕末～明治時代の西洋画家、写真家。江戸城を初めて写真に撮った人物で、彩色された江戸城の写真は『旧江戸城写真帖』(→P71)として東京国立博物館に収蔵されています。写真と油絵を融合させた「写真油絵」も考案。明治時代における、最先端のマルチ・メディア・アーティストです。

46【よんじゅうろく】

靴箱、ロッカー、整理券などなど、城ファンが奪い合う番号。

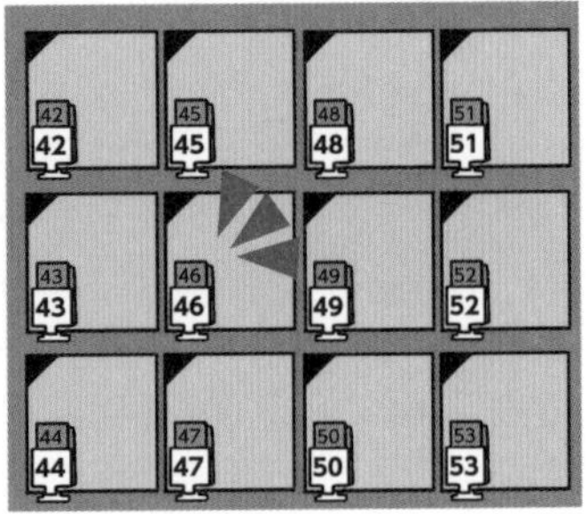

4万から5万【よんまんからごまん】

13～17世紀初頭、日本にあったといわれる城の数。現在でも各都道府県で700～1,400城が認定されています。その99%が中世に築かれたもの。古代に築かれた城は律令国家による対外戦争を目的としたものですが、中世になると武士が築くようになり、南北朝時代に爆発的に築かれ発展していきました。

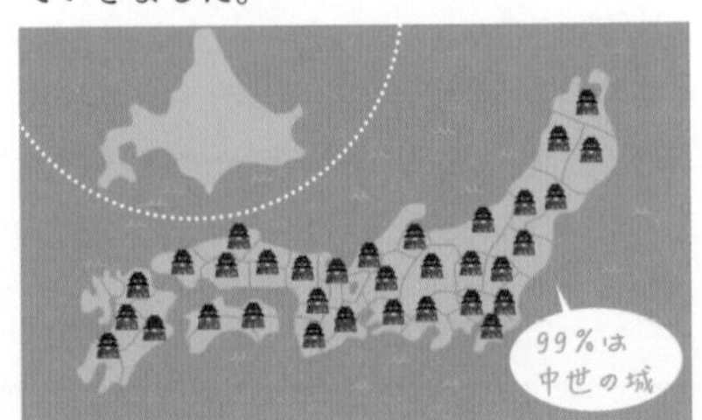

城と私⑤

一番かっこいい表情を探して撮る

城郭カメラマン
岡 泰行

日本の城の美しさの原点は、先人たちの知恵とおしゃれ心にあると思います。知恵とは、合戦の中で培われた縄張の工夫や、当時の土木や建築の技術を駆使した構造美。おしゃれ心とは、登城者に見せる鏡石などのアイストップや領民や敵に見せつける存在感と、鯱（しゃちほこ）や破風（はふ）などに見られる細部にまでこだわった意識の集成。そこに、歴史や風土、季節の彩りなど自然との調和が加わることで、さらに魅力が引き立つのだと思います。

城を撮るときはいつも、作り手の心をくみ取りながら、一番かっこよく見えるポイントを探しています。一日のうちでも光が刻一刻と変わるので、同じ写真は二度と撮れない。だから何度も通い、多くの人にできるだけ伝えたいと思っています。それは、フィルムカメラで撮りはじめた頃から変わっていません。当時は城郭写真といえば「城と桜」のような定番の観光写真が主流。もっと城の表情を引き出すような写真を撮りたいと思いながら、その世界観の撮影にのめり込みました。私の写真を見た人が今度は自分の目で見ようと、実際に足を運んでくれたらうれしいですね。

最近、「大坂城豊臣石垣公開プロジェクト」による発掘調査に撮影協力したことがきっかけで、動画も撮るようになりました。写真とは全く視点が異なり、新たに表現の楽しみが増えました。歴史が放つ彩りと一つひとつ異なる表情に向き合いながら、城の美しさが宿る撮影をこれからも続けていきたいと思います。

2021年、明智光秀の周山城（京都府）にて

岡 泰行（おか・やすゆき）
1969年生まれ。城郭カメラマン。NHKやフレーム切手「国宝の城2020」など写真提供多数。好きな城は大坂城と姫路城と小谷城。

ライオンズマンション伏見桃山指月城【らいおんずまんしょんふしみももやましげつじょう】

建設に伴う発掘調査で、秀吉が1593（文禄2）年に築いた指月伏見城のものらしき長さ36mの石垣や大規模な堀、秀吉ゆかりの桐紋の金箔瓦（→P74）を発掘。1596（慶長元）年の慶長伏見地震で倒壊後は所在が分かっていなかった幻の城の初の出土例となりました。初期の大坂城本丸や聚楽第の工法とよく似ており、同時期に秀吉が築いた指月伏見城とみて間違いなさそう。世紀の大発見でしたが、現在はマンションが建ち、出土した石垣の一部が展示されています。

ライトアップ【らいとあっぷ】

夜間に石垣や天守が美しく照らされる城が急増しています。米子城ではLEDを用いて、手動でライトアップ。蝋燭のようなやわらかな光で石垣が美しく照らし出され、幻想的です。女子高生にも人気で、米子の新たなナイトスポットになっています。

提供：米子市文化振興課

LINEスタンプ【らいんすたんぷ】㊏

城で気持ちを伝えられます。「古城の歴史お城スタンプ」「日本の城」など。日本城郭検定公式キャラクター・シロッぷのスタンプもかわいい。

落書き【らくがき】

松山城天守の下見板裏面に墨で描かれた顔は、どうやら天守の再建工事に関わった大工さんの落書き。ちょんまげ頭や服装から、モデルは現場監督をしていた作事奉行のよう。険しい表情で監視する奉行を、大工さんはいたって穏やかに、クスクス笑いながら見ていたのかもしれません。江戸時代後期の職人の遊び心が伝わります。

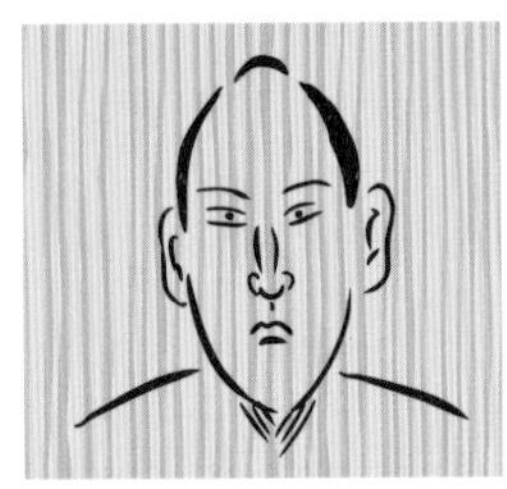

落札額【らくさつがく】

1875（明治8）年に売却された松江城天守の落札額は、なんと180円。現在に換算すると360万円ほどです。ほかの建物は4～5円でした。天守は旧藩の銅山経営にあたった豪農の勝部本右衛門と、元藩士の高城権八らが資金を調達して同額で買い戻し。旧藩主の奔走により守られた城は多く、丸亀城の天守と大手門も旧藩主の懇願により破却を免れたとされます。どの城においても、残った建物は県庁舎や軍施設へ転用されるケースがほとんどでした。ちなみに姫路城天守の落札額は23円50銭（約47万円）、彦根城天守は800円（約1600万円）、松本城天守は235両（約400万円）でした。

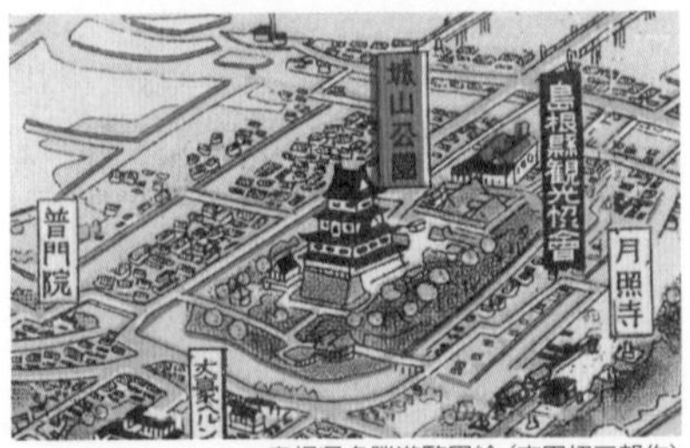

島根県名勝遊覧図絵（吉田初三郎作）

洛中洛外図屏風
【らくちゅうらくがいずびょうぶ】

16世紀初頭から描かれた屏風絵のこと。屏風のように折れ曲がる6面の絵が、2枚で1組になっているのが一般的。洛中洛外とは京都の町と郊外で、秀吉が築いたおどい（→P57）の内側が洛中の範囲と考えられます。最高傑作とされるのが、信長から上杉謙信に贈られた、狩野永徳が描いた通称・上杉本。家康が築いた二条城が描かれた洛中洛外図も多く描かれました。

ラッピング列車
【らっぴんぐれっしゃ】㋓

「天空の城 竹田城跡号」は、車体に竹田城がラッピングされた特別仕様の観光列車。越美北線では越前大野城号が運行。JR西日本ではNHK大河ドラマ『麒麟がくる』放送記念で、明智光秀ゆかりの福知山城や黒井城が描かれた特別列車が登場しました。

ラップ【らっぷ】

戦国時代の城の多くは地図上には存在せず、カーナビで検索してもノーヒット。看板なども一切なく、地元の人が存在を知らないこともしばしばです。タクシーの運転手や地元の人と「城なんかないよ」「あるんですよ」「いや、ないよ」「いいえ、あります」「ない」「ある」「ない」「ある」……とラップのような押し問答になるのは、山城ファンが誰しも経験する寸劇です。

欄間彫刻【らんまちょうこく】(専)

部屋と部屋との境目などにはめ込まれた一枚板に、透かし彫りなどの彫刻を施したもの。二条城大広間の三の間と四の間の間にある欄間は、厚さ35cmの檜の一枚板に、両面から表裏で異なるデザインが彫刻されています。御殿は部屋ごとに格式の違いを表現しているため、欄間の彫刻もそれに準じて異なるデザインになっています。

リサイクル天守【りさいくるてんしゅ】

彦根城に現存する天守は、大津城（滋賀県大津市）の天守を再利用。三重五階の大津城天守の部材を用いて、三重三階の天守が新たに組まれています。大津城は、関ヶ原の戦いの前哨戦で大砲を撃ち込まれ開城した城。天守は倒壊を免れたため、縁起のよい建物とされたのかもしれません。天守の柱には、埋め木されたほぞ穴のある建築材などが見られます。琵琶湖を経由して舟で運び、製材された材木を効率よくリサイクルしたようです。

リスとぶどう【りすとぶどう】

子だくさんのリスと多くの実をつけるぶどうは、多幸多産のシンボル。名古屋城本丸御殿上洛殿（じょうらくでん）の釘隠（くぎかく）しにも取り入れられています。首里城正殿（しゅりじょうせいでん）の玉座にも、ぶどうの木で遊ぶリスがデザインされていました。

リフォーム【りふぉーむ】

城は、ほぼ改変されます。敵から奪えば弱点を補うべく部分的に強化し、敵対する勢力に合わせて城の向きも変わるからです。時代とともに城のトレンドも変わり、城主の技術やセンスにより装飾も変化します。高天神城（たかてんじんじょう）の東峰と西峰の様相が別の城のように違うのは、おそらく西峰だけが武田勝頼（たけだかつより）により増強されたため。備中松山城（びっちゅうまつやまじょう）のように、中世の山城の一部が近世の城にリフォームされた新旧ブレンドの城もあれば、大坂城のように、豊臣大坂城を埋め立てた上に徳川大坂城を築いたケースもあります。松本城の国宝天守群は、安土桃山時代と江戸時代のミックス。3棟の建物に2棟が増築されています。戦闘仕様の3棟に対して、娯楽用の2棟は優雅な雰囲気。構造や意匠、外観の表情も異なります。

松本城の天守群

琉球王国【りゅうきゅうおうこく】

1429年から1879年まで、450年間にわたり日本の琉球諸島を中心に存在した王国。13世紀頃から按司（あじ）と呼ばれる各地域の支配者を束ねる王が現れ、14世紀には3つの国（南山（なんざん）、中山（ちゅうざん）、北山（ほくざん））が並立する三山時代に突入。これを中山の尚巴志（しょうはし）が1429年に統一したことで、琉球王国が誕生しました。首里城が国王の在所となり、琉球の政治・経済・文化の中心地、交易の拠点として大発展。1879年、明治政府に明け渡されて沖縄県になりました。

ルイス・フロイス【るいす・ふろいす】㊟

戦国時代、キリスト教の布教のため日本にやってきたポルトガル人宣教師。岐阜城や二条城で信長と、大坂城で秀吉と謁見（えっけん）。当時の様子を記した『日本史』では、記者顔負けの優れた観察眼と情報収集力を発揮し、外国人ならではのフラットな目線と忖度のない表現で信長や秀吉の城の姿や人柄に言及。武将の動向や庶民生活、災害や事件まで細やかに記録してくれています。

レキシ【れきし】㊅

ミュージシャン、池田貴史のソロユニット。日本史をテーマに、出来事や人物のエピソードをソウルフルなサウンドに乗せ、ユーモラスかつハートフルに届けてくれます。『狩りから稲作へ』『年貢for you』『キラキラ武士』『最後の将軍』など、ハイクオリティで心揺さぶられる名曲ばかり。才能の無駄使いです。ライブではペンライトの代わりに稲穂を振って盛り上がります。江戸城内にある日本武道館で『ドゥ・ザ・キャッスル』を聴いたときは感動して泣きそうになりました。

歴史科学捜査班【れきしかがくそうさはん】

定説や通説に現代科学のメスを入れ事実を掘り起こす、BSの歴史番組。医学・化学・建築学・気象学・栄養学などを駆使して歴史の謎に切り込みます。城郭工学で紐解く熊本城のほか、姫路城や五稜郭、原城なども取り上げられています。

レンタカー【れんたかー】㊎

山城はアクセスの悪い場所が多いため、レンタカーは必須。土埃が舞う山道や道幅の狭い林道を走行する可能性が高いため、なるべく小回りの効く軽自動車をチョイス。新車を配車されると申し訳なさでいっぱいになります。

廊下橋【ろうかばし】㊕

両側に塀を立てたり、屋根をつけた橋のこと。ほとんどが城主専用の橋で、まわりから見えないように壁で覆われていました。和歌山城で復元された御橋廊下は、二の丸と西の丸に架けられた、城主と側近専用の橋。高低差があるため傾斜がついています。

籠城【ろうじょう】

城に立て籠もって戦うこと。転じて、自宅に引き籠るときにも使います。

ロープウェイ【ろーぷうぇい】

山上の城までロープウェイで登れる城は、岐阜城、松山城、岩国城など。アナウンスを聞きながら、中腹の遺構や城下町を見下ろすのが楽しい。松山城では併設されたリフトに乗ると、より地形を実感できます。

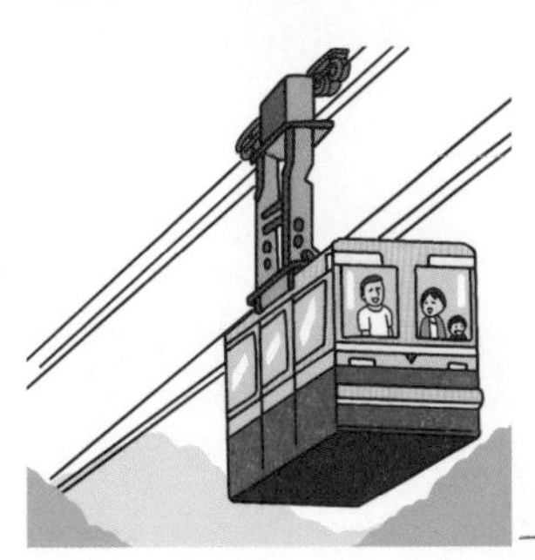

六段壁【ろくだんへき】

岩村城のメインビジュアルとなっている、本丸虎口にある六段に積まれた石垣。もとは一段の石垣で、崩落防止のために補強を繰り返して最終的に六段になりました。

六文銭【ろくもんせん】

真田氏の家紋「銭紋」で知られる、6つ並んだ銭貨。三途の川の渡し賃とされ、大坂城では、埋葬された頭蓋骨の近くに添えられた発掘事例もあります。六道銭とも。

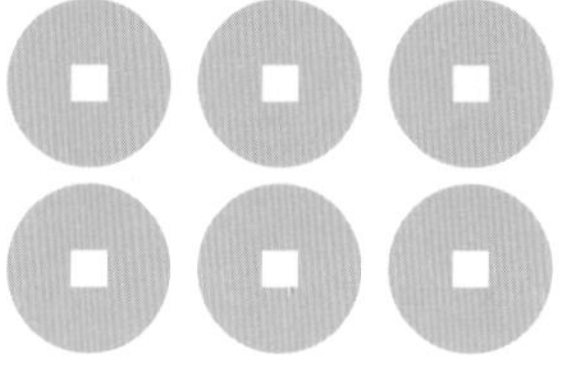

六本木ヒルズ【ろっぽんぎひるず】

六本木ヒルズ内の毛利庭園は、江戸時代の大名庭園の名残り。長門長府藩主、毛利綱元の上屋敷の跡地です。江戸城の周囲には諸大名の屋敷が建てられ、都内にはその片鱗が残ります。

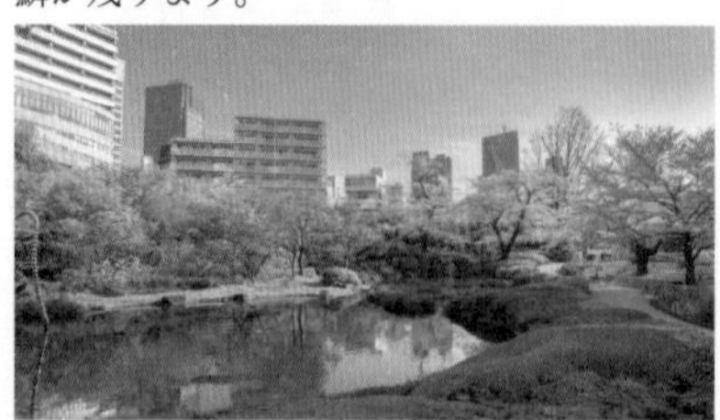

ワープステーション江戸【わーぷすてーしょんえど】㊓

時代劇のオープンセットが立ち並ぶ、国内有数の野外型ロケ施設。たいていの時代劇はここで撮影されているといっても過言ではありません。江戸城の大手門や武家屋敷などが並ぶ「江戸城ゾーン」と、日本橋を中心として町家や廻船問屋などが並ぶ「江戸の町ゾーン」があります。NHK大河ドラマ『真田丸』での上田城の戦いのシーンは、「戦国の城ゾーン」で撮影されたよう。

Wi-Fi【わい - ふぁい】㊓

飛騨高山のWi-Fi（公衆無線LAN）のエリアマークは、一風変わったデザイン。徳川家だけに許された伝統文様「青海波」がモチーフです。天領（→P129）だった高山では、高山陣屋の玄関にも青海波が見られます。古代ペルシャ発祥の青海波は、飛鳥時代に日本に伝来。源氏物語に青海波という演目の雅楽を舞う光源氏が登場し、衣装にこの柄が使われていたことが名の由来です。江戸城の富士見櫓の破風の銅板張に用いられているほか、櫓や城門、天守にも採用されていたよう。弘前城、和歌山城でも見られます。

ワイン【わいん】㊥

15世紀半ばに日本に伝わり、やがて宣教師らが献上するなど、ポルトガルからの輸入品として浸透しました。ちなみに、ドラマや映画では信長が安土城でワインらしき葡萄色のグラスを傾けているシーンがよくありますが、信長はたぶん下戸。

倭城【わじょう】㊫

文禄・慶長の役（→P156）で、秀吉軍が出兵先の朝鮮半島南沿岸を中心に築いた日本式の城のこと。30か所ほどが確認されています。多くが沿岸にあるのは、港湾確保のため。緊迫した状況下での築城が技術力の飛躍的な向上と習得につながり、その後の日本の城の発展に大きな影響を与えたと考えられます。蔚山城の戦いで餓死寸前の籠城戦を経験した加藤清正が、帰国後に熊本城に異常な籠城対策をした逸話はよく知られるところ。清正が1593（文禄2）年に築いた西生浦倭城は、石垣に熊本城の試作品のような雰囲気が感じられます。築城の目的が熊本城とは異なるため構造は違いますが、実戦的な城づくりの発展や技術力の向上という意味では、倭城の築城が大きな影響を及ぼしたといえそうです。

西生浦倭城

ワッフル【わっふる】

ベルギーワッフルのように、堀底を網目のように障子状に掘り残した「障子堀」の比喩。細かく仕切ることで敵の動きを封じ込め、頭上から攻撃します。アスレチックの障害物をクリアするように、這い上がっては隣の区画の堀底に降り、を繰り返さなければ先へ進めません。北条氏の城でよく見られ秀吉の来襲に備えて強化された山中城（静岡県三島市）が代表例。かつては今より深さがある上に、粘土質で滑りやすい赤土が剥き出し。いくらバランス感覚がよくても攻略は困難でしょう。売店では、障子堀ワッフルを発売中。ダイナミックな障子堀を眺めながら障子堀ワッフルを食べるのもオツなものです。

和風住宅 城 天守閣
【わふうじゅうたくしろ てんしゅかく】

寺門工務店が10年を費やして構想した、オリジナル住宅。夢の木造3階建て。

おわりに
変化していく「城語」

城郭用語辞典はこれまでに数冊が刊行されています。辞典より簡略な10ページ程度のお城の用語解説なら、雑誌のお城特集の付録として出版されるので数えきれないほどになります。そうした用語解説は、読み物ではないので、読んでみては面白くないし、また城郭用語自体にどこかで出くわさない限り、引いて調べるわけにもいきません。本書はその点では画期的で、頭から読んでお城の面白さや奥の深さを知ることができる辞典です。

お城の用語、本書では城語ですが、それは時代とともに絶えず変化しますし、新しい城語が毎年のように出現もします。比較的近年に出現した城語では、横堀、畝状竪堀、障子堀といった発掘調査での新発見に付けられたものが多いようです。

一方、多聞櫓(多門櫓)は変化した城語の代表格で、細長い櫓をいう城語です。江戸時代には多門や長屋と呼ばれたもので、門口すなわち戸口がたくさんある長屋なので多門といいました。金沢城では三十間長屋が残っており古風な名称が今も健在です。

江戸時代には物の名前の由来を詮索するのがはやり、多門についても、かまびすしく論じられました。いくさの守護神は毘沙門天、その正式名は多聞天といい、櫓に多聞天像をまつったから多聞櫓というだの、最初に多門を建てたのは松永久秀の多聞城だったからだの。江戸時代を通じて多門や多門櫓、城によっては長屋・長櫓・走り櫓などとも呼ばれましたが、多聞櫓はごく少数派でした。

ところが戦後になって多聞櫓が研究者に多用され、戦後における文化財指定でも大阪城大手門の多聞櫓、福岡城南丸多聞櫓や彦根城の天守多聞櫓と佐和口多聞櫓といった具合です。

この『日本の城語辞典』は、時代とともに変化し増幅し続ける城郭用語の令和時代のアーカイブといえるものです。令和の次の時代まで愛用してください。城語がおおいに変化していることと思います。

広島大学名誉教授　三浦正幸

萩原さちこ（著者）
城郭ライター・編集者。（公財）日本城郭協会理事。執筆業を中心に、メディア・イベント出演、講演、講座などを行う。著書に『わくわく城めぐり』（山と渓谷社）、『お城へ行こう！』（岩波ジュニア新書）、『城の科学～個性豊かな天守の「超」技術～』（講談社ブルーバックス）、『地形と立地から読み解く「戦国の城」』（マイナビ出版）、『続日本100名城めぐりの旅』（学研プラス）など。ほか新聞や雑誌などの連載多数。https://46meg.com

三浦正幸（監修）
東京大学工学部建築学科卒業、工学博士。広島大学名誉教授。専門は日本建築史、城郭史。著書に『城のつくり方図典 改訂新版』（小学館）、『城の鑑賞基礎知識』（至文堂）、『神社の本殿―建築にみる神の空間』（吉川弘文館）など。また、監修として『復元CG日本の城』（山川出版社）、『すぐわかる日本の城』（東京美術）、『お城のすべて』（ワン・パブリッシング）などに携わる。

編集・構成・DTP	造事務所
装丁	井上祥邦（yockdesign）
カバーイラスト	吉田一裕
イラスト	ほんだあきと、香川元太郎、吉田一裕、飯島英明

城にまつわる言葉をイラストと豆知識でいざ！ 読み解く
日本の城語辞典

2021年11月15日　発　行　　NDC521

著　　者　萩原さちこ
監 修 者　三浦正幸
発 行 者　小川雄一
発 行 所　株式会社 誠文堂新光社
〒113-0033 東京都文京区本郷3-3-11
電話 03-5800-5780
https://www.seibundo-shinkosha.net/
印刷・製本　図書印刷 株式会社

ISBN978-4-416-52080-2